코리안 오디세이

코리안 오디세이

거친 바다를 건너 한국의 섬을 여행하다

마이클 깁 지음 | 김한슬기 옮김

사랑하는 아내의 내조 덕분에 이 책을 완성할 수 있었습니다.
아름답고, 재치 있고, 지적인 나의 아내 아진에게 바칩니다.

한국 독자들에게

내가 코리안 오디세이를 쓰게 된 데에는 정확히 417.5개의 이유가 있다. 그러나 지면과 여러 조건을 고려해, 두 가지만 쓰려고 한다. 나는 무조건 이 책을 써야만 했다. 선택의 여지는 없었다. 그것이 첫 번째 이유이다. 한반도의 섬 기행문 아이디어가 떠오른 순간부터 생각은 점점 커져만 갔다. 그 생각은 밤마다 창문을 톡톡톡 두드렸고, 나는 최선을 다해 무시하려고 했다. 귀를 틀어막기도 했고, 폭발할 듯 쾅쾅 울리는 북유럽의 데스메탈 음악을 틀고 볼륨을 최대한 크게 키워도 보았다. 신비하고 영적인 주문을 외워보기도 했다. 그러나 모두 소용이 없었다.

이것은 너무 흥분되고 신나는 일이었다. 거친 파도를 거침없이 가르는 여객선들, 험준한 바위 절벽들, 반짝거리는 바다, 외로운 섬들이 간직한 수많은 역사, 예술, 문화 등……. 그러니까 내 말은 누가, 한국의 해안 일주를, 1년에 가능한 한 많은 한국의 섬을 여행하는 이 멋진 계획을 마다하겠는가. 발리의 해변에서 휴가를 보내거나 알프스에서 스키나 자전거 타는 일에는 비교도 안 되는 멋진 일이지 않은가!

두 번째 이유는 부와 명예를 누리고, 정신적으로 깨우치고, 탈세하기 위해서였다. 나는 1992년 10월 우연히 처음 만났던 그 나라, 한국에 절박하게 돌아가고 싶었다. 영국 런던 근교 출신의 미숙한 청년에게 한국이라는 나라를 알게 된 것은 가슴이 벅차고 감각적인 경험이었다.

나는 언제나 한국에 몰두해 있었다. 때로는 이 나라가 너무나 매혹적이어서 마음을 온통 빼앗기기도 했고, 가끔은 좌절하기도 했다. 그러나 한 가지 분명한 것은, 나에게 한국은 결코 한 순간도 지루하지 않았다는 점이다. 나는 그때의 한국을 다시 만나고 싶었다. 한국의 폭발적인 경제성장에서 한발 떨어진 한국의 섬에서, 한국의 섬만이 가진 독특한 방법으로, 처음 만났던 한국의 경이로움을 다시 느낄 수 있을 것 같았다. 서울 도심의 번쩍이는 건물들에서 멀어져, 나의 코리안 오디세이는 한국의 문화를 재발견하고, 되돌아보는 시간을 갖고, '삼시 멈춤' 버튼을 누를 기회였다. 누군가는 내가 중년의 위기를 겪고 있다고 생각했을 것이다.

이 책이 한국어로 한국 독자들을 만나게 되어 정말 기쁘다.『코리안 오디세이』의 영문판은 나의 첫 책『정동에서의 느린 산책』의 후속작 역할을 했다. 그 책을 쓴 데에는 또 400가지가 넘는 이유가 있지만, 그건 다음을 기약한다.

마이클 깁

홍콩의 라마섬에서

목차

I. 늦겨울
제1장. 서해: 배고픈 항해   12
제2장. 홍콩: 계획이 깨어나다   20
제3장. 옌타이: 산둥반도로   29
제4장. 백령도: 신화, 지뢰밭, 선교사의 섬   40
제5장. 연평도: 냉전 전선   58
제6장. 팔미도: 할머니와 노래 자랑   74

II. 봄
제7장. 고대도: 선교사의 땅   82
제8장. 외연도: 빈대와 아줌마   100
제9장. 어청도: 조류 관찰   108
제10장. 장자도: 여행이 낳은 괴물   119
제11장. 위도: 힘겨운 여정   129

III. 초여름
제12장. 흑산도: 술 냄새 나는 항해   142
제13장. 신의도: 노예 섬   158
제14장. 하의도: 운명의 장난   168
제15장. 가거도: 고통의 항해   177

IV. 늦여름 제16장. 관매도: 세월의 비극 186

제17장. 보길도: 시인의 섬 197

제18장. 청산도: 판소리의 꿈 210

제19장. 거문도: 해가 지지 않는 섬 219

V. 가을 제20장. 한산도: 위대한 전투 228

제21장. 마라도: 남해의 수호자 240

제22장. 외도: 남해에 핀 프랑스 꽃 249

제23장. 울릉도, 독도: 깊은 동해 바다로 256

에필로그: 겨울 제24장. 실미도: 가깝고도 먼 사이 274

감사의 말 290

부록. 한국어 용어 사전 291

I. 늦겨울

제1장

서해: 배고픈 항해

나는 허공에 발을 디뎠다. 어디까지가 하늘이고 어디부터가 바다인지 알 수 없었다. 파도에 배가 흔들리는 감각이 생소하게 느껴졌다. 텅 빈 갑판에는 나뿐이었다. 자정이 다 된 늦겨울 밤에 바닷바람을 맞으러 나오는 승객은 없었다. 우현에서 불어오는 날카로운 겨울바람에 겉옷이 세차게 펄럭였다. 배는 두껍게 낀 구름 아래, 짙은 회색 안개 속에서 항해를 이어 나갔다.

 나는 난간 손잡이를 붙들고 배 아래를 내려다봤다. 물살이 뒤틀리고 파도가 울렁였다. 강한 돌풍에 떠밀려 난간 밖으로 추락할 수도 있겠다는 생각이 들었다. 만약 추락한다면, 한국[1]에 도착하기 전에는 누구도 내가 배에서 떨어졌다는 사실을 모를 것이다. 당황한 선원이 선장에게 승객 한 명이 실종됐다며 선실에서 소지품을 챙겨야 한다고 보고할 테고, 그제야 사태를 파악

---

1 영문으로 쓰인 원고와 원작 『A Korean Odyssey』에서 저자는 1948년 분단으로 생긴 두 국가를 구별하기 위해 남한South Korea과 북한North Korea이라는 표현을 사용했다. 또한 한국Korea은 분단 전의 한국을 의미했다. 한국어판에서는 남한을 대한민국의 의미로 한국으로 표기했다.

한 관계자는 배낭, 책 몇 권, 카메라, 반쯤 먹다 남은 토끼 모양 초콜릿을 발견할 것이다.

나는 얼룩 때문에 흐릿한 창문 너머로 스무 명은 넘어 보이는 중국인 무역상이 어두침침한 조명 아래에서 은밀하게 마작을 하는 모습을 훔쳐봤다. 마작에 집중한 중국인 무역상은 내가 답답한 휴게실에서 빠져나가는 모습을 보지 못했다. 내가 갑판에 있다는 사실은 아무도 몰랐다.

칙칙한 일요일 낮, 향설란호는 중국 남동부 해안에 자리한 항구 도시 옌타이에서 닻을 올려 몇 시간 동안 바다를 가로질러 왔다. 오후에 보하이해협에 진입해 해질녘에 산둥반도를 지나서 저녁을 먹을 때쯤 서한만 남쪽을 돌아 자정에 서해[2] 물살을 갈랐다. 다음 날 오전 11시 30분에 인천에 도착할 예정이었다.

나는 물기가 남은 철제 계단을 통해 위층으로 올라갔다. 매서운 서해 바람 소리가 귓가에 울렸다. 먼 바다를 바라보며 어두운 물 위를 함께 떠도는 배의 불빛을 찾으려 했다. 하지만 우리 배의 차석 항해사가 졸음이 가득한 눈으로 레이더를 관찰하는 선교에서 나오는 희미한 빛을 제외하면 주변에는 온통 어둠뿐이었다.

서해는 대개 바쁘다. 매해 엄청나게 많은 상업선이 중국과 한국을 오간다. 양국의 역동적인 경제에 움직이는 도시나 마찬가지인 초대형 화물선의 발전이 더해지니 세상에서 손꼽히게 활발한 항로가 탄생했다. 물 위만큼이나 물 아래도 분주할 게 분명하다. 서해에는 우리 생각보다 많은 잠수함이 먹잇감을 좇는 상어처럼 존재감을 죽이고 숨어 있을 것이다. 서해 부근의 군사력은 상상 이상이다. 일단 남한과 북한은 언제든 전투에 나설 준비를 갖추고 있다. 실제로 1950년부터 3년 동안 한국전쟁을 치른 남북한은 1953년 휴전

---

2 서해는 황해로도 알려져 있지만 이 책에서는 한국을 기준으로 서해라는 표기를 채택했다.

협정을 체결한 이후에도 서해에서 여러 차례 충돌했다. 언제 어디서 어떤 일이 터질지 모르니 여유롭게 낚시를 할 만한 곳은 아닌 게 확실하다.

그리고 산둥반도 동쪽에 자리한 칭다오에는 북해함대가 주둔하는 중국 해군 사령부가 있다. 북해함대를 우습게보면 안 된다. 북해함대는 시간이 지날수록 강력하고, 은밀하고, 대담해질 것이다. 일본 역시 만만찮은 군사력을 자랑한다. 엉덩이 부근이 축 늘어진 팬티를 입고 아침으로 시리얼을 말아 먹을 것 같은 군대 마니아가 만든 웹사이트 국제화력지수Global Firepower Index에 따르면 일본의 군사력은 세계 6위, 한국은 간발의 차이로 7위를 차지했다. 서해에 관심을 가지는 나라는 한국, 중국, 일본뿐만이 아니다. 워싱턴이 동북아시아를 주의 깊게 살펴보고 있다는 메시지를 세계에 알리려는 듯 미국 해군에서 파견한 니미츠급 원자력 항공 모함까지 인근을 유유히 떠다닌다.

서해는 노인을 위한 바다가 아니다.

그렇다고 중년을 위한 바다도 아닌 듯하다. 시리게 차가운 바닷바람에 턱이 덜덜 떨리기 시작했다. 나는 몸을 잔뜩 웅크린 채 계단을 내려와 휴게실로 들어갔다. 안경은 소금기 때문에 끈적였고 머리카락은 제멋대로 헝클어져 있었다. 자욱한 담배 연기를 뚫고 마작패가 달그락거리는 테이블을 지나 선실로 향하는 계단을 내려갔다. 컵라면, 물에 젖은 양말, 곰팡이 냄새가 코를 찔렀다. 승객 대부분이 선실 문을 열어두고 생활했다. 허름한 조끼와 커다란 반바지를 걸친 채 버섯처럼 부풀어 오른 배를 내놓고 신문으로 부채질하는 남자가 보였다. 청소기만큼 강한 흡입력으로 라면을 빨아들이며 바둑을 구경하는 여자도 있었다. 저 멀리서 구역질을 하는지 목을 가다듬는지 알 수 없는 소리가 들려왔다.

나는 옌타이와 인천을 오가는 여객선을 수도 없이 이용한 중국인 무역상과 같은 선실을 이용했다. 산둥반도에서 장사하는 무역상은 매년 가볍고 부패하지 않는 물건을 한국에 들고 가서 판매하고 그 돈으로 중국에서 팔릴 만한 물건을 사서 돌아온다. 인테리어라고 할 만한 실내 장식이 없는 향설란 호가 서해를 떠다니기 수백 년 전부터 한국과 중국은 무역을 이어왔다. 오늘 날 향설란호가 항해를 계속할 수 있는 건 전통 깊은 무역 덕분이다. 수염을 덥수룩하게 기른 모험가나 시도 때도 없이 카메라를 들이대는 젊은이, 단체 관광 배지를 단 할머니·할아버지가 좋아할만 한 여정은 아니다. 나를 빼면 관광객은 중국 서부 배낭여행을 마치고 집으로 돌아가는 은퇴한 한국 광부 와 옌타이 외곽에서 중국인 아내와 살고 있다는 한국 서예가뿐이었다.

서예가는 나를 보고 '슬픈' 표정을 지었다. 많은 한국인이 혼자 여행하는 사람을 안쓰럽게 본다.

"친구가 하나도 없어요?" 항해가 시작되기 전 갑판에 서서 경치를 감상하던 서예가가 친근하게 말을 걸었다. 날씬한 체형과 숱이 많고 먹물처럼 새카만 머리카락이 눈에 띄었다. 한국 남성은 서양인만큼 대머리가 일찍 벗겨지거나 머리카락이 세지 않아 나이보다 젊어 보이는 경우가 많다. 안타깝지만 나는 노인이다. 서예가는 예순두 살이라고 했지만 내 눈에는 기껏해야 삼십 대 후반으로 보였다. 붓에 먹물을 묻혀 흰머리를 물들이는 게 아닌지 의심스러웠다. 옛날부터 흰머리는 지혜의 상징으로 여겨지니, 흰머리로 따진다면 나는 공자와 어깨를 나란히 할 수도 있다. 한국인은 흰머리가 많을수록 나이가 들었다고 생각해 고개를 깊이 숙여 인사한다. 내 머리는 거의 백발이라 만원 버스에서 할머니에게 자리를 양보 받은 적도 있다.

"중국 좋아해요?" 서예가가 물었다. 미처 질문에 대답하기도 전에 서예가가 말을 이어갔다. "중국은 살기가 힘들어. 머리도 아프고." 서예가에게 인천행은 옌타이의 가족과 떨어져 보내는 달콤한 휴가 같았다.

배낭여행자 김 씨는 중국에 큰 불만이 없어 보였다. 김 씨는 옌타이에서 수속을 밟으면서 신장 여행을 마무리하고 돌아가는 길이라고 이야기했다.

"4년 전에 아내가 죽고 나서 1년에 3개월을 여행하면서 보내요. 아이들도 내가 어디에 있는지 모릅니다." 김 씨는 즐겁다는 듯 웃었다. 노년을 눈앞에 둔 남성 안에 십 대 반항아가 여전히 살아 숨 쉬고 있었다.

김 씨가 입고 있는 옷은 모두 비싸 보였다. 게다가 3주 동안 배낭여행을 한 사람이라고 생각하기에는 짐이 놀랍도록 적었다.

"짐이 별로 없네요." 김 씨의 가방을 가리키며 말했다.

김 씨가 어깨를 으쓱하며 대답했다. "필요한 게 별로 없어서요."

그 때 김 씨가 직접 아내의 사망을 말해주지 않았더라도 곧 알아챘을 것이라 생각한다. 반려자를 잃은 사람 특유의 쓸쓸한 분위기가 느껴졌기 때문이다.

출국 심사를 기다리는 동안 대화 주제가 정치로 넘어갔다. 그 날, 박근혜 전 대통령이 뇌물 수수 및 직권 남용 혐의로 징역 24년과 벌금 수백억 원을 선고받았다.

배낭여행자 김 씨는 재판 결과를 받아들이지 못했다. "박근혜 대통령을 탄핵하다니, 말도 안 되지! 그만한 사람이 어디 있다고!" 김 씨는 몸을 벌벌 떨며 분노했다. 그는 1945년 일본의 식민 지배가 끝나고 5년 뒤인 1950년 발발한 한국전쟁 도중 또는 종전 직후에 태어난 세대로, 박근혜의 아버지인 박정희 전 대통령을 열렬히 지지했다. 박정희 전 대통령은 철저한 반공주의자이자 냉혹한 철권주의자로 인권을 침해하는 데 거리낌이 없었다.

박정희 전 대통령은 1963년 군사 쿠데타를 통해 권력을 장악해 1979년 중앙정보부 부장 김재규에게 암살당했다. 김재규는 한국전쟁 이후 폐허가 된 땅에서 기적적으로 경제를 되살려 부국강병을 이루어 낸 수장을 살해한 배신자일까, 아니면 날이 갈수록 지독한 독재 정치를 펼치던 박정희를 죽이고 나라를 구한 애국자일까?

나와 함께 배에 탄 김 씨와 같은 사람은 박정희 전 대통령을 깊이 존경했으며 딸인 박근혜 또한 잘못을 저지를 리 없다고 믿었다.

"박근혜 대통령은 공산 세력의 피해자입니다!" 김 씨가 한국의 중장년층을 대표해 주장했다. 실제로 한국에는 나라가 빨갱이한테 잡아먹히고 있다며 열을 올리는 노인이 굉장히 많다.

나는 박근혜 전 대통령의 탄핵 이야기로 어색해진 분위기를 풀어 보려고 혹시 박근혜 전 대통령이 결혼했는지 물어봤다. 미혼이라는 사실을 이미 알고 있었지만 어떻게든 대화 주제를 돌리고 싶었다.

김 씨는 두 눈을 부릅뜨고 모자를 벗어젖히더니 챙에 달아 놓은 태극기 배지를 손가락으로 찌르며 대답했다.

"박근혜 대통령은 나라와 결혼했어요!" 이제 김 씨는 반쯤 소리를 지르고 있었다.

나는 한밤중의 갑판 순찰을 마치고 선실에 돌아와 침대에 쌓인 옷가지와 책을 대충 밀어두고 기지개를 켰다. 4인실을 혼자 썼기에 공간이 넉넉했다. 옌타이 항구에서 표를 팔던 사람은 중국 무역상이 영국인 룸메이트를 달갑지 않게 여길 것이라 생각한 듯하다. 아니면 콧대 높은 영국인이 선실을 독차지하길 원한다고 오해했는지도 모른다.

최대한 좋게 표현하자면, 선실은 검소했다. 샤워실에는 기본적인 도구가 갖춰져 있었다. 페인트를 칠하거나 사진이라도 두어 장 걸어 뒀으면 벽이 훨씬 화사할 것 같긴 했다. 선실 구석에는 둥글넓적한 인터폰이 마련돼 있었다. 수화기를 들고 "잠수! 잠수! 잠수!"라고 외치고 싶은 충동을 억누르느라 고생했다. 역설적이게도 선반 위에는 소비에트 연방 시대에 만들어졌을 법한 텔레비전이 놓여 있었다. 바다 한복판에서 어떻게 신호를 수신하는지 알 수 없었다.

나는 불을 끄고 누웠다. 자려고 노력했지만 잠이 오지 않았다. 출항하고 얼마 안 되고부터 속이 울렁거리기는 했지만 도통 잠에 들지 못하는 게 멀미 때문은 아니었다. 옆 선실 문고리에 죽은 청어처럼 널린 채 시큼한 냄새를 뿜어내는 이웃 승객의 양말 때문도 아니었다. 게다가 불평하기에는 내 양말도 썩 향기롭지 않았다. 나는 도저히 배가 고파서 잠을 잘 수가 없었다.

나는 그날 오후 배에 타자마자 가장 먼저 식당을 살폈다. 그때는 조만간 식사를 할 수 있을 것이라 생각했다.

"저녁 시간은 언제예요?" 나는 하얀 장갑을 끼고 식당을 돌아다니는 웨이터에게 물었다.

"5시부터 7시입니다." 웨이터가 중국 말씨가 섞인 한국어로 대답했다.

잘 됐군, 서두르지 않아도 되겠어. 나는 여유롭게 갑판을 둘러보고, 서예가를 만나 친구 없이 홀로 여행하는 이유를 설명하고, 한국 석탄 산업의 역사를 배우고, 몸을 한껏 밖으로 빼고 화물이 선박에 실리는 과정을 살펴봤다. 크레인에 목이 잘릴 뻔했지만 어쨌든 즐거운 시간을 보냈다.

어느새 6시 30분이 됐다. 나는 밤새 서해를 건널 준비를 마친 채 상쾌한 기분으로 다시 식당을 찾았다.

하얀 장갑을 낀 웨이터 다섯 명이 입구에서 나를 맞이했다. 음식 생각에 배에서 꼬르륵 소리가 울렸다.

"메뉴가 뭔가요?" 내가 물었다.

"죄송합니다, 음식이 없습니다." 거참, 반가운 소식이군.

"영업시간은 맞죠?"

"네, 맞습니다."

"그런데 음식이 없다고요?"

"그렇습니다, 손님." 음식 없이 영업하는 식당이 전혀 이상하지 않다는 태도였다.

"아무것도 없어요?"

"없습니다."

서해: 배고픈 항해

배에 컵라면 냄새가 진동하는 이유를 그제야 이해했다.

"뭐라도 먹을 게 없나요?"

"입구 옆에 있는 가게에 가 보세요." 그 가게를 눈여겨 봐두었는데 문은 굳게 잠겨 있었다.

"언제 여나요?"

"나중에요." 웨이터가 대답했다.

그리고 가게 문은 항해가 끝날 때까지 열리지 않았다.

나는 밤이 다 돼서 주린 배를 붙들고 투덜대며 배낭을 뒤졌다. 역시 사람이 죽으라는 법은 없었다. 딸 보리가 챙겨 둔 토끼 모양 초콜릿을 찾았다. 옌타이에서 보리가 배탈이 나는 바람에 배낭 바닥에 초콜릿이 남아 있었다. 나는 굳이 그렇게 서두를 필요가 있을까 싶을 정도로 급하게 바스락대는 보라색 포장지를 뜯어 허겁지겁 토끼의 귀 한 쪽을 씹었다. 딸에게는 초콜릿을 떨어뜨리는 바람에 귀가 떨어져 나갔다고 말할 예정이었다. 꼬리도 같이 떨어졌다고 달래면 되겠지. 다리 한 짝 정도는 더 먹어도 되지 않을까?

일단 힌 빈 갉아먹기 시작하자 멈추기 힘들었다. 나는 임청난 인내심을 발휘해 결국 초콜릿을 내려놨다. 그렇게 귀 한 쪽과 꼬리를 떼어먹고 다시 침대에 누웠다. 당장 배고픔은 어느 정도 달랬지만 곧 어지럼증이 밀려왔다. 아무래도 설탕 때문인 것 같았다. 토끼 귀 크기가 상당했으니 그럴 만도 했다. 엎친 데 덮친 격으로 멀미까지 심해졌다. 목 뒤에 치밀어 오르는 구역질을 몇 번이나 억지로 삼켰다. 폐소공포증이 도졌다. 선실이 크게 흔들렸다. 지금까지 씻지도 않고 이 침대에서 잔 사람이 몇 명이나 될까? 이불은 언제 마지막으로 세탁했을까? 이 얼룩은 뭐지? 내가 여기서 뭘 하고 있는 걸까?

마지막 질문에 답하려면 홍콩으로 시간을 거슬러 올라가 아주 오랜 시간 나를 사로잡아 온 계획을 이야기해야 한다.

제2장

홍콩: 계획이 깨어나다

몇 년 전

계획이 머리에서 떠나질 않는다. 그 계획은 몇 년 동안 끈질기게 나를 붙잡고 놓아주지 않았다. 냉큼 사라지라고 호통도 쳐 보고, 애써 시선을 피해 보기도 하고, 통화하는 척도 해 보고, 치과에 가서 신경 치료도 받아 봤다. 하지만 다음 날 아침 내가 사는 홍콩 아파트에서 잠을 깨면 어느새 돌아온 계획은 타일 바닥에 얌전히 앉아 귀를 쫑긋 세우고 꼬리를 붕붕 흔들어 댔다.

"나는 바쁘니까 다른 사람 찾아봐." 계획이 고개를 갸우뚱했다. "이메일 확인하고, 공과금 정산하고, 창문 밖으로 풍경 감상하느라 너랑 놀 시간이 없다고."

어쩌다 한 번씩 계획에 굴복하기도 했다. 그럴 때면 바닥에 지도를 펼쳐 놓고 여정을 그렸다. 산악인이 거친 산맥을 보고 정상을 정복할 생각에 가슴 설레듯, 기수騎手가 드넓은 평야를 보고 들판을 질주할 생각에 눈을 빛내듯, 나는 배를 타고 외딴섬들을 누빌 생각에 정신이 아득해졌다. 아무 섬이 아니다. 거친 폭풍이 휘몰아치고, 기나긴 역사가 살아 숨 쉬고, 온갖 바닷새가 날아다니는 한국의 군도는 나를 사로잡았다.

구식 낭만주의자라고 놀려도 좋다. 나는 꼭 한번 한국의 바다를 떠도는 오디세이를 경험하고 싶었다. 고요한 겨울 아침에 안개 낀 항구에서 배를 타고, 꽃이 만개한 봄에 풀 냄새 짙은 섬을 산책하고, 숨이 턱턱 막히는 여름에 쓸쓸한 어촌 마을을 탐험하고, 서늘한 바람이 부는 가을에 갑판 위에 올라 바닷바람을 마시며 울렁이는 파도를 내려다보겠다는 꿈이 있었다.

나에게 섬은 언제나 신비로운 존재였다. 섬을 생각하면 가슴이 떨렸다. 비밀스러운 모험과 난파선, 바다 깊숙이 가라앉은 보물, 이제는 사라진 문명이 떠올랐다. 어린 시절 표지가 닳도록 읽던 동화책에는 숨겨진 동굴, 외로운 등대, 거친 해안, 신화와 전설, 사나운 폭풍우, 곳곳에 도사린 위험에 관한 이야기가 펼쳐졌다.

나는 여객선에도 환상을 품고 있다. 여객선은 바다의 숨겨진 영웅과 같다. 여객선에는 크루즈선의 화려함도, 전함의 위용도, 도선導船의 기민함도, 정찰선의 단단함도 없다. 엄청난 양의 화물이나 건설 장비를 운반하지도 않는다. 다른 배를 끌거나 싣지도 못한다. 하지만 바다를 횡단하는 불굴의 일꾼 여객선은 오케스트라를 받쳐 주는 더블베이스처럼 언제나 묵묵히 맡은 역할을 수행한다.

여객선을 운항하는 항해사 또한 존경할만한 인물이다. 그들은 오랜 시간 고된 풍파를 겪으며 온갖 항해 기술을 체득하고도 좀처럼 뽐내는 법이 없다. 눈이 오든 바람이 불든 해가 내리쬐든 소금기 가득한 몸으로 닻을 올리고 기관실에서 무거운 연장을 바꿔 들어가며 기계를 정비한다. 항로에 흐르는 모든 해류와 소용돌이를 파악하는 것은 물론이고, 그럴 일은 없길 바라지만 갑판 난간 아래로 떨어져 사납게 휘몰아치는 물살에 휩쓸린 승객을 구할 수도 있다.

다들 알다시피 여객선은 대개 주머니 사정이 여의치않은 사람의 항해 수단이다. 나 또한 주말마다 요트의 황동 난간을 닦고, 뱃전을 페인트칠하는 취미는 없다. 요트 클럽의 일원도 아니다. 게다가 내 항해 기술은 아무리 좋게 봐줘도 훌륭하다고는 할 수 없다. 나는 홍콩에서 세일 보트를 조종하면서 볼꼴 못볼꼴을 다 봤다. 한 번은 출항 전 깜빡하고 선미에 마개를 풀어 둔 탓에 배가 가라앉았다. 또 한 번은 키를 고장 내 조종 장치 없이 물 위를 떠돌았다. 아무 생각 없이 밑바닥에 용골이 없는 배를 몰고 바다에 나갔다가 손도 못 써보고 가라앉은 적도 있다. 기분 좋게 불어오는 바람을 타 보겠다고 돛을 펼치다 배가 뒤집어지기도 했다. 지난번 항해 때는 갑자기 들이닥친 돌풍 때문에 배가 좌현으로 크게 기울어 기둥에 머리를 박고 바다에 빠졌다. 하지만 배를 몰면서 가장 창피했던 경험은 따로 있다. 어눌한 광둥어로 어떻게든 항해를 배워보겠다고 힘들게 예약을 해서 세일 보트 강의를 신청했다. 홍콩 사이쿵 근처 호수에 자리한 스포츠센터에서 재기발랄한 학생 십여 명과 함께 수업을 들었다. 호수에 배를 띄우고 잠시 기다리자 뒤에서 바람이 불어왔다. 나는 돛에 달린 줄을 느슨하게 푸는 대신 강하게 잡아당겼다. 돛이 팽팽하게 펼쳐지며 속도가 붙었고, 결국 배는 45도 각도로 호수에 처박혔다. 낯선 외국인이 물에 빠져 첨벙거리다 구명보트에 제대로 올라가지도 못하고 미끄러지는 모습을 다들 즐겁게 지켜봤다. 여자 강사는 아무렇지 않게 내 가랑이 사이에 손을 집어넣어 나를 번쩍 들어 올리더니 부표 위에 패대기쳤다.

여객선을 타면 이런 창피를 당할 걱정이 없다. 친절하게 웃는 선원에게 표를 보여주고 배에 타서 자리를 찾아 편안하게 기대고 앉으면 승객이 할 일은 끝난다. 출항 시간이 다가오면 엔진에 시동이 걸리고 선원이 밧줄을 푼다. 배는 천천히 부두를 벗어나 바다로 미끄러져 나간다. 창문 너머로 육지가 멀어진다. 갑판에서는 바위투성이 곶을 지나 깊은 바다로 진출하는 여객선을 호위하는 갈매기 떼를 볼 수 있다. 프로펠러가 힘차게 돌아가면서 난간 아래

크림 같은 거품이 일어난다. 바다를 건너는 동안 온갖 선박을 지나친다. 꼬마어선, 그물 가득 물고기가 담긴 트롤선, 웬만한 마을보다 커다란 화물선, 반짝이는 해안 경비선, 병에 걸려 고생하는 섬 주민을 위해 기침약, 붕대, 물티슈를 비롯한 의약품을 운반하는 병원선까지 다양하다.

나는 1990년대에 몇 년 동안 한국에서 살다 홍콩으로 이사했다. 홍콩에서는 매일같이 여객선을 이용한다. 내가 사는 라마섬을 오가는 유일한 교통수단이 여객선이기 때문이다. 목숨이 위험한 환자가 발생했다거나 갑자기 양수가 터지는 등 긴급 상황에는 정부에서 헬리콥터를 보내준다. 그러니 뱃멀미가 심한 사람이라면 라마섬 거주를 다시 한 번 고민해 보길 추천한다. 나와 내 이웃은 게으른 돌고래처럼 좌현과 우현을 넘실대는 파도와 수평선 멀리 떠다니는 배, 탁 트인 하늘을 바라보며 통근한다. 옆에 앉은 승객이 망할 노랫소리를 조금만 줄이면 더할 나위가 없을 것이다. 라마섬 주민에게 여객선은 말 그대로 하나뿐인 교통수단이다.

"왜 하필 한국이야?" 몇 년 전, 하늘에 수 놓인 별이 아름답게 반짝이던 금요일 밤에 친구와 함께 라마섬으로 향하는 여객선을 탄 적이 있다. 나는 아직 어물지 않은 계획을 친구에게 말해줬다. 언젠가 배를 타고 한국 섬을 일주하고 싶다는 이야기에 친구는 이렇게 물었다. "일본은 왜 안 돼?" 그러고는 딸꾹질을 하다 비틀대며 내 신발에 와인을 조금 쏟았다. "한국 섬이 그렇게 특별해?"

좋은 질문이었다. 왜 하필 한국이냐고? 물론, 객관적으로 한국의 섬이 엄청나게 '특별'하지는 않다. 본질적으로 특별한 사람은 드물다. 본질적으로 특별한 장소는 더욱이 찾기 어렵다. 누군가 무언가를 중요하게 여기는 이유는 의미를 지니기 때문이다. 서울에 살 때 우연히 유명한 가수를 만났다. 하지만 한국 땅을 밟은 지 이제 겨우 몇 달밖에 안 된 외국인에게 그 가수는 전혀 신기하지도, 대단하지도 않았다. 나는 그 여자가 누군지 몰랐다. 한강 북쪽 용산 미군기지 근처에서 열린 모임에 참석한 많은 사람 중 한 명일 뿐이었다. 마찬가지로 그 역사적, 정치적 중요성을 이해하기 전까지 서울 한복판에 자리한 궁궐은 벽돌, 바위, 석고 따위가 늘어선 장소에 그치지 않았다. 나는 정동이라는 서울 동네에 살았다. 처음에는 어디에서든 흔히 볼 수 있는 거리라고 생각했다. 얼핏 보기에 정동은 가게, 학교, 병원, 식당이 늘어선 평범한 서울 동네에 불과했다. 하지만 정동의 역사를 공부하면서 내가 얼마나 매력적인 장소에 터를 잡았는지 깨달았다. 정동은 암살, 약탈, 광기, 폭동, 식민화, 근대화와 밀접한 관계를 지닌 역사의 중심지로 한반도에 근대 국가가 수립되기까지 중요한 역할을 했다.

나는 정동에 완전히 푹 빠져 『정동에서의 느린 산책』이라는 책을 썼다. 이 얇은 책은 아직도 대형 서점에서 합리적인 가격으로 구입할 수 있는데, 조금만 더 심사숙고해서 제목을 지었더라면 세계적인 베스트셀러가 돼 불티나게 팔려나갔을 것이다. 제목에 들어간 '동'이라는 글자가 이웃 동네를 뜻한다는 사실을 외국인이 어떻게 알겠는가.

그래서 한국의 거친 물살을 헤치고 떠나는 항해에는 어떤 의미가 있을까? 한국을 향한 주체할 수 없는 애정? 안타깝지만 관광청 홈페이지에나 실릴 만한 상투적인 광고 문구 같은 이유 때문은 아니다. 사실 나와 한국의 관계가 늘 좋지만은 않았다. 1990년대 외국인이 한국에서 살기는 무척 힘들었다. 당시 한국은 지금처럼 여유롭게 피크닉을 즐기거나 다양한 문화를 존중하는 분위기가 아니었다. 언어를 익히기는 어려웠고, 음식은 입에 안 맞았으며, 사회에서 통용되는 예의범절은 복잡했다. 더 이상 발 디딜 틈조차 없을 것 같은 만원 버스에 꾸역꾸역 올라타는 사람에 억지로 밀려나는 경험은 유쾌하지 않았다. 분노에 찬 민족주의와 편협한 시각은 나를 배척했다. 멀쩡한 차도를 놔두고 인도 위를 달리는 오토바이는 피를 끓게 했다. 도로뿐 아니라 가정과 일터에서도 안전 불감증은 심각했다. 비행기가 추락하고, 대교가 무너지고, 가스 배관이 폭발하고, 낮은 다리에 걸려 버스 뚜껑이 날아갔다. 내가 가르치던 학생 한 명과 아내의 사촌은 백화점 붕괴 사고에 휘말려 목숨을 잃었다. 언제 북한에서 핵무기가 날아올지 모른다는 생각에 마음 편히 주말 저녁 모임을 즐긴 적이 없다.

새로운 문화에서 맞이하는 일상이 좋을 때도, 싫을 때도 있었지만 그럼에도 불구하고 한국은 호기심을 불러일으켰다. 가을이면 빨갛게 노랗게 물든 단풍을 감상하며 등산을 즐겼다. 겨울이면 차가운 공기 때문에 폐가 얼 것 같았다. 음식, 사찰 등 관광객을 흥미를 끌 요소는 넘쳐났다. 하지만 그뿐만이 아니었다. 정확히 설명할 수는 없지만, 눈빛이 형형한 범죄과학수사관이 '한국 해안을 따라 거센 바람이 들이닥치는 섬을 항해하고 싶은 동기'라는 이름표가 붙은 세균 배양 접시를 자세히 들여다보면 분명 뭔가 답이 나오긴 할 것이다. 한국 역사와 정치에 매료됐다는 고차원적인 이유가 발견되는가 하면, 뭐든 집을 떠날 핑계가 필요하다는 저차원적인 이유도 관찰될 것이다. 지난 과거와 잃어버린 청춘을 되찾고 싶다는 진부한 심리도 있을 것이고, 한반도에서 선교 활동이 발전한 과정을 알고 싶다는 탐구욕도 어느 정도 영향을 미쳤을 것이다. 어린 시절 읽던 동화 속 주인공처럼 배를 타고 바다를 떠돌고 싶은 마음과 지금이 아니면 떠날 수 없을 것 같은 중년 남성의 불안이 섞여 있을 것이다.

하지만 과학적 분석만으로는 머릿속에 펼쳐지는 상상을 설명할 수 없다. 그리고 한국의 섬은 나의 상상을 자극한다. 지금 당장 한국 지도를 꺼내 해안을 관찰해 보자. 먼저 섬이 몇 개나 있는지 세어 보겠다. 아니, 굳이 그럴 필요는 없을 것 같다. 어차피 3,000개가 넘는 섬을 다 셀 수는 없다. 안개가 자욱한 북서쪽의 섬은 서울보다 황량한 북한 해안과 가까운 곳에 위치한다. 평평하게 펼쳐진 갯벌 너머로 파도가 길게 밀려오는 서해안을 따라 흩뿌려진 섬은 19세기 조선을 찾아 주민, 어부와 유대를 쌓아 나가는 서양인 선교사의 이야기를 들려준다. 한중 무역, 일본 식민 지배의 역사가 날카롭게 새겨진 해안에서 어부는 줄어드는 해양 자원으로 어렵게 생계를 이어나가고 있다.

그리고 아래로, 아래로, 아래로 내려가면 햇빛이 밝게 비추는 다도해가 나온다. 거친 물살이 흐르는 다도해에서는 정치적 음모, 현대판 노예 제도와 관련된 루머가 들려온다. 남서부 다도해에는 섬이 헤아릴 수 없을 정도로 많아 지도 회사가 밥 먹듯 야근을 해가며 지도를 제작했다 하더라도 섬 한두 개쯤은 놓쳤을 수도 있겠다는 생각이 든다. 운이 좋으면 거대하고 복잡한 다도해를 항해하다 아직 지도에 기록되지 않은 섬을 발견할지 모른다.

해가 떠오르는 동쪽으로 방향을 틀어 두 눈을 크게 뜨고 살펴보면 새로운 시야가 펼쳐진다. 그곳에는 19세기 영국과 러시아의 그레이트 게임The Great Game 당시 영국이 해군 기지를 건설한 섬, 뛰어난 한국 시인이 낙원과 같은 풍경 속에 은둔하며 작품을 집필한 섬, 한국 전통 음악인 판소리의 애절한 가락이 산과 하늘에 울려 퍼지는 섬, 해양 역사에서 가장 위대한 전투가 벌어진 섬이 떠 있다.

거기에서 동쪽으로 몇 백 해리를 더 나아가면 동해 깊은 곳 텅 빈 바다에 사화산 울릉도가 불쑥 솟아난 모습이 눈에 들어온다. 울릉도에서 배를 타고 조금만 가면 바위투성이 독도에 다다른다. 한국과 일본은 검은 바위가 창과 갑옷처럼 울퉁불퉁하게 솟은 자그마한 섬 독도를 두고 치열한 영유권 분쟁을 벌이고 있어 독도에는 애국심에 불타오르는 민족주의자의 발길이 끊이지 않고 이어진다.

북한을 제외하고 한반도를 둘러싼 바다는 마법의 봉우리가 굽이굽이 이어지는 산맥이나 정글을 흐르는 맑은 강과 같은 힘을 지닌 게 분명했다. 아무리 애써도 유혹을 떨쳐낼 수 없었다. 나는 꼭 한국의 바다에 가야만 했다.

시간은 쏜살같이 흘렀다. 나는 매년 적어도 두 번씩은 한국에 가서 가족을 방문하고, 친구를 만나고, 서울 둘레길을 걸었다. 안타깝지만 한국 바닷길을 따라 떠나는 항해는 그 긴 세월 동안 얇은 '가능성'에 포장돼 '언젠가는'이라는 말과 함께 이름조차 없는 서랍 깊숙한 곳에 보관돼 있을 뿐이었다. 계획은 바구니에 누워 잠든 채 겨우 목숨을 이어갔다.

나는 조너선 라반Jonathan Raban의 책 『연안 항해Coasting』에 등장하는 선원과 같았다. 그에게는 길이가 40미터 남짓한 범선 고스필드 메이드호를 타고 홀로 영국을 일주하겠다는 목표가 있었다. 작가가 묘사하길, 선원은 본격적인 항해에 나서기 전 배를 개조한다는 핑계로 작은 항구에 머물면서 주말마다 항구를 가득 메운 다른 선원과 엔진을 점검하고, 닻을 기우며 다음 항해 계획을 이야기했다. 하지만 그 중 실제로 닻을 올리고 항구를 떠나는 선원은 몇 명 없었다. 나머지는 엔진이 고장 나서 부품을 교체해야 한다든가, 함께 항해할 선원을 모집해야 한다든가, 이혼 서류가 도착했다든가, 날씨가 갤 때까지 기다려야 한다든가 온갖 이유를 대며 출항을 미뤘다. 핑계는 끝도 없었다. 몇 년이 지나는 동안 그들은 출항하지 않고 항구를 지켰다. 나처럼.

그런데 예상치 못하게 나와 내 계획에 한 줄기 햇볕이 내리쬐었다. 근무 환경에 변화가 생기면서(직장에서 해고당했다는 말 같지만 사실이 아니다) 2018년 초에 기대조차 못 했던 휴식이 주어진 것이다. 풍향계가 돌아가기 시작했다. 바다에 가라앉아 있던 닻이 조금씩 움직이기 시작했다. 마침내 잠에서 깬 계획이 기지개를 켰다. 떠날 시간이었다. 그리스 합창단이 옆에 있었다면 이런 노래를 불렀을 것이다. "지금이 아니면 기회는 없다. 앞으로 나아가라, 멍청아! 지금이 아니면 기회는 없다. 앞으로 나아가라!"

나는 재빨리 지도, 책, 방수복을 챙겼다. 계획의 밥그릇과 물그릇도 가득 채웠다. 아내 아진에게 적금 통장을 해지해야 하는 이유를 설명했다. 그렇게 한창 바쁘게 여행을 준비하던 중 그 자리에 우뚝 멈춰 섰다. 뭔가 잘못됐다. 해안을 따라 외딴 바위섬을 항해하는 여행인데 한국에 비행기를 타고 갈 수는 없었다. 비행이 끼면 모험의 의미가 퇴색된다. 일렁이는 파도를 가르는 오디세이를 면세점, 안전벨트, 기내식으로 시작한다니 말도 안 된다. 낭만을 포기할 수는 없다. 나는 어떻게든 배를 타고 한국에 가야만 했다.

나는 다시 동아시아 지도를 펼쳐 들고 중국 산둥반도의 도시를 훑어봤다. 마침내 빨간 펜을 집어 옌타이에 동그라미를 쳤다.

계획이 짖으며 꼬리를 흔들었다.

제3장

옌타이: 산둥반도로

바닷바람에 연 꼬리가 뱀장어처럼 너울거렸다. 노련한 전문가의 솜씨였다. 그들은 전혀 힘들이지 않고 바람이 가장 잘 부는 높이에 연을 올려놨다.

딸 보리는 한 번도 연을 날려 본 적이 없어 내가 얼레를 집고 허둥지둥 뛰어다니는 영광을 얻었다. 나는 연 하나를 두고 상인과 치열한 흥정을 벌인 끝에 시세의 두 배를 치르기로 하고 연을 구매했다. 그리고 20분 동안 호텔 근처 산책로에서 길을 가로막는 아이들을 팔꿈치로 밀어내며 이리저리 돌아다녔다. 얼굴이 빨갛게 달아오르고 폐가 아파올 때쯤 연이 기적처럼 하늘에 떠올랐다.

엉성한 종이 연은 꼬박 20초를 떠 있다가 땅에 떨어졌다. 보리가 연을 날려 보겠다고 나섰다. 나도 한창 재미가 붙어 잠깐의 실랑이 후에 아쉬운 마음으로 딸에게 얼레를 넘겼다. 얼마 안 가서 연이 모랫바닥에 처박혔다. 연은 다시 떠오르지 않았다. 우리는 연이 날지 않는 이유를 두고 말싸움을 벌이다가 결국 마음이 상해 토라졌다. 토라짐은 11살짜리 여자아이 전문이지만 나

또한 호락호락 져 줄 생각은 없었기에 끝끝내 승리를 쟁취했다.

나는 아진, 보리와 함께 옌타이에서 서해 인천으로 가는 배를 타기로 했다. 일하지 않고 지내는 시간을 불명예스럽게 여기는 동아시아인의 정신과 투지를 지닌 아진에게는 매우 드물게 주어진 휴가였다.

우리는 저녁 늦게 도착해 택시를 탔다. 택시는 으스스한 회색 아파트 블록을 지나쳤다. 새로 지어진 아파트는 거인을 위한 비석처럼 보였다.

우리가 도착했을 때쯤 호텔은 반쯤 닫혀 있는 것처럼 보였다. 불이 켜진 객실이 거의 없었다. 짙은 바다 냄새와 철썩이는 파도 소리가 우리를 반겼다. 식당은 이미 문을 닫아 나비넥타이를 맨 종업원이 과일과 과자를 객실로 가져왔다. 아내와 딸은 바다를 향해 창이 난 객실에 앉아 순식간에 간식을 먹어 치우고 곧 잠들었지만, 나는 여전히 배가 고팠다. 마음 같아서는 배낭에 넣어 둔 토끼 모양 초콜릿을 꺼내 먹고 싶었다. 하지만 딸이 옌타이에서 인천으로 향하는 여객선 안에서 부활절 기념으로 먹겠다고 챙겨 둔 초콜릿을 훔쳐 먹을 수는 없었다. 나는 겨우 충동을 억누르고 침대에 누웠다.

다음 날 동이 트기 전에 잠에서 깼다. 창밖으로 엷은 햇살이 서서히 옌타이만을 비추는 장면을 바라봤다. 멀리서 부드러운 뱃고동 소리가 들렸다. 호텔은 항구에 정박한 배 같았다. 아내와 딸이 갑판 위 등나무 침대에서 자는 동안 보초를 서는 기분이었다.

할머니 몇 명이 산책로에서 아침 운동을 하고 있었다. 태극권이나 동아시아 전통 무술을 생각했겠지만 천만의 말씀이다. 중국 할머니들은 새벽 햇볕에 얼굴이 그을릴까 비싼 선 캡을 깊이 눌러쓰고 조깅이나 섀도복싱을 하고 있었다.

나는 아내와 딸이 깨지 않도록 조용히 객실에서 나와 호텔의 역사적인 순간을 포착한 사진을 구경했다. 전날 밤 체크인할 때 호텔 여기저기에 걸린 사진을 미리 봐뒀다. 탐구욕이 끓어올랐다. 사진은 여러 층에 걸쳐 예술적으로 전시돼 있었다. 기둥 뒤에 교묘히 숨겨진 사진이 있는가 하면, 움푹 들어간 공간에 덩그러니 걸린 사진도 보였다. 19세기 후반부터 20세기 초반까지 식민지 마을의 모습을 촬영한 사진은 당시 흔히 보이던 이질적인 풍경을 강조했다. 중국 해변에 새로 지어진 가게와 술집은 영국 해안 마을을 그대로 떼어다 붙여놓은 것 같았다. 중국 안에서 평생을 살아 온 현지인에게 창백한 외지인은 외계인처럼 보였을 것이다. 실제로 눈이 휘둥그레진 채 카메라 너머를 쳐다보는 현지인의 모습을 찍은 사진도 있었다.

옌타이의 옛 이름은 '즈푸'다. 즈푸는 19세기 중반 유럽 제국주의 열강이 등장하면서 국제적인 도시로 성장했다. 유럽인이 출현하기 전까지 작은 어촌에 불과하던 즈푸에는 약 2만 명이 거주하고 있었다. 오늘날 중국 주요 도시로 자리 잡은 옌타이의 인구는 7백만 명이 넘는다. 이 역사적인 항구 도시는 1856년 청나라와 영국 사이에 발발한 제2차 아편전쟁의 첫 번째 국면이 막을 내린 직후인 1858년, '불평등 조약'인 톈진조약을 맺으며 개방이 강요된 항구 11개 가운데 하나였다. 원래 조약에는 즈푸 대신 현재 펑라이인 둥주가 언급됐지만 측량 기구를 들고 등장한 유럽인은 여기저기 수심을 재더니 몹시 들떠 즈푸로 관심을 돌렸다. 즈푸 항구의 수심이 훨씬 깊었기 때문이다. 제국을 부강하게 키우려면 선체가 깊고 큰 배가 꼭 필요했다. 19세기 즈푸는 안전한 정박지로 유명해져 수많은 군함과 화물선이 즈푸에 들러 물자를 보충했다. 교류가 활발해지면서 즈푸에는 자연스럽게 새로운 산업이 들어서고, 무역이 번성하고, 다양한 가게가 들어섰다.

즈푸는 대표적인 식민 도시인 홍콩이나 아모이, 광동, 닝보, 진주, 상하이 등 조약에 의해 개방된 다른 항구에 비할 바가 못 됐다. 하지만 19세기 후반에 들어서며 선교사, 교사, 외교관, 무역상, 콧수염을 빽빽하게 기른 장교, 꿈에 부푼 모험가, 음침한 저널리스트, 술에 취한 선원이 끊임없이 즈푸로 흘러들어왔다.

처음으로 즈푸에 상륙한 유럽인은 지구 반대편 항구 도시에 고향을 재현했다. 호텔과 가게를 건설하고, 유럽식 가옥을 올리고, 학교를 열고, 병원을 개원하고, 클럽을 오픈했다. 1865년 영국인 선교사 허드슨 테일러Hudson Taylor(1832-1905)는 즈푸에 중국내지선교회를 설립하고 1881년 선교사 자녀를 위해 학교를 지었다. 아무리 고향과 비슷하게 꾸며 놨다고 해도 가족 전체가 고향에서 안락한 삶을 포기하고 중국으로 떠나다니 대단하다는 생각뿐이다. 그들이 겪은 풍토병과 불안함, 문화 충격에 비하면 내가 처음 서울 땅을 밟았을 때 느낀 낯선 감각은 아무것도 아닐 것이다.

마침내 아진이 산책로에 나왔다. 보리와 나는 아내와 함께하는 아침 산책을 거의 포기하려던 참이었다. 아내는 한 시간이 넘도록 레스토랑에 앉아 조식 뷔페를 즐겼다. 아내는 이리저리 뒤엉켜 연을 날리는 아이들, 회색 겉옷을 걸치고 방파제에 서서 낚시를 하는 할아버지, 볼이 발갛게 상기돼 장난감을 파는 할머니, 시계 박물관 앞을 서성이는 관광객, 투어를 홍보하는 여행사 직원을 지나쳐 우리에게 다가왔다. 바다에 뜬 배에서 병에 갇힌 벌떼처럼 윙윙대는 엔진 소리가 들렸다.

"아침은 맛있게 먹었어?" 내가 물었다.

"연은 어쩌다 그 모양이 됐어?"

나는 연을 들어 올리며 대답했다. "갑자기 바람이 불어서."

우리는 연 날리기 미션을 마치고 역사 탐방에 나섰다. 먼저 현지에서 영사관 언덕으로 알려진 옌타이산을 올랐다. 등산로를 따라 늘어선 나무에 곧 새순이 돋아날 것 같았다. 몇 주 뒤면 언덕에 벚꽃이 만개할 것이다.

영사관 언덕이라는 별명에 특별한 의미는 없다. 1860년대 초부터 옌타이산에는 10여 개 나라의 영사관이 지어졌다. 작은 마을이 국제 사회 중심지로 성장하면서 국가 간에 발생하는 문제를 해결할 외교 인력이 필요했기 때문이다.

산을 오르는 동안 나는 우리가 머무는 호텔이 옛 수녀원 터에 지어졌다든가, 19세기 말 옌타이 해안에서 유럽 모험가가 한반도로 항해를 떠났다든가 하는 이야기를 꺼내고 싶어 입이 근질근질했다. 하지만 여행 첫 날부터 강의를 펼쳤다간 한 소리 들을 게 뻔했다. 그래서 우리는 평범하게 수다를 떨면서 산을 올랐다. "꽃 좀 봐. 참 예쁘다.", "저 사람은 가발을 쓴 건가?", "아빠, 빨리 와. 경사도 별로 안 가파르잖아."

높은 나무 그늘이 드리워진 산꼭대기 근처 예쁜 카페 안, 기념품과 간단한 간식을 파는 가게에서 보리는 간식과 비눗방울을 샀다. 아내와 내가 커피를 마시는 동안 보리는 처음 만난 남자아이와 놀았다. 아이는 영어도 한국어도 못 했고, 보리의 중국어 실력도 썩 뛰어나지 않았다. 하지만 우리가 그랬듯 남자아이의 부모 또한 자식이 역사와 문화를 뛰어넘어 우정을 쌓는 모습을 지켜보며 흐뭇하게 웃었다. 우리 아이가 친구를 울리지 않고 잘 놀길 바랄 뿐이었다.

딸도 없으니 입을 다물고 있을 이유가 사라졌다. 옆 테이블에 앉은 아빠도 나와 같은 마음이었는지 축구 오프사이드 규칙을 열렬히 토로하고 있었다. 나는 심심할 아진을 위해 즈푸와 관련된 일화를 들려주기로 했다.

프랑스 외방전교회Société des Missions Étrangères 소속 펠릭스 클레르 리델 Félix-Claire Ridel 신부와 천주교로 개종한 조선인 11명이 이야기의 주인공이었다. 1866년, 리델 신부와 신도는 왕실의 박해를 피해 달아났다. 당시 조선 왕실은 기독교에 적대적이었다. 막강한 권력을 손에 쥔 조선 정치가 흥선대원군(1820-1898)은 장차 왕이 될 어린 아들 고종(1852-1919)을 대신해 나라를 다스렸다. 대원군은 쇄국정책을 실시하고 천주교를 탄압했다. 종교인 숙청은 궁중 보수 세력의 주도로 이루어졌다. 천주교에 반대하는 조선 관료는 서양 종교가 조선의 국가 정체성을 파괴하고 결국에는 조선을 서구화할 것이라 믿었다. 천주교가 빠르게 퍼져나가자 흥선대원군은 종교인 대량학살을 해결책으로 꺼내들었다.

1866년 6월 20일, 조선인 신도 11명은 어둠을 틈타 고물이나 다름없는 작은 배에 몸을 실었다. 그들은 하나님 아버지를 믿는 만큼 리델 신부의 방향 감각을 굳게 믿었다. 리델 신부는 예전에 본 지도에 그려져 있던 중국 동부 해안을 떠올리며 선장에게 산둥반도의 항구 도시로 키를 돌리라고 일렀다. 그곳에서는 삼위일체, 처녀 잉태, 부활을 마음 놓고 이야기할 수 있을 것이다. 그들의 목적지가 된 항구 도시가 바로 즈푸였다.

종교의 자유를 찾아 바다에 뛰어든 12명은 변덕스러운 여름 바람에 휩쓸리다 7월 7일 겨우 즈푸에 도착했다. 리델 신부는 항구에 닻을 내리자마자 프랑스 공사에게 조선에 있는 프랑스인이 종교 때문에 처형당하고 있다는 비보를 알렸다. 얼마 후 리델 신부는 선교사 학살을 보복하기 위해 조선 원정길에 오른 프랑스 군대의 통역 자격으로 조선에 돌아왔다.

아진은 고개를 흔들었다.

"세상이 참 많이 변했어." 아진이 말했다. 한때 한반도에서 숙청 대상으로 여겨졌던 기독교는 오늘날 한국에서 거대한 공동체로 자리 잡아 사회 결속 및 교류에 중요한 역할을 하고 있다. 서울에 있는 여의도순복음교회는 세계적인 규모를 자랑하는 오순절파 교회로, 신자가 80만 명에 이르며 매주 약 1만 2,000명이 일요일 예배에 참석한다. 내가 영국에서 마지막으로 참석한 예배에는 그보다 1만 1,998명이 적었다. 성찬식을 위한 포도주는 커다란 쟁반에 담겨 빠르게 분배된다. 신자가 제단 앞으로 나가 목사가 주는 영성체를 받아먹는 행사가 있는 날에는 예배가 월요일까지 이어지기도 한다.

한국 기독교는 복음주의 성격을 강하게 띤다. 매년 전 세계에 더 많은 기독교 선교사를 파견해 복음을 전파하는 교회는 북미가 유일하다. 한국 사람들이 기독교에 보이는 입장은 분명하다. 신을 믿거나, 믿지 않거나 둘 중 하나다. 다양한 기독교 종파에서 관찰되는 불확실성이나 의심을 탐구하는 행위는 용납되지 않는다. 내가 겪은 일화는 한국 기독교인의 신앙이 얼마나 열성적인지 잘 보여준다. 몇 년 전, 한국 종교인이 필리핀에서 펼치는 선교 활동을 주제로 기사를 투고했다가 편집자에게 연락을 받은 적이 있다. 당시 한국 선교 단체는 필리핀 정글에 교회를 짓고 현지인에게 전통 종교를 버리고 예수를 믿으라며 개종을 권유하고 있었다. 나는 선교 대상이 된 현지인과 해당 지역에 파견된 유럽 비정부기구 관계자를 인터뷰했다.

내가 기사를 투고한 신문사 편집자는 카리스마 넘치는 사람으로 항상 옷을 깔끔하게 차려입고 술을 어마어마하게 마셨으며 안타깝게도 이른 나이에 세상을 떠났다. 어쨌든 언론 분야에서 산전수전 다 겪은 편집자는 나를 부르더니 내가 쓴 기사가 지나치게 비판적이고 편향적이라 신문이 인쇄되면 기독교 단체가 회사 정문을 점거하고 시위를 벌일 것이라 말했다. 농담이 아니었다. 나는 신문이 대중의 심기를 건드렸을 때 어떤 일이 벌어지는지 직접 목격한 적이 있다. 2000년대 후반 한국에서는 새로운 무역 규제에 반대하는 시위가 한창이었다. 어느 늦은 밤, 분노에 찬 시위대 무리가 우리 신문사에서 나간 취재 내용이 마음에 안 든다며 건물 앞에 모여 목소리를 높이기 시작했다. 우리는 막 신문 인쇄 준비를 마치고 퇴근하려던 참이었다. 하지만 나를 포함한 직원 몇 명은 시위대에 가로막혀 건물 밖으로 나가지 못하고 로비를 서성였다. 그 때, 건물 1층 통유리창 너머에서 시위를 벌이던 남자 한 명과 눈이 마주쳤다. 남자는 무시무시한 표정을 짓더니 손가락으로 목을 긋는 시늉을 했다. 그래픽 디자이너가 익숙하다는 듯 나를 데리고 건물 깊숙이 숨겨진 통로로 들어갔다. 우리는 낡은 프린터와 텅 빈 창고를 지나 비상구 문을 열고 밖으로 나왔다. 시위대에게 위협받을 걱정이 없는 거리의 밤공기는 시원하고 자유로웠다.

나는 필리핀 선교에 관한 기사가 편향됐다고 생각하지 않는다. 단지 경제적으로 덜 발전한 나라에서 행해지는 전도 행위의 이면을 알리고 싶었을 뿐이다. 리델 목사를 비롯한 유럽 선교사는 조선인을 개종하고 구원하겠다는 선한 의도를 지니고 한반도로 향했다. 터무니없는 용감함으로 낯선 땅을 밟은 선교사는 친절하고 관대했다. 하지만 그들이 베푸는 친절에는 대가가 따랐다. 선교사는 학교와 병원을 세우고, 평등을 주장하고, 빈곤을 완화했지만 동시에 조선의 사회적 관습과 전통을 해쳤다.

이야기가 잠시 옆길로 빠졌다. 다시 영사관 언덕으로 돌아와, 마지막 비 눗방울이 터지자 남자아이와 부모는 손을 흔들고 다시 발걸음을 재촉했다. 중국인 가족이 카페를 떠나고 우리는 커피를 들이켠 후 자리에서 일어나 옛 미국 영사관 관저에 꾸며진 박물관으로 향했다. 박물관은 옌타이산의 대표적인 관광 명소로, 미국 롱아일랜드에서 운반해 온 것으로 짐작되는 벽돌을 쌓아 만든 건물은 눈이 휘둥그레질 만큼 아름다웠다. 하지만 건물 내부에 전시된 소장품은 중국이 유럽과 미국의 식민 지배를 어떻게 받아들이는지 잘 보여준다. 중국인에게 서구 제국주의 국가는 자국이 정치적으로 혼란한 시기를 기회 삼아 욕심을 채운 침략자일 뿐이다.

옛 영사관 관저 내부는 과거 모습 그대로 유지돼 있었다. 벽지는 어두웠고, 창은 바다를 향해 커다랗게 나 있었으며, 19세기 후반 서양식 저택의 상징과 같은 나무 계단은 삐걱댔다. 아래에 옛 영사관 관저에 전시된 사진과 지도를 둘러보다 발견한 설명문 일부를 인용했다.

톈진조약에 의해 옌타이항이 개방되며 옌타이를 비롯한 중국 전역은 식민주의, 봉건주의 사회로 전락했다. 옌타이항 개방은 중국을 깊은 절망에 빠뜨렸고, 중국인에게 씻을 수 없는 역사적 수치를 안겨 줬다.

옌타이 시민은 반제국주의, 반봉건주의 투쟁의 선두에 섰다.

옌타이는 1861년 불평등조약에 의해 강제로 개방됐다. 그때부터 옌타이 시민은 굴욕, 억압, 고통 속에서 투쟁하기 시작했다.

박물관에 남겨진 설명문이 과장되었다고 생각하는 사람도 분명히 있을 것이다. 하지만 19세기 서구 제국주의자에 나라를 빼앗기는 수모를 겪은 중국인의 비통함을 과소평가해서는 안 된다. 아직까지도 역사를 극복하지 못한 중국인이 수없이 많다. 식민 지배를 받은 국가의 국민이 과거에서 벗어나 굴욕감을 잊기까지는 수십 년이 넘는 시간이 필요하다.

한국 또한 마찬가지다. 나는 한국 축구 대표 팀 선수가 아시안게임 경기를 뛴 직후 실시한 인터뷰에서 보여준 모습을 기억한다. 선수는 팀이 4강에 진출한 사실보다 일본을 상대로 승리를 거뒀다는 데 더 큰 의의를 뒀다. 한국과 일본의 경쟁은 상상 이상으로 치열하다. 일본이 20세기 초 한반도를 식민화한 탓이다. 세월이 지나며 적대감이 옅어지긴 했지만 완전히 사라지지는 않았다. 양국의 깊은 갈등에 관한 이야기는 이 오디세이가 막바지에 접어드는 동해에 떠 있는 한 섬에서 마저 이어나가겠다.

역사학자 이언 길Ian Gill에 따르면 현재 산둥반도에서 수정주의를 주장하는 목소리가 점차 커지고 있다. 이들은 서구 제국이 중국에 긍정적인 영향을 미쳤다고 이야기한다. 실제로 서구인은 옌타이에 신식 병원과 학교를 설립하고, 현대적인 도시 인프라를 구축했으며, 발전된 농업 기술을 전파했다. 하지만 서구 제국주의 열강의 식민 통치가 중국이 경제적, 사회적으로 발전하는 데 반드시 핵심적인 영향을 미쳤다고 확언할 수 있을까? 국가의 존엄성을 포기할 만큼 신식 학교와 병원이 지니는 가치가 크다고 할 수 있을까?

우리는 박물관 관람을 마치고 나와 달콤한 꽃향기를 맡으며 차오양 거리로 내려갔다. 어떤 책에서 차오양 거리가 술집과 식당을 찾은 사람들로 조용할 틈이 없는 문화의 중심지라는 글을 읽은 적이 있다. 이제는 다 옛날이야기다. 불도저가 일대를 완전히 밀고 지나가 어디로 눈을 돌려도 건물터밖에 보이지 않았다. 지나가는 사람들에게 차오양 거리가 언제쯤 다시 활기를 찾을지 물어봤지만 언제가 될지, 활기를 되찾기는 할지 모르겠다는 대답뿐이었다. 건물에 '출입 금지' 팻말이 붙어 있었지만 도저히 유혹을 참을 수 없었다. 우리는 허물어진 벽을 타넘고 금방이라도 무너질 것 같은 콘크리트 계단을 올라 언제 붕괴돼도 놀랍지 않은 바닥 위를 걸어 다니며 지저분한 화장실, 낡은 옷가지, 담배 파이프, 부서진 침대가 아무렇게나 널브러진 방을 구경했다.

다행히 다치지 않고 모험을 끝냈다. 우리는 먼지를 뒤집어쓴 채 땀을 뻘뻘 흘리며 1996년 출간된 테스 존스턴Tess Johnston의 책『머나먼 곳: 강제 개항한 중국 북부 도시의 서양식 건축물Far from Home: Western Architecture in China's Northern Treaty Ports』에 소개된 건물을 찾아 온 동네를 누볐다. 지도를 제대로 못 읽은 게 분명했다. 존스턴이 거짓말을 하지 않았다면 그 근방에는 아름다운 옛 건물이 훨씬 많아야 했다. 우리는 멋진 서양식 건축물 대신 내리막길에 자리한 재래시장, 주차장, 정박지를 구경했다. 홍콩에 살다 옌타이에 오니 넓게 트인 시야를 감상하면서 길거리를 돌아다니는 것만으로 충분히 즐거웠다. 이상하다 싶을 정도로 순탄한 하루였다. 아니나 다를까, 곧 일이 터졌다.

우리는 도심의 시끄러운 패밀리 레스토랑에서 점심을 먹었다. 나는 식탁 앞에 앉아 19세기 후반 즈푸가 어떤 매력으로 외국인을 끌어들였는지 일장 연설을 늘어놓고 있었다. 그때, 보리가 입을 뗐다.

"배가 아파." 보리가 한국어로 칭얼대며 복통을 호소했다. 처음 있는 일은 아니었다. 보리는 요 몇 달 동안 계속 몸이 안 좋았다. 안 그래도 옌타이에서 평소 잘 안 먹던 음식을 먹고 탈이 나지는 않을지 걱정하고 있었다. 몸이 안 좋을 때 보리는 얼굴이 11월 서울 하늘보다 칙칙해진다. 내가 19세기 수많은 외국인이 요양을 하러 즈푸를 찾았다는 이야기를 신나게 떠들어댈 때 보리는 접시를 밀어두고 퀭한 눈으로 나를 가만히 쳐다보고 있었다. 아빠라는 사람이 철이 없어서 미안할 따름이다.

어쨌든 앞서 언급한 허드슨 테일러 선교사가 콜레라에 걸렸다가 즈푸에서 건강을 회복하자 선교사들 사이에 즈푸의 깨끗한 물과 신선한 바닷바람이 병을 치료한다는 소문이 돌았다. 즈푸에는 건강을 되찾으려는 외국인의 발길이 끊이지 않았고, 요양과 회복의 도시 즈푸에 관한 명성은 나날이 높아졌다. 안타깝게도 보리에게는 즈푸에 깃든 치유의 힘이 듣지 않았다. 보리는 시름시름 앓고 있었다. 아침에 먹은 뷔페가 안 맞았나? 지난밤 먹은 간식이 문제였나? 우리는 점심 식사를 계산하고 걸어서 호텔로 돌아갔다. 하늘에 연 몇 개가 떠 있긴 했지만 산책로는 한적했다. 그날 오후는 객실 창문을 열어두고 파도 소리를 들으며 보냈다. 다음 날 아침에 일어나서는 전날과 똑같이 산책로를 따라 걸었다. 나는 보리가 언제 아팠냐는 듯 컨디션을 회복하길 기다렸다. 하지만 보리의 몸은 나아지지 않았다. 아픈 아이를 데리고 꼬박 하루 가까이 걸리는 여객선을 타는 건 무리였다. 어쩔 수 없이 아내와 딸은 비행기를 타기로 했다. 그렇게 나는 혼자 서해를 건너게 됐다.

우리는 울적한 기분으로 여객선 터미널로 향했다. 표를 구매하기 직전에 나는 아진에게 같이 비행기를 타고 인천으로 가겠다고 이야기했다. 아픈 딸을 산둥반도에 두고 혼자 바다를 건너간다니, 어떤 아빠가 그런딘 말인가? 이제 와서 하는 말인데 그때 아진이 "당신 말이 맞아, 공항으로 가자."라고 대답했다면 가슴이 찢어졌을 것이다. 가장으로서 책임과 완벽한 오디세이를 향한 집착 중 무엇을 우선해야 할까? 아진이 내 마음을 읽었다.

"걱정 마. 인천에서 만나." 아진이 이야기했다.

딸을 버려두고 혼자 인천행 배를 타려니 괜히 멋쩍어 보리를 꼭 안고 물을 많이 마시라고 일렀다. 보리의 낯빛은 배수구처럼 칙칙했다. 우리는 입국심사대로 걸음을 옮겼다.

"배 타기 전에 뭐 좀 안 먹어도 되겠어?" 내가 여권을 찾아 배낭을 뒤지는 동안 아진이 물었다.

"괜찮아," 내가 대답했다. "배에 타서 먹으면 돼."

제4장

백령도: 신화, 지뢰밭, 선교사의 섬

까마득한 절벽 아래 사납게 소용돌이치는 바다 위로 거품이 하얗게 끓어오른다. 검은 바위 너머 거칠게 넘실대는 파도는 거대한 괴물의 등 근육을 닮았다. 누르스름한 해무가 낀 해협 저편에 길게 뻗은 육지와 울퉁불퉁한 산등성이 희미하게 보인다. 북한이다. 북한 해안은 백령도에서 약 15킬로미터 떨어져 있다.

    수영에 능숙한 사람이라면 헤엄쳐 갈 수 있는 거리라고 하지만 험한 물살과 남북한 군대의 철통 보안을 뚫기는 어려워 보인다. 해안에 낮게 깔린 커다란 암석 사이를 매섭게 휘몰아치는 바닷물로 짐작하건데 해류가 강한 게 분명했다. 자국 영토를 수호하려는 남한과 북한 병력 또한 못지않게 무시무시할 것이다.

    나는 인천에서 사흘을 기다린 후에야 코리아킹호를 타고 백령도에 들어갈 수 있었다. 4월 초 짙은 안개와 거센 바람에 출항이 취소된 탓이다. 과거에는 인천항에서 출발해 약 200킬로미터 떨어진 백령도까지 꼬박 반나절이 걸렸다. 요즘에는 맑은 날 네 시간이면 백령도에 도착한다. 편도 티켓 가격이 30달러쯤이니 저렴한 편이다. 저예산 여행을 좋아한다면 여객선을 타길 추천한다.

백령도의 위치는 섬이 지닌 다양한 매력 중 하나로 손꼽힌다. 섬 주민 4,800여 명은 북한과 놀랍도록 가까운 곳에서 생활한다. 섬 북쪽 심청각에 설치된 망원경을 들여다보면 북한 풍경이 흐릿하게 눈에 들어온다. 정확히 말하자면 북한 주요 해군 기지가 있는 황해도, 그중에서도 장산곶을 볼 수 있다.

나는 망원경에 얼굴을 붙이고 시멘트 공장 굴뚝에서 피어오르는 연기든, 트랙터 바퀴에 반사되는 햇빛이든, 행정기관 건물에 흔들리는 깃발이든, 무엇이든 사람이 사는 흔적을 찾으려 애를 썼다. 하지만 아주 작은 움직임조차 발견할 수 없었다. 망원경 너머 북한은 초점이 나간 듯 흐리게 보였다. 어쩌면 북한 정부가 황해도 해안에 일반인, 특히 물에 잘 뜨고 물장구에 재능이 있는 사람의 거주를 금지하는지도 모른다. 나는 북한 수중 스포츠 대표팀이 장산곶 부근 바다에서 훈련하는 건 아닐까 생각했다.

망원경 없이 맨눈이라도 북한을 굽어보는 경험은 특별하나. 남한에서는 서울 북쪽 비무장지대 안에 있는 공동경비구역 견학을 강하게 장려한다. 공동경비구역을 방문한 사람은 냉전이 남긴 비극의 물웅덩이에 발끝이나마 담가 봤다는 사실에 흥분해 눈을 빛내며 돌아온다.

평양에 가면 북한에서도 비무장지대를 볼 수 있다. 나는 양쪽 국경을 모두 방문해 봤는데, 개인적인 의견이지만 남한에 감도는 긴장감이 훨씬 컸다. 미군은 당장이라도 공격을 개시할 태세였고 남한 군인은 태권도 준비 자세와 비슷하게 주먹을 말아 쥐고 서 있었다. 반면 북한 국경에 보초를 서는 군인은 느긋하고 여유로웠다. 평양 투어 가이드가 건넨 조언을 듣고 챙겨 간 담배와 문구를 선물하자 한층 더 친절해졌나.

물론 심청각에서는 북한 군사 시설을 확인할 수 없다. 바위 밑이나 안개

끼인 언덕 사이, 소나무 숲 깊은 곳에 숨겨져 있을 것이다. 보이지는 않지만 분명히 어딘가 있다는 데 비무장지대 가족 입장권을 걸어도 좋다.

나는 운 좋게도 화창한 날 백령도를 방문했다. 안개가 꼈다면 북한 풍경을 살짝이나마 훔쳐볼 수 있는 귀한 경험을 놓쳤을 것이다. 실제로 한반도 서해안을 따라 끼는 안개는 골칫거리 취급을 받는다. 특히 4월부터 6월까지는 안개가 유독 자욱하다. 봄철의 따뜻한 공기는 차가운 해면을 지나며 한 치 앞을 가늠하기 힘들 만큼 무겁고 거대한 안개 덩어리를 형성한다. 시야를 확보할 수 없으니 이륙이 지연되거나 배편이 취소되기 일쑤다. 나도 안개가 걷히기를 기다리며 며칠 동안 인천에 머물러야 했다. 교통 체증이 빚어지는 경우도 허다하다. 직접 차를 몰고 안개가 짙게 낀 대교를 넘어 인천공항에 간 적이 있는데, 썩 유쾌한 휴가의 시작은 아니었다. 공기는 콧물처럼 끈적였고, 노랗게 빛나는 안개등은 마치 세상의 종말을 보는 듯했다. 다리 아래에는 양쪽으로 회색 바다가 펼쳐졌다. 앞에 무엇이 도사리고 있는지 짐작조차 할 수 없었다. 단 한 가지 확실한 건 백미러에 비치는 버스와 트럭이 속도를 전혀 늦추지 않고 옆을 스쳐지나갈 것이라는 사실뿐이었다. 한국 운전자는 가속을 두려워하지 않는다.

오늘날에도 안개가 끼면 이렇게 힘겨운데 레이더나 기상위성이 없던 19세기에 조선을 찾은 여행자가 배를 타고 서해안에 접근하기가 얼마나 어려웠을지 상상해보라. 처음으로 조선을 찾은 개신교 선교사 칼 귀츨라프 Karl Güzlaff(1803–1851)가 1840년 출간한 『1831년, 1832년, 1833년 중국 해안 항해기Journal of Three Voyages along the Coast of China, in 1831, 1832 and 1833』에 남긴 기록에 따르면 서해안에 안개가 어찌나 짙었던지 항해가 거의 불가능할 지경이었다고 한다. 귀츨라프 선교사 이야기는 뒤에 서해안에 대해 언급하면서 다시 이어갈 예정이다. 마찬가지로 호머 B. 헐버트Homer B. Hulbert(1863–1949) 선교사는 한국의 포괄적 역사를 주제로 1905년 출간한 책에 "수시로 끼는 자욱한 안개는 항해를 방해하는 가장 위험한 장애물이었다."는 글을 남겼다. 헐버트 선교사는 짙은 안개에도 불구하고 한국을 사랑했다. 한국의 친구 헐버트 선교사는 일본의 식민 통치에 반대해 독립운동을 지지하다 1907년 한반도에서 추방당했다. 서울 양화진외국인선교사묘원에 세워진 헐버트 선교사의 비석에는 "웨스트민스터 사원보다 한국 땅에 묻히길 원한다."는 글이 새겨져 있다. 헐버트 선교사의 소망은 이루어졌다.

사절단으로 조선을 방문한 미국의 존 포드John Ford 해군 제독은 몇 년이 지난 후에도 조선 해안을 항해하던 기억을 떠올리면 치를 떨었다. 실제로 항해가 끝나고 8년 뒤인 1898년, 제독이 발표한 『동양을 항해하는 미국인An American Cruiser in the East』에는 "안개가 낀 뱃길을 밝히는 빛도, 한밤중의 검은 폭풍우를 경고하는 신호도, 무엇도 없었다."며 과거를 회상하는 내용이 담겨 있다. 포드 제독은 고립주의를 추구하던 조선인이 달갑지 않은 손님의 접근을 막으려고 일부러 해안을 황량하게 유지했다는 이론을 제시했다.

안개로 백령도에 오가는 배편이 취소된 덕분에 인천을 탐험할 시간이 생겼다. 원래는 옌타이에서 헤어진 아내와 딸을 만날 예정이었지만 한국에 들어온 뒤에도 딸의 몸 상태가 완전히 나아지지 않자 아내는 딸을 데리고 파주 친정에 머무르기로 했다. 파주는 당장 거실에서 지뢰가 발견된다고 해도 놀랍지 않을 정도로 북한 국경에 인접해 있다. 어쨌든 나는 상황을 고려해 적절한 결정을 내렸다. 가엾게 끙끙 앓는 딸을 보러 가는 대신 관광을 선택했다.

나는 인천 시내 서쪽에 자리한 월미도에 숙소를 구했다. 복고풍 놀이공원, 산책로를 따라 늘어선 식당과 술집은 햇살 좋은 6월의 주말을 보내기에 좋아 보였다. 비가 추적추적 내리는 늦겨울이나 초봄, 그것도 평일에 찾을 만한 장소는 아니었다. 하지만 텅 빈 월미도 해변은 그대로 매력적이었다. 나에게는 아이스크림 가게와 시끌벅적한 오락실을 돌아다니며 피서를 즐기는 가족이 넘쳐나는 모래사장보다 한산한 바닷가 마을이 훨씬 흥미롭다. 텅 비

다시피 한 해변에 부모의 잔소리를 피해 나와 우산 아래에서 서로를 쓰다듬으며 저녁 데이트를 즐기는 연인 몇 쌍이 보였다. 비 내리는 평일 저녁 월미도에서 로맨스를 놓칠 수는 없지.

사실 월미도는 더 이상 섬이 아니다. 인천 확장 계획의 일부로 바다가 매립돼 육지와 이어졌기 때문이다. 하지만 한국전쟁이 발발했을 당시에는 사면이 바다로 둘러싸여 있었다. 그리고 1950년 9월 15일, 미국 해군 제7함대를 주축으로 한 유엔군이 처음으로 상륙한 곳이 바로 이곳 월미도다. 나는 아침에 버스를 타고 가다가 첩보 작전이 펼쳐진 장소를 표시하고 작전에 참여한 군인을 기리는 기념비를 발견했다. 첫 번째 상륙 지점을 알리는 기념비에는 '녹색해안'이라고 새겨져 있었다. 녹색해안 외에 적색해안과 청색해안도 있다. 연합군은 로버트 태플릿Robert Taplett 중령의 지시에 따라 월미도를 점령했다. 사상자는 단 14명뿐이었다.

인천상륙작전 뛰어난 군사 작전으로 평가된다. 더글러스 맥아더Douglas MacArthur 장군은 인천을 확보하면 한창 남쪽으로 세력을 펼치던 북한군의 보급선을 차단할 수 있을 것이라 생각했다. 1950년 여름, 북한군은 한반도 대부분을 장악하고 있었다. 남동쪽 해안에 자리한 도시 부산만이 힘겨운 전투를 이어나갔다.

인천상륙작전에는 엄청난 위험이 수반됐다. 미 해군 소령 알리 G. 캡스Arlie G. Capps는 작전을 계획하면서 이렇게 말했다고 한다. "우리는 작전 수행에 방해가 될 만한 자연적, 지리적 조건을 적어 내려갔다. 그리고 인천은 모든 악조건을 갖췄다."

그중에서도 가장 큰 위험 요소는 바다였다. 인천 바다에는 매일 두 번 거대한 조석 현상이 일어난다. 조석 간만의 차는 평균 약 7미터, 최고 10미터로 인천상륙작전을 계획한 미군 전술 담당관은 선체 높이가 9미터에 육박하는 미 상륙함이 갯벌에 처박히지 않도록 해수면 높이가 10미터를 넘기는 만

조 때까지 기다려야 했다.

　인천상륙작전은 성공했고, 맥아더 장군은 영웅으로 추앙됐으며, 한국전쟁은 새로운 국면에 접어들었다. 하지만 전쟁은 계속됐다. 1953년 7월 27일, 마침내 휴전 협정이 체결됐다. 한국 인구의 10퍼센트가 사망했고, 피난민 500만 명이 집을 잃었으며, 군인 수십만 명이 전사했다. 전쟁은 같은 장소에서 시작돼 같은 장소에서 끝났다. 남한도 북한도 영토 확장에 실패했다. 양측은 38선을 경계로 서로를 마주보며 전투를 시작하고 전투를 마쳤다.

　종군기자 레지날드 톰슨Reginald Thompson은 한반도에서 목격한 끔찍한 갈등을 바탕으로 1951년 출간한 『한국의 눈물Cry Korea』에서 "오늘날 죽음은 그 어느 때보다 끔찍한 형태로 다가온다."고 이야기하며 안타까워했다. "이제 '버튼' 하나만으로 보이지 않는 대상, 익명의 다수, 외딴 공동체를 살육할 수 있다. 지도를 보고 공격 지점을 선정해 버튼을 누른 당사자는 그곳에서 농사를 짓고, 가축을 기르고, 사랑하고, 살아가던 사람들이 곧 세상에서 사라질 것이라는 사실을 인식하지 못한다."

　감상이 지나쳤다. 다시 나의 오디세이로 돌아가 보자.

　마침내 안개가 걷히고 백령도행 여객선 운항이 재개됐다. 바다를 건너는 동안 나는 주문에 걸린 듯 넋을 잃고 창문 밖을 응시했다. 바닷물이 다양한 형태, 색깔, 질감으로 부풀어 올랐다가 풀썩 꺼지길 반복했다. 바다는 변덕스러웠다. 여객선이 떠오르고, 가라앉고, 파도에 부딪혀 속절없이 흔들렸다. 바다는 살아 있었다. 무시무시한 힘과 바닥을 알 수 없는 깊이는 아름답지만 두려웠고, 때로는 치명적이었으며 때로는 자비로웠다. 사이먼 윈체스터Simon Winchester[3]는 『대서양Atlantic』에서 공상 과학 소설 작가 아서 C. 클라

3　사이먼 윈체스터는 기자이자 논픽션 작가이다. 저서로 『교수와 광인The Professor and the Madman』, 『세계를 바꾼 지도 The Map that Changed the World』등이 있다. 1980년대 후반 한국을 방문하고 『한국: 기적의 땅을 걷다 Korea: A Walk Through the Land of Miracles』를 발표했다.

크Arthur C. Clarke를 인용해 "바다가 틀림없는 이 행성을 지구라고 부른다니, 이 얼마나 황당한 일인가."라는 글을 남겼다.

나는 아진에게 문자 메시지를 보내 보리의 상태를 물었다. 다행히 보리는 이제 완전히 건강을 회복했다는 답장이 왔다. 나는 항해를 아주 자세히 설명하기 시작했다. 같이 배를 탄 승객 모두가 극심한 뱃멀미에 시달리고 있다는 불필요한 정보도 포함돼 있었다. 배가 인천항을 출발하자마자 사람들이 두루마리 휴지를 손에 둘둘 말고 화장실로 향했다, 위장을 토하는 것 같은 소리가 온 배에 울려 퍼졌다, 그 와중에 배가 흔들려서 토악질 소리가 리듬을 타더라. 그리고 마지막에 옆자리 할아버지가 신경 쓰이기는 하지만 나는 괜찮다는 내용을 덧붙였다. 처음 항해를 시작했을 때 할아버지는 카키색 모자를 눌러쓰고 꼿꼿이 허리를 세운 채 앉아 있었다. 하지만 파도가 크게 출렁거릴 때마다 점점 더 미끄러져 내려가더니 마침내는 거의 의자에 누웠다. 건강하던 낯빛은 시간이 흐르면서 라임 주스 색깔로 변했다. 꾸벅꾸벅 졸다가 옆으로 고개를 떨어뜨리기도 했다. 입이 커다랗게 벌어졌다. 누군가 나에게 총을 겨누고 있는 느낌이었다. 혹시라도 할아버지가 구역질을 하면 바로 옆으로 구를 예정이었다.

문자 메시지를 다 보내고는 나 자신을 원망했다. 현대 사회의 여행이란 죄다 이 모양이다. 기껏 집을 떠났는데 일상에서 벗어날 수가 없다. 마음이 싱숭생숭했다. 나는 아진에게 이제 더 이상 문자 메시지를 보내지 않겠다고 알린 후 휴대전화를 끄고 배낭 깊숙이 집어넣었다.

19세기 모험가 이사벨라 루시 버드Isabella Lucy Bird는 조선을 찾아 금강산을 여행하면서 고개를 하나 넘을 때마다 소셜 미디어에 사진을 업로드하고 '팔로워'의 '좋아요'를 유도하지 않았다. 존 포드 미 해군 제독이 동료와 함께 현재의 인천 제물포에 상륙하면서 트위터에 글을 올렸다면 '바이럴'이 됐을 게 분명하지만 제독은 묵묵히 맡은 일을 했다. 한국 요리에 관한 글을 쓰기는 했다. "인간의 위장을 뒤집어 놓을 갖은 재료가 끔찍하게 뒤섞여 있었다. 펄펄 끓는 생선기름에 설익은 쌀가루를 엄청나게 풀고 정체를 알 수 없는 초록색 재료를 뭉텅이로 넣었다." 포드 제독이 묘사한 음식을 나도 먹어본 것 같다.

다행히 할아버지는 토를 하지 않았다. 화장실을 들락거리던 승객도 자리에 앉아 입을 꾹 다물고 불편한 표정으로 몸을 뒤척였다. 나는 맥심 골드 커피를 몇 잔이나 마시고(감히 인류가 발명한 최고의 인스턴트 커피라고 자부한다) 파도에 이리저리 흔들리다 깜빡 잠들고 말았다. 나는 배가 백령도에 정박하고 나서야 잠에서 깼다. 승객 대부분이 배에서 내리고 없었다. 부랴부랴 배낭을 챙겨 비틀대며 부둣가로 나왔다. 게스트하우스에서 보낸 차가 항구에 나와 있었다. 게스트하우스에 도착하자 포동포동한 아줌마가 나를 방으로 끌고 가더니 손에 지도를 한 장 쥐어줬다.

아줌마는 결혼한 여성 또는 나이가 많은 여성을 일컫는 한국어로 아줌마 한 명, 아줌마 두 명과 같이 다수를 동시에 지칭할 수 있다. 단어를 직역하면 '이모' 정도가 되겠지만 이모라는 표현으로는 아줌마가 지니는 억척스럽고, 강인하고, 사교적인 느낌을 살릴 수 없다. 머리를 뽀글뽀글하게 볶은 아줌마는 꽃무늬 바지를 입고 햇볕이 강한 날이면 비싼 선 캡을 쓴다. 새빨간 바람막이도 흔한 패션이다. 아줌마는 끈질기고 냉철하다. 서울에서 지하철을 기다리는데 옆에 아줌마가 한 명이라도 있다면 마지막으로 남은 빈자리를 차지하고 편하게 앉아서 갈 수 있을 것이라는 생각은 애초에 접는 것이 좋다. 아줌마는 지지 않는다.

원래는 숙소에 짐을 던져두고 바로 산을 오를 계획이었다. 하지만 커튼을 열자 우중충한 날씨가 가장 먼저 눈에 들어왔다. 바다에서 시커먼 먹구름이 몰려오고 있었다. 순식간에 비가 쏟아지기 시작했다. 나는 텔레비전을 켜고 시시한 예능 프로그램을 조금 보다가 글도 몇 자 적고, 게스트하우스 로비에 비치해 둔 관광 안내서를 훑어보면서 오후를 보냈다. 마침내 비가 멎었다. 곧장 게스트하우스를 뛰쳐나가 괜찮은 식당을 찾아 나섰다.

여름휴가 시즌까지는 아직 몇 주가 남아 있었다. 그래서인지 문을 연 가게가 많지 않았다. 미용실, 편의점 몇 군데가 거의 전부였다. 삼겹살 식당 하나가 보였다. 나는 주저하지 않고 삼겹살, 즉 돼지고기 뱃살 구이를 전문으로 하는 식당에 들어갔다. 엄마, 아빠, 아이 둘로 구성된 가족 하나가 식사를 하고 있었다. 아빠는 소주를 마셨다. 소주는 한국 전통주로 와인보다 세지만 위스키와 같은 전형적인 증류주보다는 단맛이 덜하고 투명하다. 아빠가 입에 술을 털어 넣고 담배를 피러 식당을 들락거리는 동안 엄마는 피곤한 얼굴로 분주하게 아이들의 식사를 챙겼다. 음식은 맛있었다. 삼겹살은 한국에서 무척 인기가 많다. 식탁에 설치된 휴대용 그릴에 직접 고기를 구워야 한다. 조리용 환풍기의 성능이 중요하다. 환기가 제대로 되지 않으면 식당 안은 지하 버스 터미널처럼 연기가 뿌옇게 차오를 것이다. 고기가 나오면 집게로 직접 그릴에 올려서 타지 않도록 뒤집어가며 구우면 된다. 마늘은 원하는 만큼 계속 제공되니 먹을 수만 있다면 실컷 먹어도 좋다. 고기를 굽고 있으면 직원이 돌아다니며 빈 반찬 접시를 채워 준다. 백령도 식당에서는 술이 얼큰하게 취한 할아버지가 음식을 나르다가 몇 번이나 한국말로 "어디 사람이야?"라고 물었다. 한국 식당에서 요리를 시키면 온갖 밑반찬으로 한 상 가득 차려준다. 백령도 식당에서는 김치, 양념을 한 시금치, 오이 볶음, 콩나물, 가지찜, 간장 소스를 넣고 졸인 감자를 내왔다. 건강 때문에 저염식을 하거나 매운 맛에 약한 사람이라면 어쩔 수 없지만 특별한 이유가 없는 한 배가 터지도록 음식을 즐기면 된다.

음식은 끊임없이 나왔고, 나는 끊임없이 먹었다. 할아버지가 나를 가만히 내버려뒀다면 훨씬 맛있게 식사를 즐길 수 있었을 것이다. 영국 잉글랜드에서 왔다고 대답하자 할아버지는 "잉-그-랜-드! 잉-그-랜-드!"하고 외치기 시작했다. 소주를 한 잔 따라 주더니 맥주도 몇 잔 권했다. 부어라 마셔라 술을 마실 나이는 지났을 뿐더러 요즘에는 누가 술을 권해도 웬만하면 거절했다. 하지만 할아버지는 완고했고, 나는 나약했다. 게다가 술을 거절하면 무례하다고 생각할지도 모른다. "잉-그-랜-드!" 할아버지는 술잔을 들어 올리며 다시 한 번 우렁차게 외쳤다.

"잉글랜드." 나는 어쩔 수 없이 복창했다. 한국 음주 문화는 전부터 잘 알고 있었다. 초대형 유조선이 바다 한가운데서 전속력으로 항해하다 멈춰서도 한참을 앞으로 나아가듯, 소주를 마시기 시작해 한번 오른 흥이 식기까지는 시간이 꽤 걸린다. 밥값을 계산하고 재빨리 식당을 나서지 않았더라면 나는 아마 자정까지 할아버지에게 붙잡혀 있었을 것이다.

할아버지와 삼겹살 파티를 한 다음 날 아침, 심청각에서 망원경으로 북한을 둘러보다가 흥미로운 광경을 포착했다. 나는 망원경 초점을 제대로 맞추고 남한과 북한의 경계가 되는 바다 한가운데에 가만히 떠 있는 배 한 척을 가만히 지켜봤다. 배는 정확히 북방한계선에 걸친 채 북한 방향으로 뱃머리를 향하고 있었다. 좌현과 우현에서 배 두 척을 더 발견했다. 나머지 두 척에서도 움직임이 관찰되지 않았다.

어선이었을까? 심청각에 설치된 망원경으로는 배에 남한 국기가 걸려 있다는 정도밖에 보이지 않았다. 어쩌면 전투 준비를 완벽히 마친 군함일 수도 있다. 진짜 정체가 무엇인지는 이제 알 수 없지만 바다에 떠 있는 배 세 척은 백령도를 지키는 용맹스러운 수호자처럼 보였다.

나는 망원경에서 눈을 떼고 심청각으로 들어갔다. 심청각이라는 이름은 「심청전」이라는 한국 고전 설화에서 유래됐다. 「심청전」에는 한국인과 한국 문화가 담겨 있다. 이 고전 설화는 한국인이 스스로를 어떻게 바라보는지, 타인에게 어떻게 보이고 싶은지 알려준다.

심청각 내부에는 설화와 관련된 책과 각종 유물, 커다란 백령도 모형이 전시돼 있었다. 모형을 보며 백령도와 북한 사이의 거리가 얼마나 가까운지 새삼 실감했다. 1953년 한국전쟁이 끝난 이후, 아니 휴전 협정이 체결된 이후 북한이 왜 백령도를 점령하지 않았는지 궁금할 정도로 백령도와 북한은 인접하다. 아마 북한 측에서는 아무리 애를 써도 백령도를 손에 넣기는 힘들다고 결론을 내렸든가 조그마한 섬 하나에 전쟁을 재개할 전략적 가치는 없다고 생각한 것 같다.

나는 마셜 필Marshall Pihl이 말년에 번역한 「심청전」을 가지고 있다. 마셜 필은 서구 대학교에 한국 문학을 학문으로 확립한 선구자 중 한 명으로 손꼽힌다. 마셜 필은 1965년 서울대학교에서 국어국문학 석사를 수료하며 한국에서 석사 학위를 취득한 최초의 서양인이 됐다. 졸업 당시 마셜 필은 국어국문학 관련 직종에 종사할 생각이 없었다. 1960년대 중반 서양에는 한국 문학이라는 분야 자체가 존재하지 않았다. 오늘날에도 비주류에 속하는 학문이니 몇 십 년 전에는 상황이 더욱 심각했다. 그럼에도 불구하고 마셜 필은 한국 문학을 향한 열정을 버리지 않았다. 나는 때때로 마셜 필이 "굳이 한국 문학을 고집할 필요가 있었을까? 연구 기회도 많고 지원금도 풍부한 중국 문학이나 일본 문학을 선택하는 게 맞았나?" 고민하지 않았을까 생각한다. 그랬을 수도 있다. 우리는 모두 각자의 고민을 품고 살아간다. 어쨌든 마셜 필은 한국 문학에 푹 빠져 한반도 밖의 독자에게 그 가치를 알리기 위해 끊임없이 노력했다.

「심청전」 줄거리는 다음과 같다. 심청은 가난한 봉사의 딸이었다. 어느 날, 아직 십 대였던 심청은 스님에게 공양미 삼백 석을 바치면 아버지가 눈을 뜰 것이라는 이야기를 듣는다. 얼마 후, 남경에서 온 뱃사람이 무사히 항해를 마치기 위해 인당수 용왕에게 제물로 바칠 사람을 구한다는 소문이 심청의 귀에 들어온다(인당수는 백령도와 남한 사이에 자리한 좁은 해협으로 이번 장의 앞머리에서 이미 이야기한 적이 있다). 인당수의 물살이 워낙 거칠고 험해 그냥은 지나가기 힘들다는 것이다. 다른 부분은 모르겠지만 이 부분만은 사실이 틀림없다.

　심청은 남경 뱃사람에게 쌀 삼백 석을 받고 스스로를 팔아넘기기로 한다. 계획을 들키면 아버지가 말릴 게 분명하니 심청은 부잣집에서 자신을 입양하기로 했다고 거짓말을 한다. 하지만 인당수에 뛰어들 날이 다가오고, 아버지에게 대접할 마지막 밥을 짓다가 결국 무너지고 만다. 심청은 사실을 고백해 아버지를 혼란에 빠뜨린다. 아버지는 심청을 끌어안고 딸을 죽이고 눈을 뜨면 무슨 소용이냐고 울부짖는다. 마을 사람들도 이에 동의하고, 남경 뱃사람 또한 심청의 효심에 감명받아 심청이 죽고 난 후에도 심청의 아버지가 편히 살 수 있도록 돈을 모으겠다고 이야기한다. 그때, 소식을 들은 높은 댁 부인이 심청 대신 쌀 삼백 석을 남경 뱃사람에게 갚겠다고 나선다.

　부인은 아버지를 위해 스스로 목숨을 포기하는 것은 분명 효심 깊은 행동이지만 살아서 아버지를 돌보는 게 더 큰 효도라고 심청을 설득한다.

　부인의 말이 옳았다. 부인의 논리는 지극히 합리적이었고 심청은 제안을 받아들였어야 했다. 하지만 심청은 마음을 바꾸지 않았다. 나는 싸증이 치밀었다. 심청은 순종, 정직, 충성이라는 문화적 규범에 사로잡혀 있었다. 게다가 심청에게 뱃사람과 약속을 어기는 것은 명예롭지 못한 행동이었다. 그래서 심청은 기어이 인당수에 몸을 던지기로 했다!

　나는 이 부분에서 화를 못 이기고 머리를 잡아 뜯기 시작했다. 그러는 게 아니었는데. 그 이후부터 머리가 부쩍 빨리 벗겨진다. 하지만 도저히 짜증이 나서 가만히 있을 수가 없었다. 적당히 좀 하란 말이야, 나도 모르게 성질을 냈다. 망원경을 들여다보는 중년 부부가 들을까 소심하게 목소리를 낮췄다.

　심청은 흐느끼는 마을 사람들의 배웅을 받으며 배에 올랐다. 심청이 사납게 소용돌이치는 인당수에 몸을 던지자 하늘이 어두워지고, 산세가 형형해지고, 꽃이 시들었다. 마셜 필의 번역본은 여기에서 끝이었다! 내가 가지고 있던 책은 완전한 번역본이 아니었다. 결말이 궁금해 안달이 났다. 나는 나중에야 나머지 절반을 구해 이야기를 마지막까지 읽을 수 있었다. 심청이 인당수에 빠지자 거북이가 심청을 구해 용궁으로 데리고 간다. 심청의 효심에 감동을 받은 용왕은 심청을 커다란 연꽃에 태워 아버지에게 돌려보내고, 심청은 왕과 결혼해 오래오래 행복하게 산다.

심청은 디즈니 같은 결말을 맞이했지만 가족, 특히 노쇠한 아버지를 잘 섬기라는 교훈은 대를 이어 한국인에게 전해져 내려오고 있다. 아무리 그래도 심청의 효심은 도를 넘었다. 누구도 심청이 인당수에 몸을 던지길 바라지 않았다. 심청이 고집을 버리지 못하고 목숨을 포기했을 뿐이다. 심청에게는 정이 가지 않는다. 효심도 지나치면 병이다.

나는 책을 가방에 넣고 게스트하우스가 있는 마을로 내려갔다. 올라올 때는 못 본 아기자기한 벽화가 눈에 들어왔다. 아마 전날 밤 할아버지와 마신 소주 때문이었던 것 같다. 길가에 나란히 늘어선 주택 담벼락에 심청전 주요 장면이 만화처럼 그려져 있었다. 심청이 인당수에 뛰어들기 직전, 뱃머리에 경건하게 서 있는 장면이 특히 인상 깊었다. 그림 속에서 심청은 기도를 하듯 손을 꼭 모아 쥐었다. 마치 심청 설화를 오늘날 기독교 신앙에 맞춰 각색한 것 같았다. 헌신부터 충성, 고통, 희생, 부활까지 심청전에는 모든 교리가 담겨 있다. 심청은 어린 여자 예수와 같다.

나는 계속해서 언덕을 걸어 내려가다가 해안으로 이어지는 오솔길로 방향을 틀었다. 오솔길 옆에 철조망 울타리가 세워져 있었다. 철조망에 붙은 위험 표시와 '출입 금지' 팻말이 눈에 띄었다. 목도리를 칭칭 매고 두꺼운 고무장화를 신은 할머니 몇 명이 그물과 상자를 들고 내 앞을 걸어갔다. 그리고는 철문을 열고 나가버렸다. 문에는 '지뢰 조심!'이라는 표지판이 걸려 있었다.

아무렴, 나는 생각했다. 지뢰밭을 지날 때는 늘 걸음을 조심해야지. 그렇게 버킷리스트를 또 하나 해결했다. 얇은 플라스틱 끈으로 위험 구역이 표시돼 있었다. 취한 상태라면 또 모르지만 실수로 금지 구역에 들어가기는 힘들어 보였다. 불현듯 삼겹살 식당에서 만난 할아버지가 떠올랐다.

"이보게, 영국 양반. 지뢰밭에 돌멩이를 던지면 어떻게 되는지 한번 볼까. 허! 허!"

쾅!

다행히 팔다리가 온전한 채 해변에 다다랐다. 앞서가던 할머니 무리는 썰물이 빠져나가면서 바위 틈새에 고인 물웅덩이 안에 서서 허리를 구부리고 뭔가를 뒤적이고 있었다. 나는 한국전쟁 당시 탱크의 접근을 막기 위해 설치된 수류탄을 밟지 않도록 신경을 곤두세우고 물웅덩이 근처로 다가가 할머니에게 뭘 하고 있냐고 물었다. 육수를 내는 데 쓰는 해초의 일종인 다시마를 줍고 있다는 대답이 돌아왔다.

해초 채집에는 별 관심이 없었다. 하지만 지뢰밭 근처 산책로에 흩어진 무기류 부품 구경은 흥미로웠다. 상태가 썩 좋지 않은 대포 하나를 발견했다. 내가 화기 전문가는 아니지만 얼핏 보기에도 받침대는 기름칠이 안 돼 삐걱거릴 것 같았고, 평형 장치는 찌그러져 있었으며, 총구는 한쪽으로 기울어진 상태였다. 대포의 위치를 은폐하기 위해 설치된 벽에는 목표물을 표시한 지도와 도표가 붙어 있었다. 괜히 긴장됐다. 바다 건너편으로 몇 킬로미터만 가면 북한인데, 혹시 북한 포병 장교가 쌍안경으로 박물관에 전시될 법한 낡은 대포 주변을 어슬렁대는 내 모습을 지켜보고 있으면 어떡하지? 지금 나를 준하고 있는 건 아니겠지? 나도 모르는 새 요주의 인물이 됐나? 몸이 부르르 떨렸다.

어느새 해가 지고 있었다. 할머니들이 하나둘 해변을 떠나기 시작했다. 나도 할머니를 따라나섰다. 혼자 손전등도 없이 어두운 지뢰밭을 지나 마을로 향하는 길을 찾아갈 자신이 없었기 때문이다. '지뢰밭에서 저녁 산책하기'는 내 버킷리스트에 포함되지 않는다.

다음 날 아침, 나는 지뢰밭이든, 포병 부대든 군대와 관련된 장소에는 발걸음을 하지 않기로 결정했다. 나는 섬의 남서쪽 구석에 있다는 중화동교회를 찾아 나섰다. 조선을 방문한 최초의 개신교 선교사 일부가 백령도를 비롯한 근처 섬에 도착했다고 한다. 중화동교회는 일찍이 조선을 찾아 고향을 떠나온 서양인 선교사와 역사적으로 관계가 있다. 내 안의 탐구 본능이 깨어났다.

축축한 오전이었다. 전날 지뢰밭을 돌아다니느라 피로가 쌓였는지 여느 때보다 다리가 무거웠다. 나는 편의점에 들러 먹거리를 샀다. 영국에서 즐겨 먹던 켄달 민트 케이크, 소 혓바닥 샌드위치, 보브릴 페이스트가 먹음직스러워 보였다. 물론 농담이다. 나는 차가운 김밥을 샀다. 김밥은 말린 해초에 밥, 계란 부침, 네모나게 자른 햄, 절인 무, 김치, 길게 썬 당근을 넣고 돌돌 말아 한입크기로 자른 음식으로 하이킹 도중에 간식으로 챙겨먹기 딱 좋다.

숙소에서 교회까지 산이나 들판을 거치지 않고 도로를 따라 걸어가면 2시간 정도가 걸린다. 나는 자동차가 지나갈 때마다 허둥지둥 갓길로 몸을 던졌다. 나를 못 본 건지, 아니면 보행자가 당황하는 우스운 꼴을 보고 싶었는지는 모르겠다. 차가 지나지 않을 때는 도보 여행이 무척 즐거웠다. 휴대전화나 시계를 들여다 볼 필요가 없으니 시간 감각이 무뎌졌지만 오히려 그래서 더 좋았다. 길을 가다 흥미로운 풍경이 보이면 주저하지 않고 방향을 틀었다. 깊게 고랑이 파인 밭을 따라 걸어가도 말릴 이 하나 없었고, 고철상을 지키던 개가 무시무시한 이빨을 드러내고 쫓아와도 구해줄 이 하나 없었다.

30분쯤 걷자 사곶해변이 나왔다. 사곶해변 모래는 경비행기가 착륙할 수 있을 정도로 밀도가 높다. 사실 나는 잘 모르겠지만 그렇다고 들었다. 도널드 클라크Donald Clark의 저서『한국에서의 위험한 삶: 1900년-1950년 서양인의 경험Living Dangerously in Korea: The Western Experience 1900-1950』에 따르면 백령도가 대북 군사작전의 근거지로 사용되던 한국전쟁 기간 동안 사곶

해변에는 주기적으로 보급품 비행기가 드나들었다. 사곶해변은 천연기념물 391호로 지정됐다. 다음 시험에 문제로 출제할 예정이니 잘 기억해두길 바란다.

　내가 지나간 밭은 작년 겨울 덮어 둔 비닐이 그대로 남아 있었다. 다른 밭은 이미 쟁기질까지 끝나 농사를 지을 준비를 마친 상태였다. 고요한 밭을 지나 텅 빈 도로를 따라 계속 걸었다. 아슬아슬하게 스쳐 지나가는 차 몇 대를 빼면 사람을 볼 수 없었다. 얼마나 걸었을까, 길 한복판에서 갓 다듬은 두꺼운 나뭇가지를 태우는 할머니 무리를 마주쳤다. 노란 불꽃이 활활 타올랐다. 연기가 엄청나게 났다. 나뭇가지에 불이 붙자 할머니 한 명이 빗자루를 들고 나서더니 나뭇가지를 무섭게 내려치기 시작했다. 안전 조치 같기도 하고, 치료 요법 같기도 했다. 뭘 하고 있었는지는 모르겠지만 어쨌든 할머니들은 나를 따뜻하게 맞이해줬다. 웃으면서 고개를 끄덕이더니 불꽃 튀기는 작업을 이어나갔다.

　나는 중화동교회에 가기 전 백령도 서쪽 해안에 설치된 기념비를 살펴보기로 했다. 기념비는 2010년 3월 백령도 남서부 해안에서 약 2킬로미터 떨어진 곳에서 침몰한 남한 초계함인 천안함에 승선한 병사를 기리기 위해 세워졌다. 그날 천안함에 타고 있던 병사 46명이 전사했다. 북한군의 소행이라는 의견이 우세했지만 증거가 명확하지 않았다. 천안함이 침몰되고 두 달 후, 사건의 진상을 밝히기 위해 구성된 조사단은 북한군이 어뢰를 발사해 천안함을 공격했다는 결론을 발표했다. 하지만 북한에 우호적이 입장을 취하는 일부 세력은 유실된 기뢰가 폭발하면서 천안함이 침몰했다는 주장을 펼치고 있다. 심지어 아군의 폭격에 의해 일어난 사건이라는 의견도 존재한다. 천안함 사태는 한미 합동군사훈련을 실시하던 도중 발생했다. 아무래도 논란을 잠재울 확실한 증거를 찾기는 어려울 것 같다. 어쩌면 그날의 진상은 영원히 밝혀지지 않을 수도 있다.

중화동교회에 도착하기 전, 황량한 마을을 하나 지나쳤다. 녹이 슨 그물, 깨진 항아리, 뒤집힌 보트가 해변에 어지럽게 흩어져 있었다. 비릿한 새우 냄새가 공기 중에 감돌았다. 심청각으로 향하는 길과 비슷하게 교회로 향하는 길에도 벽화가 늘어서 있었다. 교회 근처에 그려진 작품은 기독교 선교사가 섬에 도착하는 장면을 묘사했다. 그림 속의 어린아이는 잔뜩 긴장해 어머니의 치맛자락을 붙잡고 숨어, 이해할 수 없는 글자로 쓰인 두껍고 검은 성경책을 나눠주는 털북숭이 외국인을 향해 손가락질하고 있었다.

교회는 계단 꼭대기에 있었다. "닫혀 있을 거야." 나는 그 어느 때보다 낙관적으로 중얼거렸다. 힘겹게 계단을 올라 문을 밀었다. 문이 활짝 열렸다. 교회 안에는 일렬로 배치된 벤치, 안내문이 흩뜨려진 책상, 옆에 활짝 핀 꽃이 장식된 성찬대가 놓여 있었다. 양떼 언덕이 그려진 벽화가 교회에 생기를 더했다. 교회에 막 들어가려는 순간 비가 쏟아졌다. 때맞춰 내리는 비가 반가웠다. 나는 신도석에 앉아 빗소리를 감상했다.

내가 한 자리에 오랫동안 앉아 있다 기분 좋게 떠날 수 있는 장소는 교회뿐이다. 한때는 술집에도 비슷한 애착을 느꼈지만 맥주를 끊고 나서는 그마저도 사라졌다. 교회가 이렇게 편안한 이유는 성령이 함께 머물기 때문일까? 아니면 특유의 향기나 고요한 분위기, 신성한 음악이 마음을 편하게 만드는 걸까? 굵은 빗방울이 지붕을 때렸다. 젖은 옷에서 김이 올라왔다. 아마 하늘에서 성공회를 믿던 조상들이 나를 굽어살피고 있을 것이다. 아무래도 그들이 나를 교회로 떠민 것 같다는 생각이 들었다. 내 머릿속에 들려오는 신의 음성은 내 상상력의 산물일까, 정신 이상의 징조일까?

나는 혼자가 아니었다. 영적인 존재가 함께한다거나 그런 뜻이 아니다. 실제로 교회에 다른 방문객이 있었다. 비가 언제쯤 그치려나, 교회 문을 열고 고개를 내밀었다가 주차장에 서 있는 남자를 발견했다. 나는 거의 넘어지듯 미끄러운 계단을 뛰어 내려가 차를 얻어 탈 수 있는지 물었다. 남자는 한국의 남동쪽 끝에 자리한 제2의 도시 부산에서 온 경찰이었다. 아내 친척이 백령도에 살아 할머니를 만나러 왔다고 했다.

우리는 시골길을 따라 게스트하우스가 있는 동네로 천천히 차를 몰고 가면서 날씨 이야기를 했다. 백령도에서는 날씨가 빠질 수 없는 대화 주제인 것 같았다. 지금까지 내가 섬에서 만난 사람은 한 명도 빼놓지 않고 날씨 이야기를 꺼냈다. 경찰이 오늘 인천으로 돌아가는 배편을 예약했는지 물었다.

"아니요." 내가 대답했다. 나는 내일 나갈 계획이었다.

"날씨가 더 나빠질 것 같아요." 남자가 말했다. 기상 상황이 악화되면 백령도에 머무는 기간이 길어진다. 다른 때였다면 오히려 잘 됐다며 느긋하게 여행을 즐겼을 것이다. 하지만 나는 아직 갈 길이 먼 용맹한 모험가였기에 폭풍우가 잦아들고 안개가 걷히길 기다리며 시간을 허비할 수 없었다. 나는 게스트하우스에 도착하자마자 후다닥 짐을 챙겨 항구로 갔다. 표를 판매하던 직원은 내일부터 며칠 동안 뇌우가 몰아칠 것이라며 날씨가 갤 때까지는 배를 띄우지 못한다고 쐐기를 박았다.

나는 마지못해 인천행 여객선을 예매했다. 백령도에서 보낸 시간이 너무 짧았다. 하지만 날씨가 따라주질 않으니 다음 목적지로 향하는 배를 놓치지 않으려면 어쩔 수 없이 인천으로 돌아가야 했다. 내가 다음으로 향할 섬은 백령도보다 더 북한에 가까웠으며, 더 짙고 끔찍한 피 냄새가 풍겼다.

제5장

연평도: 냉전 전선

'충성스러운' 죽음이었다고, 나무 옆에 세워진 표지판에 적혀 있었다. "서정우 하사는 2010년 11월 23일 연평도 포격 당시 포탄 파편에 맞아 전사했다." 나는 소리 내어 글을 읽었다. 그 겨울날 오후 북한이 남한군 기지를 향해 발사한 170여 발의 포격 중 적어도 한 발이 서정우 하사 근처에서 폭발했다. 서정우 하사는 파편에 맞아 비틀대다 내가 지금 서 있는 이 자리에서 전사했다.

어지러웠다. 그 청년이 목숨을 잃은 바로 그 곳에 서 있자니 내가 얼마나 운이 좋은 사람인지 실감이 났다. 서정우 하사는 수십 년 동안 투쟁을 이어오는 한반도 땅에 태어났다는 이유만으로 매년 국방의 의무라는 명목 아래 징집되는 젊은 남한 남성 수천 명 중 한 명이었다. 반면 나는 운 좋게도 평화로운 영국에서 태어났기에 잠시 내 청춘을 멈추고 국가에 '충성'하지 않아도 됐다.

나는 연평도 북쪽 끝을 걷다가 우연히 서정우 하사가 전사한 장소를 발견했다. 면적이 7제곱킬로미터를 살짝 넘기는 작은 섬 연평도는 인천에서 북서쪽으로 약 50킬로미터 떨어져 있는데, 북한과의 거리는 채 13킬로미터가 안 된다. 섬 남쪽에는 민간인 1,300명이 생활하는 마을과 항구가 자리한다. 섬 북쪽에는 1,000여 명에 달하는 해병대 전투 부대와 혹시 모를 전투 상황에 대비해 군수품을 든든히 비축해 둔 보급 부대가 주둔하는 대규모 군사 기지가 들어서 있다.

여정의 시작으로 돌아가 보자. 나는 숯처럼 시커먼 하늘에서 비바람이 휘몰아치고 파도가 무섭게 밀려오던 날 인천항을 떠나 연평도로 향했다. 이런 날 여객선을 운항하는 게 신기할 지경이었다. 며칠 전 백령도로 가는 배편이 결항됐을 때보다 날씨가 더 사나워 보였다.

원래는 백령도 여행을 마치고 돌아와 북한 국경 근처의 파주로 갔어야 했다. 아내와 딸이 파주 처가에 머물렀기 때문이다. 딸 보리는 아직 몸이 안 좋다고 했다. 아픈 사람이 딸 하나였다면 조금 나았겠지만 아내는 노쇠한 부모님까지 셋을 돌보느라 무척이나 고생하고 있었다. 아내가 애쓸 동안 나는 뭘 했냐고? 나에게 주어진 막중한 임무를 수행했다. 딸을 향한 사랑도, 부모님을 향한 효심도, 아내를 향한 그리움도, 어마어마한 액수의 돈도, 이 세상 그 무엇도 나를 막을 순 없었다. 눈빛이 형형한 범죄과학수사관은 온갖 동기가 이리저리 섞인 세균 배양 접시를 조사하다 시도 때도 없이 발현되는 이기적인 유전자를 발견했을 것이다.

인천에서 연평도로 가는 배에 탄 승객 중에는 징집된 병사가 많았다. 모든 남한 남성은 2년에 가까운 기간 동안 국방의 의무를 수행해야 한다. 정말 드물게 복무를 면제받는 사람도 있지만, 아시안게임 축구 결승에서 일본을 꺾고 금메달을 거머쥐는 것처럼 인생에 한 번 있을까 말까 한 아주 특별한 상황이 아니라면 입대를 피할 수 없다. 그리고 2018년 남한 축구 대표 팀 20명은 연장전 끝에 숙적 일본을 2:1로 물리치고 우승을 차지하며 전원 병역 면제를 확정했다. 그날 경기에 패배했다면 당시 대표 팀 주장이었던 손흥민은 영국 프리미어 리그에서 커리어를 이어가는 대신 연평도에서 포탄을 맞고 외롭게 전사한 서정우 하사처럼 입대해 군 생활을 했을 것이다. 안개가 잔뜩 낀 한겨울 밤 영국에서 보강 훈련을 하다가 서정우 하사의 안타까운 운명을 떠올리면 생기려던 불만도 쑥 들어갈 수밖에 없다. 군대에 비하면 보강 훈련쯤이야 달콤하다.

연평도로 향하는 배에 탑승한 젊은 군인들은 아직 술이 덜 깬 얼굴로 이어폰을 귀에 꽂고 내내 잠만 잤다. 아마 다들 한 번쯤은 부모가 돈이 많았으면 연평도 최전방을 지키는 대신 행정병으로 빠질 수 있지 않았을까, 아쉬운 마음을 품은 적이 있을 것이다. 이제 막 투표를 하고, 운전면허를 따고, 결혼을 할 수 있는 나이가 된 병사들을 보고 있자니 이렇게 앳된 아이들이 어떻게 전쟁을 치르나 싶은 마음이 드는 한편 북한군이 지금 이 순간 갑자기 남침을 결심하면 어떡하나 걱정이 됐다. 뱃멀미에 시달리는 해병대로 가득한 여객선은 1순위 표적이 될 게 분명했다.

터무니없는 상상이다. 북한이 남한 여객선에 어뢰를 터뜨릴 확률은 희박해 보였다. 나는 비가 퍼붓는 창가에 앉아 덩치를 부풀리는 먹구름을 쳐다봤다. 불에 올려놓고 저어주지 않아 끓어 넘치려는 수프처럼 파도가 울룩불룩 솟아올랐다. 다행히 선체에 부딪혀 하얗게 포말이 부딪힐 만큼 큰 파도는 아직 없었지만 수면이 심상치 않게 꿈틀대는 모양새를 보니 곧 물살이 엄청나게 거칠어질 것 같았다.

여객선은 잔뜩 지친 어선 수십 척을 스쳐지나 연평도항으로 향했다. 비바람에 속절없이 흔들리며 항로와 어장을 표시하고 기상 상황을 알리는 주황색 부표가 외로워 보였다. 잠시 구름이 걷힐 때면 햇빛이 물결에 부서지며 아름답게 반짝였다. 나는 꾸벅꾸벅 졸거나 책을 읽다가 뱃멀미가 심해질 것 같으면 맥심 골드 커피를 한 잔씩 타 마셨다. 수명이 깎일 것 같이 달콤하고 부드러운 인스턴트 커피를 한 모금 마실 때마다 기분이 좋아졌다.

배는 예정대로 연평도항에 도착했다. 갑판 선원이 재빨리 누런 밧줄을 풀더니 배에서 내려 부둣가에 설치된 콘크리트 말뚝에 칭칭 감았다. 승객이 우르르 내리고, 짐을 하선해서 적재하고, 마중을 나온 자동차가 이리저리 뒤엉키며 늘 그렇듯 부두에는 한바탕 소동이 일었다.

나는 숙소까지 걸어가기로 했다. 항구에서 마을까지 20분 정도를 걸으면 섬 남쪽 민간인 거주 지역을 얼추 다 볼 수 있다. 2010년 포격 당시 민가에도 포탄 몇 발이 떨어졌다. 남한 군사 기지는 연평도 북부 고도가 높은 지역에 있어 민간인 마을과 뚜렷이 구분된다. 즉, 북한군이 발사한 포탄은 군사 지역을 지나 지금 내가 걷는 마을 또는 항구에 떨어졌다는 뜻이다. 갑자기 정신이 번쩍 들었다. 미사일이 날아오면 격추되기 전에 발견할 수 있을까? 소리는 들릴까?

솔직히 말하자면 연평도는 전혀 교전 지역처럼 보이지 않았다. 이렇게 말하면 교전 지역을 많이 다녀본 것 같지만 그렇지도 않다. 한국 선교사를 주제로 기사를 쓰면서 필리핀 민도로섬을 방문한 적이 있다. 민도로섬은 공산주의 반군이 활동하는 지역이었지만 특별히 위험하다는 느낌을 못 받았다. 도로에 움푹 파인 바큇자국에 걸려 오토바이가 뒤집힐까 걱정이 되긴 했지만 그뿐이었다. 가이드는 무장한 공산주의 세력이 곳곳에 숨어 있다는 사실을 알려주지 않았다. 어차피 게릴라가 외국인은 공격하지 않으니 괜히 겁을 줄 필요가 없다고 생각했기 때문이다. 현명한 선택이었다. 그때 알았더라면 벌벌 떠느라 취재를 제대로 못 했을 것이다.

배에서 내려 숙소로 가는 길 곳곳에 구부러진 철판, 녹이 슬어 가는 기계, 낚시 용품, 찢어진 그물 따위가 버려져 있었다. 갯벌에는 밀물이 들어오길 기다리는 어선 몇 척이 정박돼 있었다. 부두 입구에는 아직 사용하지 않은 꽃게 통발이 무더기로 쌓여 있었다. 최근 들어 연평도 꽃게 어획량이 크게 줄었다고 들었다. 중국에서 넘어온 불법 어선이 마구잡이로 꽃게를 잡아들인 탓에 어장이 황폐화됐다고 한다. 그날 저녁 식사 자리에서 만난 한국 식물학자에게 내가 어디선가 읽은 이야기가 사실인지 물어봤다. 식물학자는 그렇다고 대답했다. 이후 비바람이 몰아치는 서해안을 따라 여행하는 동안 비슷한 이야기를 몇 번이나 듣고 또 들었다.

내가 예약한 민박 주인은 열쇠를 건네주고 돈을 받아갔다. 한국의 숙소 형태는 다양한데, 일반적으로 민박은 가정집에서 빌려주는 방을 의미한다. 실제 주인인지 아닌지는 모르겠지만 내가 주인이라고 생각한 사람은 인사 한마디 하지 않고 돈을 챙기더니 차를 타고 떠나버렸다. 우리의 처음이자 마지막 만남이었다. 숙박비는 4만 원, 약 33달러였다. 내가 방문한 섬 민박은 대부분 4만 원을 받았다. 8만 원, 그러니까 67달러 정도를 내면 단출한 호텔이나 아주 고급스러운 민박을 구할 수 있다. 나는 여행하는 동안 경비를 아끼기 위해 되도록이면 저렴한 숙소에 묵었다. 하지만 깔끔한 방을 원한다면 적어도 4만 원은 내야 한다. 방값이 그보다 저렴하면 이불이 지저분하거나, 벽지에 의심스러운 얼룩이 남았거나, 제대로 된 잠금장치가 없을 것이다. 4만 원보다 돈을 더 쓰면 뽀송한 이불, 은행 부럽지 않은 튼튼한 금고, 최신형 텔레비전이 완벽히 갖춰진 방을 구할 수 있다. 나한테는 필요 없는 것들이었다.

나는 대충 짐을 내려놓고 컵라면과 뭉개진 바나나로 끼니를 때웠다. 그날 오후 여독을 풀고 산책을 나가려는데 회색 안개가 끼기 시작했다. 안개는 눈 깜짝할 사이 온 섬을 뒤덮었다. 숙소 뒤에 교회의 푸른 첨탑이 케이크 위에 올려 둔 초처럼 안개를 뚫고 삐죽이 튀어나와 있었다. 교회를 구경할 기회를 놓칠 수는 없지, 나는 가파른 비탈을 힘겹게 올라 문을 열고 교회 안으로 들어갔다. 내부는 습하고 시원했다. 시간표를 보니 놀랍게도 첫 예배는 새벽 4시에 시작했다. 새벽 4시에 일어나서 교회에 올 사람은 승려밖에 없을 것이다. 교회 안에는 나 혼자가 아니었다. 남자 한 명이 드럼을 설치하고 음향을 확인하고 있었다.

"오늘 저녁에 콘서트가 있나요?" 내가 물었다.

남자는 평범한 일요일 저녁 예배를 준비하는 중이라고 대답했다. 드럼에 베이스, 키보드까지 있는데 평범한 저녁 예배라고? 꼭 참석해야겠다고 생각했다. 내가 다니던 교회에서는 향을 피워 두고 기도를 읊조리며 몇 번쯤 자리에 앉았다 일어났다가 영성체와 포도주를 받아먹고 악수를 하고 차를 마시는 게 전부였다. 드럼과 음향 시스템을 갖춘 교회라니. 끝내준다.

나는 저물어가는 햇빛을 감상하며 여유롭게 마을로 내려갔다. 갑자기 신비함이 느껴질 만큼 짙은 안개가 나를 감쌌다. 움직임이 사라졌다. 시간마저 멈추는 안개였다. 이 세상 모든 것이 사라지고 색깔과 빛마저 지워져 죽음과 같은 상태가 얼마간 이어졌다. 그리고 순식간에 안개가 걷히며 반쯤 지어지다 만 밋밋한 건물, 파란색 지붕이 얹어진 나지막한 집, 잎이 다 떨어져 앙상한 나무가 모습을 드러냈다. 불 꺼진 편의점 선반에 전시된 물건이라고는 과자 몇 봉지, 컵라면 몇 개, 휴지 몇 장이 전부였다. 음식을 팔 것 같은 가게에 고개를 들이밀었는데 알고 보니 가정집 거실이었다. 마침내 식당을 찾아 들어갔다. 하지만 짝이 없는 손님은 안 받는다며 아줌미에게 쫓겨났다. 꼭 연인을 데려오라는 뜻이 아니다. 2인분씩 주문을 받기 때문에 동행이 필요하다는 의미였다. 이 식당에서는 커다란 생선 요리를 팔았다. 나는 혼자서 2인분, 3인분도 거뜬하게 먹을 정도로 대식가였지만, 낯선 외국인의 왕성한 식욕을 알아보지 못한 아줌마는 귀한 손님을 놓치고 말았다.

해변에 늘어선 식당과 술집 중 영업을 하는 가게는 몇 안 됐다. 비수기라서 문을 닫았나 싶었지만 공휴일이 겹친 여름휴가 시즌에도 연평도를 찾는 관광객이 많을 것 같지는 않았다. 아파트는 페인트칠이 벗겨져 지저분했고, 도로는 여기저기 움푹 파여 위험했다. 재개발 부지에는 둘둘 감아 놓은 케이블, 방수포, 용도를 알 수 없는 철재와 플라스틱이 여기저기 늘어져 있었다. 섬은 가난하고 낙후돼 보였다.

한국에서는 이렇게 황폐한 시골을 찾기 힘들다. 전국 방방곡곡에 숨어 있는 은밀한 시골 마을을 모두 가보지는 않았지만 한국은 대체로 깔끔하다. 주택가, 상가, 공원, 산책로, 상업지, 관광지 모두 흠잡을 데 없이 잘 정돈돼 있다. 한국 사람은 뭐든 어수선한 꼴을 못 본다. 그래서인지 스스로를 꾸미는 데도 열심이다. 한국 사람에게는 결점이 없다. 수십 개 나라 사람이 오가는 공항에서 가장 옷을 잘 차려입은 사람을 찾으면 무조건 한국 사람일 것이다. 한국에서는 보여지는 모습을 굉장히 중요하게 여긴다. 밑창이 떨어진 신발이나 구멍 난 티셔츠는 환영받지 못한다. 한국의 평상복 수준은 캣워크만큼 높다. 1990년대 초반 서울에서 교편을 잡았을 때 학생들은 결혼식에 참석할 것 같은 차림으로 아침 일찍 글쓰기 수업을 들으러 왔다. 머리카락을 완벽히 정돈하고, 꼼꼼히 화장품을 바르고, 얼룩 하나 없는 옷을 입고 강의실에 나타났다. 그리고 그 수업에는 남학생뿐이었다.

나는 편의점에서 음료수를 샀다. 계산을 하는 틈에 열 살에서 열한 살쯤 돼 보이는 어린아이 몇 명이 슬그머니 다가왔다. 하굣길에 편의점에 들른 것 같았다. 한 명이 내 얼굴 가까이 불쑥 얼굴을 들이밀더니 저도 먹고 싶다는 듯 손가락으로 입을 가리키며 뻐끔댔다. 아이는 한국말로 큰 소리로 떠들기 시작했다. 나는 한 마디도 알아듣지 못했다. 아이들은 편의점 밖까지 쫓아와 나를 졸졸 따라오면서 귀찮게 굴었다. 1990년대 초반 서울에 살던 시절의 일상이 떠올랐다. 그 당시 한국 아이들은 몹시 성가셨다. 어딜 가도 건방지게 욕을 하는 아이가 따라붙으니 짜증이 났다. 그렇다고 해가 되지는 않았다. 커터 칼로 옷이나 가방을 찢어 지갑을 훔쳐 갈까 걱정을 할 필요는 없었다. 이제는 시대가 변했다. 요즘 한국 아이들은 외국인의 존재에 익숙해 자신과 다른 외모를 크게 신기해하지 않는다. 아이들에게 괴롭힘을 당하는 일도 많이 줄었다. 하지만 외국인의 발길이 거의 닿지 않는 연평도에서 편의점에 나타난 영국인 남자는 하루 종일 찾을 수 있는 최고의 흥밋거리였다.

나는 아무렇지 않게 빠른 걸음으로 아이들을 따돌리고 달아나려고 했다. 전략은 실패했다. 아직 어려서 힘이 넘치는 아이들은 원한다면 몇 시간이고 나를 따라다닐 수 있을 것이다. 하지만 외국인을 쫓아다니는 데 금세 싫증이 났는지 새끼 고양이와 노인을 발견하고 그쪽으로 흩어졌다.

나는 해안에 조성된 작은 역사 공원에 들어섰다. 연평도 해상에서 일어난 남한과 북한의 충돌을 기리기 위해 지어진 공원이었다. 1999년 6월 15일, 북한 군함 여러 척이 해상경계선인 북방한계선을 침범해 이남으로 내려오자 남한 해군이 맞대응하면서 첫 번째 전투가 발발했다. 남한 해군에는 전사자가 발생하지 않았지만 북한 측에서는 정확히 몇 명이 사망했는지 알려지지 않았다.

이는 1953년 휴전으로 한국전쟁이 일단락된 이후 남북한 사이에 처음 발생한 대규모 해전이었다. 그날 북한 해군이 어떤 이유로 북방한계선을 침범했는지는 아직도 명확히 밝혀지지 않았다. 하지만 북한이 임의로 그어진 해상경계선을 존중하지 않는 것만은 분명하다. 북방한계선은 1953년 정전협정이 체결된 직후 주한 유엔군 사령관에 의해 설정됐다. 남북한의 의견은 중요하지 않았다. 그렇게 경계선 남쪽에 백령도, 대청도, 소청도, 연평도, 우도 5개 섬이 포함됐다. 그 이후로 북한이 이 섬들을 '탈취'하려는 움직임을 보이지는 않았지만 남한 선박과 북한 선박이 고의든 실수든 북방한계선을 넘나들며 긴장은 점차 고조됐고 1999년 6월, 결국 유혈사태가 벌어졌다.

2002년 6월 두 번째 전투에서는 남한군 6명과 북한군 13명이 목숨을 잃었다. 남한 군함 한 척이 폭격당해 침몰했다. 해전은 2002년 한일 월드컵에서 한국이 1점 차이로 독일에 패배하며 아슬아슬하게 결승 진출에 실패하고 4일 후에 일어났다.

이외에 대청도 인근 해상에서 발생한 교전, 2010년 3월 천안함 침몰 사건, 2010년 11월 연평도 포격을 빠뜨려서는 안 된다. 사고로 포장되곤 하지만 셋 중 어느 하나도 사고가 아니었다.

시간이 남아돌아 제2연평해전을 주제로 한 터무니없이 끔찍한 전쟁 영화를 시청할 마음이 있다면 2015년 개봉한 김학순 감독의《연평해전》을 한번 찾아보길 추천한다.《연평해전》은 목숨을 바쳐 나라를 지킨 이들에게 바치는 헌사보다는 정치적 색채가 짙은 선전 영화에 가깝다. 이미 예상했겠지만 영화에서 북한군은 사악하고 음험한 존재로 묘사된다. 남한군과 북한군이 충돌하는 장면에서는 양측 군인이 수백 명씩 죽어나갔나 싶을 정도로 유혈이 낭자했다. 총탄이 빗발처럼 쏟아지는데 생존자가 있다는 게 신기할 지경이었다. 영화는 너무 형편없어서 오히려 흥미진진했다.

적어도 북방한계선 이남에서는 제2연평해전 당시 침몰한 남한 군함을 지휘하던 조타장의 용기와 실력을 의심하는 사람을 단 한 명도 찾을 수 없을 것이다. 하지만 아무리 그렇다고 해도 영화 속 애국심과 책임감이 넘치는 충성스러운 조타장은 만화영화에나 등장할 만한 인물처럼 느껴진다. 조타장은 전투가 진행되는 동안 몇 번이나 총에 맞고 쓰러지지만 부상당한 동료를 먼저 챙기라며 의무병의 치료를 거부하는 것도 모자라 직접 나서서 다친 병사를 안심시킨다. 나보다 남을 위하던 조타장은 결국 전사한다. 이는 임진왜란(1545-1598)을 승리로 이끈 조선의 위대한 전략가 이순신 장군(1545-1598)의 죽음을 떠올리게 한다. 이순신 장군은 그가 이끌던 수군의 안전을 무엇보다 중요하게 여겨 치명적인 부상을 입고도 아군의 사기가 꺾일까 자신의 죽음을 알리지 말라고 일렀다. 역사적인 연관성을 둔 것은 좋았다. 하지만 이순신 장군이 맞은 총탄은 단 한 발이었던 반면,《연평해전》속 조타장은 온 몸에 총알 세례를 맞았다.

2002년 교전에서 희생된 경비정과 동일한 기종이 공원에 전시돼 있었다. 갑판 위 공간은 놀랍도록 좁았고 무장 상태도 철저하다고 표현하기는 어려워 보였다. 내가 군사 전문가는 아니지만(지금 영국 해군에서 한자리 꿰찬 친구와 어린 시절 전쟁놀이를 한 적이 있는데, 나는 멍청하게도 기병대를 농장 뒤에 배치해 처참하게 패배했다), 아무것도 모르는 일반인의 눈에도 경비정은 전투보다 불법 어선을 쫓아내는 데 적합해 보였다.

전쟁과 교전 생각을 하니 우울해졌다. 나는 군사 기지가 있는 북쪽 산으로 향하는 대신 음식을 찾아 나서기로 했다. 항구 근처 문을 연 몇 안 되는 식당 중 어느 한 식당 앞에서 해병대원 몇 명이 어슬렁대고 있었다. 술에 취해 몸을 못 가누고 비틀대고 있었다는 표현이 더 정확할 것이다. 한 명이 바구니에 머리를 박고 토를 했다. 식당 주인은 속을 게워내는 해병대원을 쫓아내려고 애를 썼다. 오려던 손님도 입맛이 떨어져 달아날 지경이었으니 장사를 하려면 주인도 어쩔 수 없었다.

나는 토하는 해병대원을 지나 어두컴컴한 식당에 들어갔다. 손님 두 명이 두꺼운 국수와 회색 고깃덩이를 후루룩대며 먹고 있었다. 회색 고깃덩이의 정체는 순대였다. 한국식 소시지라고 할 수 있는 순대는 돼지나 소의 창자에 피와 당면을 넣고 쪄서 만든다. 나는 돼지든 소든 순대에는 손도 대지 않는다. 서울에 살던 시절 아내는 가끔씩 노점에서 순대를 한 봉지 가득 사서 들어오곤 했다. 내가 몰래 갖다 버릴 때까지 순대 봉지는 냉장고 구석에 몇 주 동안 처박혀 있었다.

식당에서는 갈비탕도 팔았다. 고기는 99퍼센트가 연골이었고, 밥은 죽처럼 질었다. 일단 시켰으니 먹기는 했지만 속이 안 좋았다. 식사를 마치고 나와서는 억지로라도 속을 게워내야 하나 고민했다. 고기, 전쟁, 서정우 하사, 성가신 아이들, 토하는 해병대원, 순대……. 연평도 여행은 썩 유쾌하지 않았다.

나는 어두컴컴한 집과 지저분한 마당, 어두운 골목을 지나 숙소로 돌아갔다. 숙소 뒤편 교회에 불이 밝혀져 있었다. 저녁 예배 시간이었다. 교회 안에는 보컬 네 명, 건장한 드러머, 화려한 테크닉을 뽐내는 베이시스트, 책벌레 같은 외모의 키보드 연주자가 데시벨을 높이고 있었다. 내가 알던 전통 성가와는 전혀 다른 노래가 온 마을에 울려 퍼졌다. 예배당 앞에 세워 둔 화이트보드에는 빔 프로젝터로 쏜 가사가 떠 있었다. 예배에 참석한 신도의 평균 연령은 75세를 훌쩍 넘겨 보였다. 예배당을 채운 할머니·할아버지는 파도에 흔들리는 배처럼 음악에 맞춰 신나게 몸을 흔들었다. 보컬 한 명은 노래 실력이 꽤 좋았다. 성령이 강림한 건지, 울림통이 좋은 건지, 호흡법을 연마한 건지는 모르겠지만 남자는 훌륭한 기술로 높은 음을 무리 없이 소화했다. 연주가 끝나자 목사가 근엄한 목소리로 설교를 시작했다. 할머니·할아버지는 언제 춤을 췄냐는 듯 조용히 자리에 앉았다. 예배가 끝나고 나는 목사와 대화를 몇 마디 나눴다. 새벽 네 시 예배에 주로 어부가 참석할 것이라는 내 예상은 빗나갔다.

"나이가 들면 잠이 없어져서 새벽 댓바람부터 예배를 드리러 오지요."
목사가 설명했다. 나는 다음 날 아침 일찍 일어나 새벽 예배에 참석해야겠다고 생각했다. 괜찮은 자랑거리가 될 것 같았다.

예배가 끝나고 돌아온 민박에 손님은 나와 연평도에 복무하는 대학 친구를 만나러 온 청년 둘이 전부였다. 나는 인사를 하고 방으로 들어가 노트를 펼쳐들고 연평도는 '황폐한' 섬이라는 메모를 남겼다. 지금 돌이켜보니 평가가 너무 야박했다. 서로를 속속들이 알고 지내던 작은 섬 공동체 주민에게 2010년 9월 북한이 발사한 포탄 공격은 평생 트라우마로 남을 엄청난 충격이었을 것이다. 그날 주민 두 명이 목숨을 잃고 50명이 다쳤다. 해병대원 두 명이 전사하고 여러 명이 부상을 입었다. 정당한 이유 없이 가해진 공격은 수많은 민간인을 죽음으로 몰아넣을 수도 있었다. 포탄은 아이들이 수업을 듣고 있는 학교 근처에 떨어졌다. 박물관과 호텔을 비롯한 건물 수 채를 무너뜨렸다.

하지만 2014년 국제형사재판소 판결에 따르면 연평도 포격은 전쟁 범죄가 아니다. 판사들은 북한의 공격이 군인을 겨냥했으며 민간인이나 민간 시설에 입힌 피해에 고의성이 없다고 판단했다. 판결문은 다음과 같다. "따라서 조선민주주의인민공화국이 민간에 입힐 피해를 예상할 수 있었던 것은 사실이지만 합리적으로 실제 가해자의 입장에 선 인물이 당시 상황을 면밀히 파악한 후 고의적으로 민간인에 심각한 피해를 입혔을 가능성은 크지 않아 보인다." 그렇다고 한다. 북한이 발사한 포탄에 아이들이 갈기갈기 찢어져 죽든 말든 '민간인에 심각한 피해'를 입히지 않으면 전쟁 범죄로 인정되지 않는다.

국제형사재판소의 판결은 냉정했다. 인간의 목숨이 지니는 값어치는 생각보다 크지 않다. 학교에서 뛰놀던 아이들이 포격에 맞아 목숨을 잃더라도 이는 남북한이 정치를 하는 과정에서 발생하는 부수적인 피해일 뿐이다.

그날 밤 나는 도통 잠에 들 수 없었다. 창문 밖으로 두꺼운 안개가 커다란 이불처럼 마을을 감싸는 광경이 펼쳐졌다. 디킨스의 소설에 등장할 것 같은 짙은 안개였다. 안개는 교회 첨탑을 감싸고, 서리가 내린 가정집의 유리창을 훑고, 파도소리를 집어삼키고, 불이 환하게 밝혀진 편의점 문틈에 스미고, 수확이 시원찮을 것을 알면서도 새벽같이 일어나 게를 잡으러 바다로 나가기 위해 일찍 잠자리에 든 어부의 방에 흘러들어갔다.

방에 맴도는 소음도 거슬렸다. 한국 가정 대부분에 설치된 바닥 난방 시설인 온돌은 내내 철커덕거리고 꿀렁대는 소리를 내며 신경을 긁어댔다. 소음은 약을 올리듯 규칙적으로 고막을 건드렸다. "안개가 점점 짙어진다, 안개가 점점 짙어진다, 안개가 점점 짙어진다," 온돌이 앵앵댔다. 냉장고도 못지않게 짜증스러웠다. 방이 잠시 조용해지려는 틈을 타 낮게 웅웅거리다 틱틱대는 소리를 내면서 나를 놀렸다. "배가 안 뜬다, 배가 안 뜬다, 배가 안 뜬다,"

한참을 뒤척이다 마침내 잠들었지만 얼마 안 돼 날카로운 총성에 소스라치듯 잠에서 깼다. 북한의 공격이다! 나는 재빨리 자리에서 일어나 창문 밖을 내다봤다. 할머니 몇 명이 화려한 등산복을 입고 유유자적 집 앞을 지나가고 있었다. 폭발음에 당황한 모습처럼 보이지는 않았다. 아마 누군가 폭죽을 터뜨렸거나 남한군이 훈련을 하는 것 같았다.

할머니는 여객선에 대해 이야기했다. "안개 대기……." 할머니의 목소리가 뿌옇게 낀 안개에 묻혔다. "안개 때문에 배가 출항을 못 하고 기다리고 있다."는 말을 하고 있었던 듯하다.

나는 옷을 입고 밖으로 나갔다. 길에는 아무도 없었다. 새벽 네 시 예배에 참여한 신도는 이미 집에 돌아간 후였다. 어부는 아직 꿈나라를 헤매고 있었다. 쓰레기통에 쌓인 빈 소주병과 맥주병을 보니 민박에 머문 다른 손님은 술에 취해 곯아떨어졌을 것이다. 칙칙한 회색 하늘에 듬성듬성 흰 구름이 지저분하게 껴 있었다. 아직은 가랑비였지만 곧 한바탕 폭우가 쏟아질 것 같았다.

배가 뜰지 안 뜰지는 모르겠지만 아직 배가 출발하기까지는 시간이 남아 있었기에 나는 섬 북동쪽 산에 있는 망향전망대에 가보기로 했다. 망향은 '고향을 그리워한다'는 뜻으로 분단국가의 우울한 현실을 보여주는 동시에 한국을 방문한 외부인이 어떻게든 이해하려 애쓰지만 도저히 이해할 수 없는 문화적 개념, 한을 드러낸다.

한이 정확히 무엇인지 정의하기는 쉽지 않다. 외국인에게 굳이 설명한다면 '우울함' 정도가 되지 않을까 싶다. 하지만 한국 사람들은 이 설명에 결코 만족하지 않는다. '슬픔'이라는 표현은 어떤가 물어보면 답답하다는 듯 고개를 젓는다. 한국인에게 한은 우울함과 슬픔뿐 아니라 부당함과 억압을 담고 있는 단어로 받아들여진다. 따라서 한이라는 측면에서 망향, 즉 고향을 향한 그리움은 단순히 두고 온 가족과 친구가 보고 싶어 집에 돌아가고 싶은 마음과는 다르다. 망향이라는 단어에는 돌아가고 싶지만 돌아갈 수 없는, 화합하고 싶지만 화합할 수 없는, 보이지 않는 누군가와 무언가에 가로막혀 슬픔을 극복할 수 없는 현실이 담겨 있다. 끝이 보이지 않는 한겨울의 오후를 떠올리게 하는 슬픔과 체념이 묻어 있다. 나는 그렇게 한을 이해했다.

가랑비를 맞으며 전망대로 향하는 길에는 수풀이 우거져 있었다. 무성한 나무 사이로 언뜻 보이는 무시무시한 군사 시설을 찍으면 꽤 멋진 사진이 나올 것 같았다. 하지만 내 마음을 어떻게 알았는지 주둔지 근처에는 사진 촬영을 금지한다는 표지판이 걸려 있었다. 몰래 사진을 찍는 사람도 분명히 있을 텐데 어떻게 관리하는지는 잘 모르겠다. 이제 갓 고등학교를 졸업한 어린 군인이 산기슭에 숨어서 관광객의 일거수일투족을 감시하고 있을까? 나는 당장 셔터를 누르고 싶은 유혹을 물리치고 카메라를 배낭에 집어넣었다.

후들거리는 무릎을 부여잡고 계단을 올라 전망대에 다다르면 가늘게 펼쳐진 북한 해안이 눈에 들어온다. 그야말로 지척이라는 사실이 다시 한번 와 닿는다. 엔진이 멀쩡하다는 가정 하에 작은 어선 한 척만 있으면 아침을 먹고 출발해 열한 시쯤이면 북한에 다녀올 수 있을 것 같았다. 전망대에 설치된 지도에는 2010년 연평도 포격 당시 북한이 포탄을 발사한 무도 해안포 기지와 개머리 기지를 포함해 북한의 주요 지형지물이 표시돼 있었다. 망향비에는 맑은 날이면 항해남도 해주에 있는 시멘트 공장에서 피어오르는 연기가 보인다는 내용이 적혀 있었다. 나는 가느다란 연기 자락이라도 보려고 바다 건너를 열심히 살폈지만 민둥산과 해변으로 짐작되는 풍경이 전부였다.

망향전망대 나들이가 썩 즐겁지는 않았다. 날씨 영향이 컸다. 어두운 구름이 무겁게 낀 하늘은 불길한 느낌을 풍겼고 안개 속 산등성이는 흐리게 뭉개져 보였으며 바다는 칙칙한 회색을 띠었다. 원래는 딸과 함께 연평도를 여행하고 싶었지만 막상 겪어 보니 혼자 오길 잘 했다는 생각이 들었다.

그때, 같은 민박에 묵은 청년 두 명이 군 복무중인 친구와 함께 나타났다. 세 사람은 전망대를 돌아다니며 경치를 감상하다가 나에게 북한을 배경으로 사진을 찍어줄 수 있는지 물었다. 내가 카메라를 들자 세 친구는 우산을 내려놓고 등을 곧게 펴고 나란히 서서 경례를 올렸다. 웃음기가 싹 빠진 제대로 된 경례였다.

청년들은 대여한 차를 타고 마을로 돌아갔다. 나는 같이 차를 타고 가자는 제안을 거절하고 걸어서 계단을 내려가기로 했다. 빗줄기가 굵어지자 태워준다고 할 때 언어 탈 걸, 후회가 됐다. 묘지 옆 나무 밑에서 비를 피했다. 무거운 공기 중에 흙냄새가 짙게 풍겼다. 다행히 얼마 후 비가 잦아들었다. 나는 다시 걸음을 재촉했다. 주둔지를 지나치면서 총알 맞을 위험을 감수하고 재빨리 사진을 몇 장 찍었다.

항구에 도착하고 얼마 후에 안개가 어느 정도 걷혀 여객선 운항이 재개된다는 소식을 들었다. 고민할 필요가 없었다. 나는 전날 저녁과 달리 술 취한 해병대원이 없는 부둣가 근처 식당에서 간단히 점심을 해결하고 짐을 챙겨서 서둘러 배를 타러 갔다. 섬을 뒤덮은 어두운 회색 구름 사이로 햇볕 한 줄기가 섬뜩하게 내리쬤다. 이렇게 떠나게 돼서 아쉬운 마음은 전혀 없었다.

인천으로 돌아가는 여객선 안, 내 앞자리에는 여자 두 명이 탔다. 한 명은 검은색 정장에 넥타이를 매고 있었고, 다른 한 명은 여성스러운 분홍색 옷을 입고 있었다. 휴가를 떠나는 군인, 육지로 나가는 섬 주민, 몇 안 되는 관광객 사이에서 두 여자는 유독 눈에 띄었다. 두 사람은 어디에 가방을 내려놓을지, 어디에 앉을지, 무엇을 먹을지를 두고 티격태격했다. 보수적인 한국에서는 보기 드문 광경이었다. 일반적으로 한국에서 관계를 숨기지 않는 동성애자 커플을 찾기는 힘들다. 남성끼리 손을 잡고 있는 광경이 종종 보이기는 하지만 대개는 우정이나 친근감의 표현일 뿐, 로맨틱함과는 거리가 멀다. 이런 사회 분위기 속에서 손가락질 받지 않고 자유롭게 애정을 나누는 동성애자 커플은 신선하게 다가왔다.

1990년대 초반 서울에 살 때 대학에서 교편을 잡은 동성애자 친구가 이야기하길, 평등한 권리를 주제로 토론 강의를 할 때 학생 한 명이 한국에는 동성애자가 9명뿐이라는 주장을 펼쳤다고 한다. 내 친구는 "여기 한 명 더 있다네."라고 말하고 싶어 입이 근질댔다며 웃었다. 그 학생은 서울에 있는 게이 사우나에 한번 가봐야 할 것 같다. 9명이라고? 서울에 내가 아는 동성애자만 9명이 훌쩍 넘는다.

    한국 사람은 대체적으로 동성 간 연애에 편협한 편이다. 설문조사에 따르면 동성애자라고 밝힌 사람의 90퍼센트 이상이 혐오 범죄 대상이 될까 우려한다. 불과 몇 년 전인 2019년까지 한국의 많은 사회운동가와 국회의원이 차별금지법 대상에서 동성애자를 제외해야 한다며 더욱 평등한 사회로 나아가려는 움직임에 초를 쳤다. 안타깝게도 복음주의 교회 내부에서 동성애에 반대하는 목소리가 울려 퍼지는 경우가 종종 관찰된다. 그들은 동성애는 죄악이며 동상애자는 사후 영원히 지옥에서 벌을 받을 것이라 주장한다. 한국에서 동성애를 비난하는 풍토가 곧 사라질 것 같지는 않으니 동성애자가 세상에 당당히 나서기까지는 아직 시간이 더 필요하다.

    인천으로 돌아가는 길에 승객이 동성애자 커플을 향해 보여준 이해와 관용조차 나의 우울한 연평도 여행을 구제하지는 못했다. 북한, 전쟁, 희생, 군대에 관련된 이야기는 이제 조금 줄이고 싶다. 다행히 여객선 가득 노래하는 할머니와 거대한 황금 수탉이 등장하는 다음 여행은 무척 즐거울 예정이다.

제6장

팔미도: 할머니와 노래자랑

팔미도로 향하는 배가 인천항을 출발하자마자 할머니들은 마이크를 차지하려고 안간힘을 썼다. 황량한 연평도 여행을 마치고 돌아온 다음 날이었다. 약이나 술 없이 이렇게까지 신나는 파티는 태어나서 처음 본다. 연평도와는 딴판이었다. 24시간 전, 나는 우울하게 연평도 항구에 앉아 오후 일찍이 인천으로 떠나는 여객선을 기다리고 있었다. 그리고 지금, 나는 챙이 넓은 모자를 쓴 멋쟁이 어르신들이 흔들리는 파도 위에서 목이 터져라 좋아하는 노래 제목을 외치는 장면을 목격하고 있다.

바가지 긁을 남편도 없고, 잔소리할 며느리도 없고, 징징대는 손주도 없다. 힘들게 장을 봐서 밥을 차리지 않아도 된다. 산더미처럼 쌓인 집안일에서도 해방이다. 쑤셔대는 관절도, 높은 콜레스테롤 수치도, 치매 초기 증상도 오를 대로 오른 흥을 깰 수 없다.

당연한 이야기지만, 팔미도행 유람선에서 콘서트가 열릴 것이라고는 상상조차 못했다. 하지만 부두에 정박한 배를 처음 봤을 때 의심을 품었어야 했다. 나는 거대한 동물 모형 아래에서 한국전쟁이 남긴 상징적 랜드마크로 여정을 시작했다.

할머니가 벌인 잔치판과 커다란 수탉 모양 지붕은 근처 바다에 감도는 긴장감을 잊게 했다. 실제로 이 지역은 경비가 삼엄하다. 인천은 북한과 거리가 무척 가까워 민간인이 팔미도에 가려면 단체 관광이 유일한 방법이다. 어부에게 뇌물을 주고 배를 얻어 타거나(말도 안 된다), 요트를 마련해 직접 항해하거나(터무니없다), 수영을 해서 바다를 건널 수도 있겠지만(행운을 빈다) 성공할 확률은 희박해 보인다. 게다가 홀로 유유자적 팔미도 해안에 접근하는 수상한 민간인을 남북한 양측 해군이 가만 둘 리는 없다.

나는 애써 닭 모양 지붕 장식을 무시하고 유람선 2층에 자리를 잡았다. 유람선을 묶어 둔 밧줄이 풀리고 인천항이 점차 멀어졌다. 가이드가 여행의 시작을 알렸다. 안경이 어찌나 두꺼운지 렌즈 너머의 두 눈이 어항에 잠긴 것 같았다. 성실한 학구파처럼 보이는 가이드는 지루한 이야기를 늘어놨다. 인천의 발전 과정을 일목요연하게 정리해서 설명하더니 인천국제공항이 자리한 영종도와 육지를 잇는 다리가 어떻게 지어지게 됐는지, 높이는 얼마이고, 너비는 얼마인지 장황하게 떠들어댔다. 목에 핏대를 세워가며 열변을 토로하는 가이드에게는 미안한 말이지만 누구도 그의 이야기를 귀담아듣지 않았다. 나는 멍하니 창문 밖을 내다봤다. 중국에서 온 것으로 짐작되는 호화 여객선이 지나갔다. 오른쪽에는 가이드가 열과 성을 다해 설명한 인천대교가 보였다.

내가 팔미도에 대해 아는 것이라곤 그날 아침 식사를 하면서 읽은 내용뿐이었다. 한국전쟁이 발발한 직후 미 해군 소속 유진 클라크Eugene Clark 대위는 게릴라 부대를 이끌고 1950년 9월 15일 오전에 실시될 상륙작전에 대비해 인천 일대에서 비밀공작을 수행하며 2주 동안 머물렀다고 한다. 부대원이 해변에서 북한군에 학살당하는 불상사를 피하려면 상륙작전에 참여하는 미군 수송선은 조수가 가장 높을 때 해안에 접근해야 했다. 서해의 거친 물살을 헤치고 계획대로 인천 앞바다에 진입하려면 양질의 정보가 필요했다. 계획이 조금만 어긋나도 미 수송선의 상륙이 늦어지는 상황이었다.

상륙작전에 성공하는 데 팔미도 등대의 역할이 컸다. 상륙작전을 계획할 당시 팔미도 등대는 고장 난 상태였다. 하지만 클라크 대위는 도쿄에 있는 전술가에게 등대를 다시 밝힐 수 있다고 전했다. 팔미도 등대는 미 군함이 예정대로 진흙투성이 서해안에 안착할 수 있도록 항로를 밝혀 줄 것이다. 클라크 대위는 인천 남서쪽, 오늘날 대규모 석탄 화력 발전소가 들어선 영흥도에 전초 기지를 세우고 용감한 영흥도 주민의 도움을 받아 9월 14일 밤 등대를 복원하러 팔미도에 가기 전까지 여러 작전을 수행했다. 하지만 클라크 대위가 팔미도로 떠난 직후 영흥도에 북한군이 들이닥쳤고 남자·여자, 어른·아이를 가리지 않고 미군에게 동조한 주민 50여 명이 처형당했다.

한참 클라크 대위와 특공대의 활약상을 떠올리는데 가이드가 강연을 위해 따로 준비한 배경음이라 생각했던 음악 소리가 갑자기 커지며 몰입을 방해했다. 그때, 1층 갑판에서 우렁찬 노랫소리가 울려 퍼졌다. 아래층에서 할머니들이 노래방 기계를 켜고 잔치를 벌이고 있었다.

한국에 살다 보면 반드시 한 번쯤은 노래방에 갈 일이 생긴다. 노래방 문화는 강력하다. 노래방은 말 그대로 '노래를 부르는 방'으로, 웬만한 한국인은 노래를 빼지 않는다. 나는 생애 최초로 선상 노래방을 감상하기 위해 아래층으로 내려갔다. 연보랏빛을 띠는 파란색 정장에 나비넥타이를 멋지게 차려입고 새까만 머리를 깔끔하게 넘긴 남자 진행자와 표범 무늬 원피스를 입은 여자 진행자가 행사를 주도하고 있었다. 두 사람은 균형을 잡으려 비틀대는 할머니 십여 명을 이끌고 뱃머리에 설치된 무대에 올랐다. 할머니들은 신명나게 춤을 추면서 마이크를 돌려 가며 한 소절씩 노래를 불렀다.

할머니들은 트로트에 맞춰 춤을 췄다. 트로트는 한국의 오래된 팝 장르로 1960년대 이후 세대에게는 촌스럽다고 느껴지겠지만 중독성만은 대단하다. 나는 늦은 귀갓길 택시에서, 라디오에서, 술집에서 흘러나오는 트로트를 듣곤 했다. 팔미도 유람선에서 트로트를 듣고 있자니 서울에 온 지 얼마 안 돼 한참 도시를 탐험하던 시절이 생각났다. 한국어를 잘 몰랐기에 가사를 이해할 수는 없었지만 선율에 담긴 짙은 슬픔과 그리움은 생생히 전달됐다. 일본 엔카와 비슷한 이 음악 장르는 일제강점기에 인기를 끌었다. 트로트는 대개 보답 받지 못한 사랑이나 가족과 고향을 향한 그리움을 노래한다. 트로트에는 한이 서려 있다.

트로트에 특별한 힘이 있는지, 바닷길에 오른 할머니들은 잠시도 쉬지 않고 항해 내내 춤을 추고 노래를 부르며 다른 승객의 참여를 유도했다. 할머니의 꼬임에 넘어가는 할아버지는 단 한 명도 없었다. 할아버지들은 그저 웃어야 할지 말아야 할지 애매한 표정이었다. 아내가 무대 위에 올라 현란한 춤사위를 펼치는 모습을 보는 게 한두 번이 아닌 듯했다. 70대 중반으로 보이는 풍채 좋은 할머니가 분위기를 주도했다. 몸집이 다른 할머니의 두 배는 족히 넘을 것 같은 할머니는 챙이 넓은 노란색 모자와 커다란 선글라스를 쓰고 흐름이 끊기지 않도록 무대를 누비며 흥을 끌어올렸다. 주황색 선 캡을 쓴 자그마한 할머니는 에너지가 넘쳤다. 화려한 발재간과 유연한 골반 움직임이 특히 인상 깊었다. 내 시선을 끈 세 번째 할머니는 그날 배에 탄 승객 중 나이가 가장 많은 것 같았지만 꼿꼿한 자세로 박자를 타는 모습을 보니 심부전 걱정 없이 중국까지 걸어갈 수도 있을 것 같았다.

보통 이런 상황에서는 유일한 외국인에게 관심이 주목된다. 전에도 비슷한 경험이 있다. 사람들은 마이크를 내 얼굴에 들이밀고 억지로 양 팔을 흔들어 댔다. 하지만 팔미도 유람선은 달랐다. 출렁이는 파도 때문이었는지, 흥겨운 분위기 때문이었는지, 국적과 인종을 초월하는 유대감 때문이었는지, 정확히 무엇 때문이었는지는 모르겠지만 노래방 기계에서 노래가 흘러나오자 나는 할머니들과 함께 덩실덩실 춤을 추기 시작했다. 자리에 앉아 잠시 숨을 돌리던 할머니도, 간단한 처치를 받던 할머니도 자리에서 일어나 무대에 합류했다. 노래는 신나면서도 우스웠고 짜증날 정도로 중독성이 강해 배에서 내린 후에도 한참 동안 귓가에 맴돌았다. 오순절 교회 예배가 이런 느낌으로 진행되지 않을까 싶었다. 어색함이라곤 찾아볼 수 없었다.

신나게 춤을 추는 할머니를 보고 있자니 장모님이 떠올랐다. 장모님은 용감하고 강한 사람이다. 싸워야 할 일이 있으면 주저하지 않고 나서던 투사는 이제 병마와 싸우고 있다. 삶은 참 찬란하게도 불공평하다.

얼마 후 유람선은 자그마한 팔미도에 도착했다. 우리는 팔미도 등대(한국 최초의 등대로 1903년 완공됐다)에 올라 전시물을 둘러보며 인천상륙작전 당일 밤 이 역사적인 시설물이 어떤 역할을 했는지 되새겼다. 나는 해군 함정 사진을 찍다가 군인에게 기어코 한소리 들었다. 가이드는 나에게 고향이 어디냐고 물었다. 모자와 선글라스 때문에 내가 한국인이 아니라는 사실을 알아채지 못한 듯했다.

"말투가 특이하시네요. 전라도에서 오셨어요?"

할머니 몇 명은 잔뜩 흥분해 가이드에게 내가 외국인이라고 밝혔다. 하지만 할머니들이 흥분하거나 말거나 나는 스스로가 자랑스러워서 못 견딜 지경이었다. 수 년 간의 노력 끝에 마침내 내 한국어가 인정받았다. 나중에 아내를 만나 이 이야기를 해줬다. 아내의 가족은 전라도와 앙숙이나 마찬가지인 경상도 출신이었다. 전라도와 경상도가 서로에게 품은 지역감정은 상상 이상이다.

"가이드가 나보고 전라도 사람이냐고 물었다니까!" 내가 흥분해서 떠들어댔다.

"그래?" 아내가 심드렁하게 대꾸했다. "전라도 사람 같다는 말이 칭찬은 아닐 텐데."

너무하는군. 나는 속으로 투덜댔다. 하지만 애써 말을 삼키고 배에서 춤을 추던 할머니들을 보니 병상에 누운 장모님 생각이 나더라고 이야기했다.

"신나게 춤추는 할머니들을 보는데 괜히 마음이 찡해지더라고. 장모님도 춤추고 노래하는 거 좋아하셨잖아." 나는 휴지로 눈가를 훔쳤다.

"엄마가? 무슨 소리야. 절대 유람선에서 춤추겠다고 나서지는 않을 걸." 아진은 다시 한번 무뚝뚝하게 대답했다.

팔미도 인근 해상에서 일어난 분쟁은 인천상륙작전뿐만이 아니다. 러일전쟁(1904–1905)의 개전을 알린 제물포해전은 오늘날 인천 앞바다에서 벌어졌다. 전쟁의 원인을 한 마디로 설명하자면, '한반도 주도권 다툼'쯤 될 것이다. 일본은 1895년 청나라를 무력으로 굴복시키고 같은 해 4월 전쟁을 종결하면서 시모노세키 조약을 체결했다. 조약에 따라 청나라는 오늘날 다롄이 자리한 랴오둥반도를 일본에 할양했다. 러시아는 이 협정이 마음에 들지 않았다. 랴오둥반도는 일본이 동아시아에 미치는 영향력을 한층 강화할 수 있는 전략적 요충지였기 때문이다.

러시아는 프랑스, 독일과 손을 잡고 일본에 랴오둥반도 소유권을 반환하라고 강요했다. 이런 외교 간섭은 삼국 간섭으로 알려져 있다. 삼국 간섭은 당시 유럽 제국주의 열강이 떠오르는 강자 일본을 두려워했음을 잘 보여준다. 일본은 세 식민 강국의 압박을 이기지 못하고 랴오둥반도에서 병력을 철수했지만 언젠가 치욕을 씻겠노라 다짐했다. 그로부터 10년이 지난 1905년 4월 8일, 일본은 포트 아서 근처에 정박한 러시아 함대를 기습했다. 다음 날, 아직 개전을 공식적으로 선포하지 않은 상태에서 일본 해군은 제물포항에 정박 중인 러시아 군함으로 관심을 돌렸다.

일본은 러시아 바리야크함과 코레예츠함에 제물포항을 떠날 것을 요구했다. 제물포항에 머물던 유럽 제국 소속 선원들은 일본의 요구를 받아들여서는 안 된다며 러시아를 설득하려 했다. 당시 대한제국은 중립국이었기에 모든 선박은 국제법의 보호를 받고 있었다. 하지만 러시아 선원은 자국의 명예가 달렸다는 사실을 깨닫고 일본에 굴복했다. 바리야크함과 코레예츠함은 서둘러 출항했지만 제물포항을 벗어나자마자 우위를 점한 일본군의 포격에 산산조각이 났다. 만신창이가 된 두 전함은 병력에 심각한 손실을 입었음에도 불구하고 기어코 제물포항으로 돌아가 자폭했다. 폭발음은 서울까지 울려 퍼졌을 것이다.

명예를 중시하는 일본은 병력 차이를 인지하고도 제물포항을 떠나 전투에 임한 러시아군의 용기에 깊게 감명받았다. 죽음을 불사한 러시아군을 칭송한 건 일본뿐만이 아니었다. 호머 B. 헐버트 선교사는 한국 역사서에 이런 글을 남겼다. "동등한 기회가 주어졌을 때 전장에 나서는 행위는 용감하다. 하지만 패배할 것을 알면서도 아가리를 벌린 죽음을 향해 나아가는 행위는 영웅적이다. 일본은 러시아가 남긴 고귀한 기록을 훼손해서는 안 된다." 바리야크함의 최후에서 영감을 받아 탄생한 노래는 오늘날까지 러시아에서 인기를 끌고 있다. 다양한 버전으로 인터넷에 올라온 영상과 어마어마한 조회수는 러시아인의 애국심을 보여준다. 우레 같은 포성과 소름끼치는 총성이 제물포항에 울려 퍼졌다. "조국을 위해 목숨을 바친다!" 러시아 해군은 두려움을 잊고 죽음을 마주했다. 영광스러운 화염이 군함을 집어삼켰다. 전사한 청년의 시신은 거친 파도에 휩쓸려 망망대해를 떠돌았다. 드넓은 바다가 그들의 무덤이었다. 참으로 감동적이다.

팔미도 여행은 짧게 끝났다. 우리는 정상에서 채 30분도 못 머물고 다시 유람선에 올랐다. 나는 조금 더 오래 팔미도 바다를 내려다보며 조국의 명예를 위해 스스로를 희생한 러시아 군함을 추모하고 싶었다. 하지만 지금까지 여행에서 전쟁이 차지한 비중이 너무 컸다. 이제 북한, 짙은 안개, 싸늘한 겨울을 떠올리게 하는 섬은 뒤로 하고 따뜻한 남쪽으로 발길을 돌리고 싶었다. 거친 풍랑에 깎여 나간 바위투성이 서해안을 탐험할 차례였다.

II. 봄

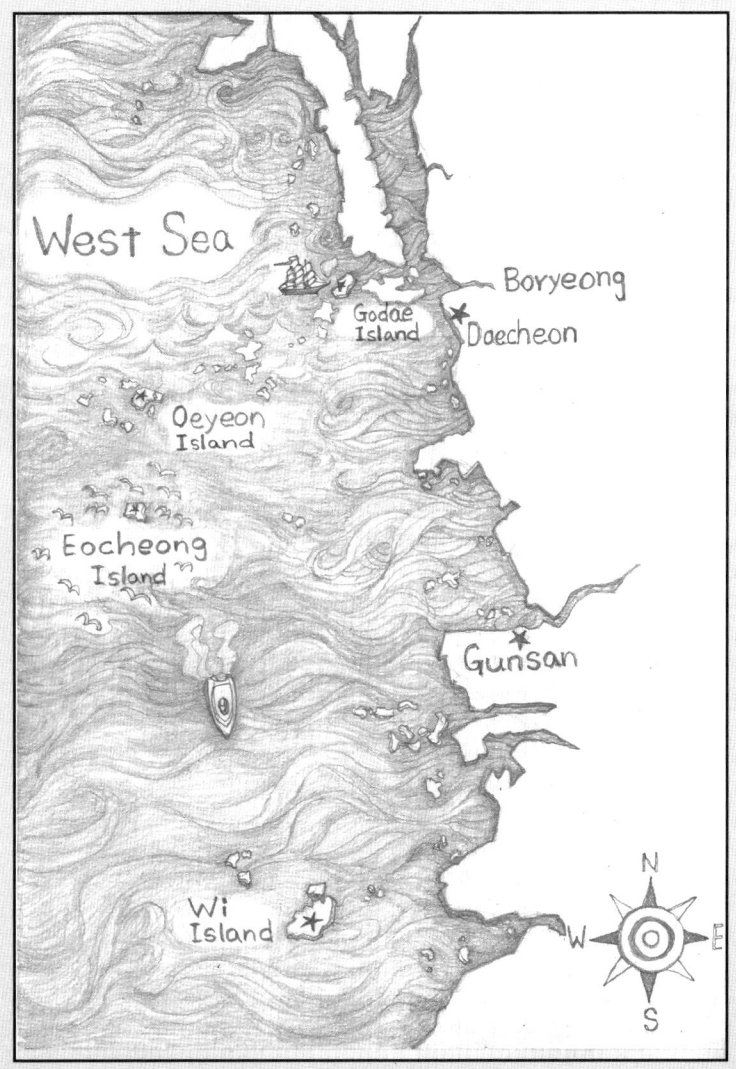

제7장

고대도: 선교사의 땅

나는 팔미도에서 돌아와 남쪽으로 향하는 버스에 올라탔다. 한반도 북서쪽 바다에 떠 있는 섬에는 피비린내 나는 한국 근현대사의 흔적이 고스란히 남아 있었다. 나는 며칠간의 여행을 마무리하고 잠시 홍콩에 돌아갔었다. 간단히 처리할 일도 있었고, 옌타이에서 배앓이 때문에 고생하던 딸이 이제는 조금 괜찮아졌는지 확인하고 싶기도 했다. 곧 여름 방학이니 잘만 설득하면 남은 여행을 딸과 함께할 수 있을 것 같았다. 나는 온갖 달콤한 말로 꼬드겨 봤지만 딸은 꿈쩍하지 않았다. 여객선도, 섬도, 바람이 휘몰아치는 해안도, 불안정한 와이파이 연결 상태도, 동행이라곤 풍랑에 지친 어부와 갈매기뿐인 지루한 항해도, 혀가 타들어갈 듯 매운 한국 음식도 싫다고 했다. 딸은 확고했다.

버스의 목적지는 대천이었다. 대천은 보령이라는 도시 근처에 위치한 작은 항구로 서울에서 약 130킬로미터 떨어져 있다. 버스는 서울 외곽에 몇 킬로미터씩 이어지는 특색 없는 주거지를 지나 경기도 남부 조용한 시골 마을에 진입했다. 봉긋 솟아오른 언덕 깊숙이 옹기종기 촌락을 이루고 있는 시골 오두막에서 나른한 연기가 피어오르고 쟁기질을 하던 농부가 허리를 펴고 밀짚모자를 흔들며 인사를 해 주는 풍경은 없었다. 기대를 저버렸다면 사과하겠다. 동화 같은 시골 마을은 없었지만 나 같은 도시 사람은 고즈넉한 경치만 봐도 그저 기분이 좋았다.

나는 대천행 버스 좌석에 앉아 한껏 기지개를 켰다. 몸을 쭉 펴고도 한참 공간이 넉넉했다. 한국은 키 큰 사람이 살기에 좋은 곳이 못 된다. 185센티미터면 몇몇 나라에서는 딱히 장신이라고 할 수도 없지만 한국에서는 종종 문에 머리를 찧고 두개골이 쪼개지는 충격에 고통스러워할 것이다. 그뿐만이 아니다. 영화관 좌석에 앉으면 가슴이 무릎에 거의 닿는다. 하지만 장거리 버스는 다르다. 대부분의 좌석이 수평으로 눕혀지고 팔걸이가 따로 있는 데다가 한 덩치 한다는 사람도 편안하게 앉을 수 있을 정도로 공간이 넉넉하다.

한국 장거리 버스의 매력은 넓은 좌석뿐만이 아니다. 휴게소에서 판매하는 먹거리를 먹어 보지 않았다면 장거리 버스 여행을 제대로 즐겼다고 할 수 없다. 버스는 서울을 출발해 두 시간 정도 달리다 속도를 줄이고 갓길로 빠지더니 주차장에 진입했다. 기사는 20분 뒤 출발하겠다고 이야기하며 문을 열었다. 승객의 반 정도가 화장실로 허둥지둥 향했다. 나머지는 노점 근처에 모였다. 볼일을 해결하는 것도 중요하지만 맛있는 간식은 그 이상의 기쁨을 준다. 풍성한 스카프를 두른 아줌마가 뿌연 수증기 속에서 매콤한 떡 요리, 두꺼운 면을 넣고 끓인 수프, 어묵을 요리하고 있었다. 싸구려 스피커에서 요란한 트로트가 흘러나왔다. 빈약한 핫도그, 팥을 넣어 구운 작은 패스트리, 김밥도 팔았다. 아직 금연에 성공하지 못한 사람이라면 담배도 한 대 피우고, 허름한 잡화점에 들러 왕년에 한가닥 하던 트로트 가수 시디도 한 장 살 수 있다. 운이 좋다면 카세트테이프를 손에 넣을지도 모른다. 꾸물댈 시간은 없다. 여유를 부리다간 주차장에 줄지어 선 버스 수십 대 사이에서 내가 타고 온 버스를 찾아 이리저리 뛰어다니다가 휴게소에 버려지고 말 것이다.

(몹시) 매운 떡볶이를 먹고 꾸벅꾸벅 졸다 보니 터미널에 도착했다. 해질녘이 다 돼서 대천 드라마호텔에 체크인했다. 흥미로운 이름이라고 생각했다. 남편이 마케팅팀 미스 박과 밀회를 즐긴 정황을 포착하고 분노하는 아내의 모습이 떠올랐다. 불륜 상대가 술에 취해 옷을 반쯤 벗은 채 와인 병을 손에 들고 몰래 호텔을 빠져나가는 동안 수치심에 고개를 떨어뜨린 남편에게 미친 듯 소리를 지르는 아내가 로비에 가득할 것 같았다.

사실 이 호텔의 이름은 아시아에서 선풍적인 인기를 끌고 있는 한국의 텔레비전 드라마에서 따왔다. 드라마는 지난 15년 동안 한국이 문화적으로 소프트 파워를 키우는 데 결정적인 역할을 했다. 한국 드라마가 얼마나 인기가 많기에 이렇게까지 이야기하느냐고? 몇 년 전, 나는 미얀마 만달레이의 허름한 식당에서 친구들과 함께 식사를 했다. 손님들이 음식을 먹다 말고 자리에서 벌떡 일어나더니 의자를 들고 낡은 텔레비전 앞에 홀린 듯 자리를 잡았다. 그해 히트를 친 한국 텔레비전 드라마가 방영하고 있었다. 아카시아 나무에 매달려 귀청이 떨어져라 울던 매미조차 침묵했다.

지난 몇 년 동안 한국 드라마는 아시아 국가의 수많은 시청자를 사로잡았다. 과장이 아니다. 나에게는 지나치게 감상적이고, 그저 그런 연기에, 허술한 시나리오로 다음 내용이 뻔히 예측되는 드라마가 대부분이지만 인기는 대단하다. 여느 드라마와 마찬가지로 한국 드라마 또한 짧은 기간 안에 촬영을 마친다. 당연히 배우가 대사를 숙지하고 인물의 동기를 판단할 시간은 부족하고, 감독은 미장센에 큰 관심이 없다. 하지만 배우의 뛰어난 외모와 화려한 배경, 익숙한 스토리만으로 아시아 시청자의 흥미를 끌기에 충분하다. 한국 드라마에서는 결혼, 연애, 가족애, 우정, 의리, 직장에 관련된 내용이 주를 이룬다. 영국 드라마에서 흔히 다루는 마약 중독자, 가정 폭력, 낙태, 동성애는 한국에서 먹히지 않는다. 배경에 잔잔한 발라드가 흐르고 연인에게 버림받은 주인공이 어스름이 내린 저녁 비를 맞으며 가로등 아래에 서 있는 장면을 보고 싶다면 한국 드라마를 추천한다. 마약에 중독된 김 씨 아저씨가 인종이 다른 아내를 마주보고 술잔을 기울이며 영업팀 이 씨 아저씨와 동성연애를 하고 있다는 사실을 고백하는 장면을 기대해서는 안 된다.

줄거리야 어떻든 한국 드라마는 한국어를 배우는 데 큰 도움이 된다. 나는 수 년 동안 한국어 실력을 향상하려고 애를 써 왔지만 투자한 시간만큼 유창하게 한국어를 구사하지는 못한다. 사실 이 여행을 계획할 때 내 한국어 실력은 거의 사망한 상태나 다름없었다. 1990년대에 처음 서울에 와서 대학교에서 강연을 하고 텔레비전 프로그램에서 진행을 맡았을 때는 한국어 실력이 꾸준히 향상했다. 하지만 1990년대 후반 홍콩으로 이주하며 성장이 멈췄다. 2000년대 후반 서울에 돌아와 한국의 신문사에 입사하면서 조금씩 나아지는 듯했으나 3년간의 근무를 마치고 홍콩으로 돌아가면서 오히려 퇴화하기 시작했다. 내 한국어 실력은 부둣가 시장에서 급격히 생기를 잃어가는 물고기와 같았다. 나는 한국 해안을 항해하며 끓는 물에 익어가는 물고기를 냄비에서 꺼집어낼 수 있기를 바랐다.

드라마호텔 객실에 짐을 내려두고 텅 빈 식당에서 저녁을 먹었다. 지금은 조용하지만 몇 주만 지나면 관광객이 몰려 발 디딜 틈이 없어질 것이다. 보령머드축제가 열리기 때문이다. 하지만 초봄의 대천은 늦겨울 월미도 해변과 비슷하다. 한산하고, 쓸쓸하고, 조용하다. 나로서는 더 이상 바랄 게 없다.

보령머드축제는 1990년대 후반 대천 머드의 건강과 미용 효과를 홍보하기 위해 처음으로 개최됐다. 대천 인근 해안에는 건강한 미네랄이 풍부한 회색 진흙이 널려 있다. 진흙을 온몸에 덕지덕지 바르면 백 살은 거뜬히 넘길 것이다.

하지만 보령머드축제를 찾는 관광객 대부분은 건강보다 레슬링에 관심이 많은 듯하다. 반쯤 벗은 남녀는 행사장 한복판에 마련된 '초대형 머드 욕조'에 뛰어들어 미끄러운 진흙탕에서 춤을 추고 씨름을 하다 넘어진다. 매년 수천 명이 진흙 씨름을 하러 보령머드축제에 참가한다. 무척 재미있을 것 같다. 안경만 아니었다면 나도 주저하지 않고 '메가 머드 클럽'에 합류했을 것이다. 안경을 쓴 채로 머드 욕조에 들어갔다간 제대로 놀아 보기도 전에 진흙탕에 처박힌 안경을 찾아 헤매야 할 게 분명하다. 날뛰는 관광객 발에 밟혀 으스러진 안경 파편이나 찾으면 다행이다. 콘택트렌즈도 훌륭한 대안은 못 된다. 진흙이 묻어 끈적끈적한 렌즈를 빼내려면 각막을 같이 쥐어뜯어야 할지도 모른다. 안경이나 콘택트렌즈 없이 한 치 앞도 구분하기 힘든 나 같은 사람은 인사팀 미스 김과 즐거운 머드 싸움을 벌이기는커녕 아칸소에서 온 털북숭이 웨인과 정통 레슬링을 하게 될 것이다. 진한 머드 맛을 보고 싶다면 털북숭이 웨인도 나쁘지 않은 선택이다.

다음 날 아침, 드라마 없는 드라마호텔 밖에는 부슬비가 뿌리고 있었다. 나는 목 끝까지 지퍼를 단단히 잠그고 산책하는 기분으로 20분 거리에 있는 항구까지 걸어갔다. 날씨가 어두워서인지 다니는 사람이 많지 않았다. 바닥까지 자욱하게 깔린 안개 사이로 가끔 헤드라이트 불빛이 반짝였다. 세련된 스카프를 두르고 빨간 립스틱을 바른 환경미화원이 거리에 떨어진 낙엽을 쓸고 있었다. 근처 게스트하우스의 평일 숙박비를 표시하는 네온사인이 깜빡거렸다.

비가 내리고 바람이 거칠어 여객선 운항이 중단됐을 것 같았다. 하지만 지금까지 여행을 하면서 나에게 바닷가 날씨를 예측하는 능력은 없다는 사실을 깨달았기에 나선 김에 항구까지 가보기로 했다. 텅 빈 주차장을 가로질러 여객터미널이 가까워지면서 불길한 기운은 커져 갔다. 건물에 드나드는 사람이 한 명도 없었다. 아무래도 문을 닫은 것 같았다. 그때 문이 활짝 열리며 분위기가 반전됐다. 매표소는 활기가 넘쳤다. 모든 배편의 운항이 재개되고 사람들은 줄을 섰다. 취소되는 표는 한 장도 없었다. 프린터가 쉴 새 없이 표를 찍어냈다. 잘 됐어! 나는 전광판에서 목적지를 찾아서 줄을 서서 기다렸다. 한참을 기다려도 좀처럼 줄이 줄어들지 않아 확인해 보니 잘못된 줄에 서 있었다. 다시 제대로 줄을 서서 여권을 꺼냈다(한국에서는 신분증이 없으면 여객선에 탈 수 없다). 그리고 휴대전화 번호를 적었다(한국에서는 휴대전화 번호가 없으면 여객선을 탈 수 없다). 마침내 표를 받았다.

목적지는 고대도였다.

몇 년 전, 홍콩 거리의 한 표지판을 보고 고대도에 가야겠다고 결심했다. 표지판에는 '귀츨라프 거리'라고 적혀 있었다. 귀츨라프 거리는 홍콩 중심지인 센트럴에 빼곡히 들어선 작은 골목 중 하나로 재래시장, 식당, 상점, '마사지' 업소가 즐비하다. 나는 잡지 기사를 뒤적이다 우연히 귀츨라프 거리를 발견했다. 그나저나 중심지의 이름이 센트럴이라니, 창의력이라곤 찾아볼 수 없다. 19세기 영국이 통치하던 시절에는 빅토리아라 불렸으니 진부함 만큼은 잘 계승한 것 같다.

칼 프리드리히 아우구스트 귀츨라프 선교사는 오늘날 독일과 폴란드에 걸쳐 있는 발트해 연안 포메라니아 지방에서 태어났다. 영국은 당시 홍콩에 거주하던 영국인을 위해 애쓴 귀츨라프 선교사의 공로를 기려 그의 이름을 딴 거리를 만들었다. 귀츨라프 선교사는 언어에 뛰어난 재능을 보였다. 아시아를 여행하는 동안 만다린어를 비롯한 각종 중국어를 습득해 성경을 샴어로, 주기도문을 한국어로 번역했다. 귀츨라프 선교사는 중국식 복색을 갖춰 입고 여행하며 최초의 '불평등' 조약 중 하나인 난징조약을 협상하는 데 중요한 역할을 수행했다.

귀츨라프 선교사는 한반도, 그중에서도 고대도와 인연이 깊다.『1831년, 1832년, 1833년 중국 해안 항해기』에서 귀츨라프 선교사는 조선인과 서양인의 만남을 묘사한다. 한반도에 방문한 서양인은 귀츨라프 선교사가 거의 처음으로, 고대도 주민과 만남 또한 책에 기록돼 있다.

표를 끊고 나니 배가 출항하기까지 시간이 조금 남았다. 나는 면 요리, 삶은 달걀, 김밥, 뜨겁고 달콤한 커피를 파는 작은 매점으로 다가갔다. 최고의 아침 식사라고는 할 수 없지만 이 정도면 훌륭했다. 매점을 운영하던 남자가 주문을 받더니 어디로 가냐고 물었다. 고대도로 간다고 했더니 남자는 고개를 끄덕이더니 먹거리를 조금 사들고 가는 게 좋겠다고 조언했다. 섬에 식당이 없다고 했다. 작은 식탁에 앉아 아침을 먹던 중년 부부가 고개를 들고 남자를 올려다봤다. 히말라야를 등반할 것 같은 차림의 부부는 고대도를 둘러보는 데 몇 시간쯤 걸릴지 물어봤다.

"30분이면 돼요." 매점 주인이 대답했다. 부부는 급하게 쑥덕대더니 허둥지둥 매표소로 가서 행선지를 변경했다. 고대하던 주말을 보내기에 고대도는 너무 초라했나 보다. 부부가 화려한 등산복과 잘 어울리는 섬에서 즐거운 휴일을 보냈길 바란다.

나는 매점 주인의 충고를 받아들여 배낭을 간식으로 가득 채웠다. 과자를 고르다 보니 금세 배 시간이 됐다. 나는 표를 손에 들고 어린이 프로그램 진행자처럼 신이 나서 여객선에 올랐다. 배는 아무리 타도 질리지 않는다. 매번 새롭고 즐겁다. 다른 교통수단과는 감히 비교가 안 된다. 비행기는 불편하고, 지루하고, 비싸다. 게다가 어딜 가도 공항은 비슷하다. 면세점에서는 고급스러운 물건을 팔고, 음식 값은 터무니없이 비싸다. 기차 여행은 생각만큼 낭만적이지 않다. 객실은 혼잡하고, 지저분한 창문 때문에 경치를 제대로 감상할 수도 없으며, 흙먼지가 날리는 시골 역을 지나갈 때는 지연되기 일쑤다. 버스를 탈 때는 교통체증과 미치광이 운전자에 시달릴 각오가 필요하다. 말을 타면 엉덩이가 아프고, 자동차는 움직이는 관이나 다름없다. 자동차는 외딴 시골길을 마음껏 탐험할 수 있다는 점이 좋지만 목뼈 손상, 골절, 내출혈, 척수 손상, 염좌, 사지 절단, 실명, 두개골 함몰 등 부상을 입을 위험이 있을 뿐 아니라 왜 로터리에서 첫 번째 차도로 빠지지 않았는지를 두고 싸우다 결혼

생활이 파탄 날 수도 있다.

고대도행 여객선은 지금껏 내가 한국에서 타 본 배 중 가장 좋았다. 지붕에 금색 수탉 모형도 없었고, 강풍이 불 때 갑판에 나가지 못하도록 선실을 완전히 막아 두지도 않았다. 하지만 그중에서도 최고는 바닥 선실이었다. 바닥 선실에서는 불편하게 좌석에 앉는 대신 벽돌 같은 쿠션을 베고 편안하게 널브러져서 목적지까지 갈 수 있다. 적당히 빈자리를 찾아서 짐을 내려놓고 누우면 된다. 이만한 여행이 또 어디 있을까. 한국에서는 이 공간을 침실이라고 부르기도 하지만 적절한 표현 같지는 않다. 침실에는 침대가 있어야 하는데 바닥 선실에는 학교 복도처럼 딱딱한 바닥뿐이기 때문이다.

한국 여객선에는 유일한 단점이 있다. 귀청이 떨어져 나갈 것 같이 시끄러운 텔레비전이다. 모든 여객선에는 텔레비전이 달려 있다. 어딜 가도 텔레비전의 영향권에서 벗어날 수 없다. 텔레비전은 쉴 새 없이 떠들어 대며 승객의 관심을 유도한다. 배가 항구를 벗어날 무렵 뉴스에서는 미국의 트럼프 대통령과 김정은 위원장이 회담에서 어떤 대화를 나눴는지, 중국에서 발생한 미세먼지가 한국 대기 질을 얼마나 저해하는지, 박근혜 대통령이 국민을 어떻게 농락했는지 보도하고 있었다. 세상 돌아가는 이야기는 그쯤 알았으면 충분하다는 생각이 들었다. 나는 갑판에 올라가 길고 게으른 파도가 여객선 뱃머리에 부딪혀 부서지는 광경을 가만히 지켜봤다. 멍하니 난간을 잡고 서서 한참 동안 엔진이 돌아가는 소리를 들었다. 하늘에는 구름이 잔뜩 껴 있었다. 이따금 구름 사이로 햇살이 비칠 때면 바다가 다이아몬드를 뿌려 둔 초원처럼 눈부시게 반짝였다.

고대도에 도착하기까지 30분쯤 남았을 때, 하얀 선체 한복판에 초록색 십자가가 그려진 커다란 배 한 척을 발견했다. 충남501호가 순찰을 돌고 있었다. 섬에 사는 주민에게 병원선은 생명줄이나 마찬가지다. 섬 인구가 고령화되면서 병원선의 역할도 점차 커졌다. 병원선은 광범위한 의료 서비스를 제공하지만 수술은 할 수 없다. 보안이 철저한 항구에 배가 단단히 고정된 상태가 아니라면 대장 내시경은 생략하라고 조언하고 싶다.

여객선은 근처 섬 몇 군데를 들르고 마침내 고대도의 작고 귀여운 항구에 닻을 내렸다. 지붕이 알록달록한 작은 집이 옹기종기 모인 마을이 가장 먼저 눈에 들어왔다. 당연한 말이지만 고대도에는 높은 건물이 없다. 괜히 높이를 올렸다간 태풍에 수시로 지붕이 날아갈 것이다. 강풍으로부터 서로를 보호하기 위해서인지 자그마한 주택이 오밀조밀 모여 있었다. 나는 하선하면서 만난 아줌마와 영어로 대화를 나눴다. 아줌마는 고대도행 배에서 외국인을 다 보다니 무척 놀랐다면서 어떻게 여기까지 왔냐고 물었다. 아줌마는 목사와 결혼해 플로리다에서 쭉 살다가 한국에 들어와 고대도에 자리를 잡았다고 했다. 1년 동안 최대한 많은 한국섬을 여행할 계획이라고 하자 아줌마는 당장이라도 경찰을 부를 것처럼 미심쩍은 눈빛으로 나를 쳐다봤다. 귀츨라프 선교사에 관심이 있다고 이야기하고 나서야 아줌마의 얼굴에 미소가 돌아왔다.

"우리 박물관에도 꼭 한번 들러요." 아줌마가 제안했다.

박물관은 부둣가에서 겨우 몇 미터 떨어진 거리에 있었다. 한반도의 기독교 역사를 담은 박물관보다는 낚시 용품을 보관하는 창고에 가까워 보였지만 내부에 전시된 소장품은 꽤 흥미로웠다. 19세기 후반과 관련된 자료가 특히 많았다. 당시 기독교를 전파하는 데 중요한 역할을 한 인물의 사진과 일찍이 한반도를 방문한 외국인이 쓴 책이 시선을 끌었다. 19세기 초반 범선을 정교하게 재현한 모형도 있었다. 1832년 7월과 8월에 걸쳐 귀츨라프 선교사와 동료를 산둥반도에서 한반도 서해안까지 실어 나른 동인도회사 소유의 탐사선 로드애머스트호였다.

로드애머스트호는 무역의 기회를 찾겠다는 임무를 지니고 동북아시아로 왔다. 유럽 제국주의 열강은 은밀히 중국에 진입해 일본과 관계에서 어느 정도 진전을 이뤘다. 하지만 조선은 까다로운 상대였다. 영국은 어떻게든 조선인과 소통을 해 보려고 했지만 눈에 띄는 성과를 거두지 못했다. 조선과 교역을 개척해보려는 W. R. 브로턴Broughton 함장의 노력은 헛수고로 돌아갔다. 브로턴 함장은 그의 책『1795-1798 북태평양 탐험 항해기A Voyage of Discovery to the North Pacific Ocean, 1795-1798』에 조선 남쪽에 자리한 도시 부산에서 경험을 묘사했다. 브로턴 함장은 프로비던스호를 타고 북태평양을 항해하다 부산에 정박했다. 부산 사람들은 거리를 배회하는 낯선 외국인에게 적대심을 드러내지는 않았지만 친절하지도 않았다. 쇄국 정책을 고수하던 조선인은 브로턴 함장에게 도시에서 떠나달라고 정중히 부탁했다.

바실 홀Basil Hall 함장 또한 브로턴 함장과 비슷한 경험을 했다.『조선 서해안과 류큐 항해기Account of a Voyage of Discovery to the West Coast of Corea and the Great Loo-Choo Island in the Japan Sea』에 따르면 홀 함장은 무역 항로 탐사를 목적으로 서해를 항해하다가 한반도 북서쪽 섬에 도착했다. 하지만 통역사는 고사하고 한자를 조금이라도 읽고 쓸 줄 아는 선원조차 없었으니 소통이 거의 불가능했다. 사실 홀 함장이 제내로 이해한 신호는 하나뿐이었다. 한 조선인이 목에다 손가락을 대고 긋는 시늉을 했다. 지금 당장 짐을 싸서 배를 타고 떠나지 않으면 죽이겠다는 의미였다.

로드애머스트호에 탑승한 귀츨라프 선교사와 동인도회사 대표단은 1832년 5월 중국을 떠나 짙은 안개를 뚫고 거친 바다를 건너 7월 17일 마침내 오늘날의 원산도에 닻을 내렸다. 귀츨라프 선교사는 통역사 자격으로 동행했지만 조선인을 개종할 좋은 기회를 놓칠 수는 없었기에 성경을 몇 권 챙겨 왔다. 앞서 조선을 방문했던 브로턴 함장과 홀 함장의 묘사와는 다르게『1831년, 1832년, 1833년 중국 해안 항해기』에 그려진 조선인은 꽤 호의적이었다. 앞선 두 인물과 달리 귀츨라프 선교사는 한자를 이용해 조선인과 소통할 수 있었기 때문이다(한국에서는 여전히 다양한 용도로 한자를 사용한다). 결국 귀츨라프 선교사는 조선인 몇 명과 좋은 관계를 맺고 간단한 문장을 번역할 수 있을 만큼 한국어 실력을 쌓아 성경을 나눠주는 데 성공했다.

하지만 귀츨라프 선교사의 뛰어난 언어 능력으로도 그 이상 깊은 교류를 이끌어 낼 수는 없었다. 원산도 주민은 유럽인 방문객이 가져온 이국적인 술을 무척 좋아했고, 친절한 선교사에 호감을 품었지만 그뿐이었다. 조선인은 모든 교역 제안을 거절했다. 한 달 뒤, 임무를 완수하는 데 실패한 로드애머스트호는 원산도를 떠나기로 했다.

전해지는 이야기로 귀츨라프 선교사는 원산도를 떠나기 전 마을 사람들에게 감자를 경작하는 방법을 알려줬다고 한다. 어떤 형태로든 로드애머스트호의 항해가 성과를 거둬서 다행이다. 이 변변찮은 농작물이 한국인의 주식은 못 됐지만 감자탕은 완벽한 야식이다. 코가 비뚤어지게 술을 마신 뒤 감자탕을 먹으면 다음 날 숙취가 사라지는 기적을 경험할 수 있다. 감자탕이라는 이름만 보면 감자가 주재료일 것 같지만 사실 이 요리는 감자라고 불리는 돼지 등뼈 부위를 몇 시간 동안 푹 고아선 낸 뽀얀 육수에 각종 양념과 재료를 넣어 만든다.

하지만 로드애머스트호가 거둔 가장 큰 성과는 감자가 아니었다. 게다가 전해지는 이야기와 달리 중국 무역상이 감자를 한반도에 소개했을 가능성이 더 크다. 원산도에서 귀츨라프 선교사는 조선인이 과거 알려진 만큼 유럽인에 적대적이지 않다는 사실을 확인했다. 조선인은 외국인을 싫어하지 않았다. 단지 관습 때문에 선뜻 친절을 베풀지 못했을 뿐이다. 조선은 아주 오랜 기간에 걸쳐 자국민과 외국인의 교류를 철저히 규제해 왔다. 섣불리 외지인에게 다가갔다간 법을 어겼다고 추궁을 받을 수도 있는 노릇이었다. 귀츨라프 선교사는 이렇게 말했다. "모든 인간이 가슴에 품은 본능적 인류애는 어떤 상황에도 완전히 사라지지 않는다."

귀츨라프 선교사는 한반도를 떠나며 의미심장한 글을 남겼다. "한 가지만은 분명하다. 한반도 서해에 떠 있는 섬들은 언젠가 기독교를 수용할 것이다." 그리고 수 세기가 지난 오늘날, 귀츨라프 선교사의 예언은 현실이 됐다. 실제로 한국에서 기독교가 행사하는 영향력은 어마어마하다. 한반도가 남한과 북한으로 분단되기 직전인 1940년대 후반, 기독교가 한반도에서 비옥한 결실을 맺기 시작했다. 아시아에서 한국처럼 빠르고 열정적으로 예수에게 의지한 나라는 몇 안 된다. 한국이 일본의 식민 통치에서 벗어난 1945년에는 전체 인구의 2퍼센트만이 기독교를 믿었지만 현재는 한국 인구의 30퍼센트가 교회에 다닌다. 정기 예배에 참여하는 사람이 점차 줄어드는 서양과는 대조적이다.

한국인이 기다렸다는 듯 기독교를 수용하기까지는 다양한 요소가 복합적으로 작용했다. 일본에 식민 지배를 당하며 전통적 신앙에 대한 신뢰가 사라진 상황에서 성실한 노동이 구원으로 이어진다는 발상은 한국인의 마음을 움직이기에 충분했다. 게다가 시기까지 적절히 맞아떨어졌다. 서양인 선교사들이 처음으로 한반도에 도착한 19세기 후반, 한국은 근대화의 필요성을 절실히 느끼고 있었다. 효과는 놀라울 만큼 즉각적이었다. 선교사들이 추구한 진보적 의식과 제도는 한반도에 변화의 물결을 일으켰다.

고대도 박물관은 초기 기독교가 한국에 미친 영향을 잘 보여준다. 감리교 선교사였던 로제타 셔우드 홀Rosetta Sherwood Hall은 한국에 근대 의학을 전파하고, 점자를 교육하고, 평양맹아학교를 설립하고, 조선여자의학강습소를 열었다. 윌리엄 베이드William Baird는 숭실대학교를 설립했다. 사무엘 무어Samuel Moore는 한반도의 엄격한 계급 구분이 한반도의 사회 경제적 발전을 저해한다고 생각해 모든 구성원이 평등한 교회 공동체를 만들었다. 매리 스크랜턴Mary Scranton은 한국 여성 교육의 어머니로 추앙된다.

나는 한 시간 정도 박물관을 돌아다니며 로드애머스트호를 똑같이 재현한 모형을 촬영하고, 각종 자료를 읽고, 비치된 커피를 마음껏 마신 후 밖으로 나와 해안을 따라 산책했다. 어부 몇 명이 길가에 늘어진 그물을 손질하고 있었다. 소금기를 머금은 부둣가에서 서서히 녹슬고 있는 거대한 닻은 쓸모를 다하고 버림받은 무기처럼 보였다. 나는 바위, 조약돌, 선인장, 줄기가 가느다란 식물로 장식된 정원을 지났다. 남자 한 명이 열심히 정원을 가꾸고 있었는데, 가지를 다듬는데 달인이었다. 이렇게 작은 섬에서 특히 폭풍우가 몰아치는 길고 어두운 겨울을 날 때는 취미가 정신 건강을 유지하는 데 큰 도움이 될 것이다.

나는 길이가 60미터에 육박하는 커다란 그물을 풀고 있는 태국인 노동자를 만나 잠깐 이야기를 나눴다. 한국 영해에서 어업을 하는 중국 불법 어선에 대해 어떻게 생각하느냐는 질문에 태국인 남성은 가만히 웃어 보였다. 대답을 피하려는 눈치였다. 이해한다. 그의 삶은 이미 충분히 고달팠다. 고향에 가족을 두고 혼자 머나먼 한국까지 와서 위험을 무릅쓰고 힘들게 일을 하는 상황에서 굳이 불법 어업 분쟁에 입을 보태고 싶지는 않았을 것이다.

그때 여객선에서 만난 목사의 아내 박 여사가 교회에서 튀어나왔다.

"여기 와서 우리 남편하고 인사해요." 박 여사가 재촉했다.

목사는 트럭 뒤에 실린 시멘트 자루를 내려놓고 있었다.

"섬 안내해 줄게요." 나는 목사 부부의 제안을 받아들였다. 트럭은 삐걱대며 섬의 유일한 도로를 따라 남서쪽 귀퉁이로 향했다. 부부는 포메라니아 지방과 한국의 인연을 기리며 설치한 작품을 보여주고 싶다며 나를 귀츨라프 기념 공원에 데리고 갔다. 예술품은 베를린 베들레헴 키르흐플라츠 광장 한복판에 세워진 스페인 예술가 후안 가라이사발Juan Garaizabal의 공공 전시 작품 '도시의 기억 베를린Memoria Urbana Berlin'에 영감을 받았다고 한다.

1730년대부터 베들레헴 키르흐플라츠 광장을 지키던 베들레헴 교회는 제2차 세계대전 당시 훼손됐으며 1960년대 동독 정부에 의해 무너졌다. 가라이사발은 베들레헴 교회를 평화의 상징으로 재현한다는 의미에서 교회의 건축 양식을 바탕으로 철골 구조물을 제작했다.

귀츨라프 선교사는 베들레헴 교회에서 선교사 교육을 받았다. 그리고 고대도에 전시된 작품은 하나님이 명령하신 일을 행하는 귀츨라프 선교사의 여정을 기념하고 개신교 공동체에 소속감을 부여한다는 뜻을 지닌다. 사실 독일의 베들레헴 교회, 귀츨라프 선교사, 스페인 예술가 후안 가라이사발의 작품, 고대도를 잇는 연결고리는 생각만큼 단단하지 못하다. 이 모든 요소를 하나로 통합하는 큰 테마가 없기 때문이다. 귀츨라프 선교사는 평화의 수호자가 아닌 통역사 자격으로 한반도에 왔다. 그럼에도 불구하고 고대도는 평화와 화합이라는 보다 위대한 목적을 추구하던 귀츨라프 선교사의 한반도 방문을 상징하는 섬이라는 영광스러운 칭호를 얻었다.

내가 기념물을 감상하며 귀츨라프 선교사에 대해 생각하는 동안 목사 부부는 공원 뒤편 소나무 숲을 누볐다. 고대도에 산이 많아서인지 두 사람은 무척 건강했다. 움직임만 보면 나이가 믿기지 않을 정도였다. 나는 가쁜 숨을 몰아쉬며 비틀비틀 부부를 따라 언덕을 올랐다. 당장이라도 배낭에서 초코파이를 꺼내 입에 집어넣고 싶은 충동을 겨우 참았다. 초코파이는 마시멜로 위에 초콜릿을 입힌 한국 과자로, 나는 편의점에 갈 때마다 상비약처럼 초코파이를 사서 배낭에 넣어 둔다.

우리는 산꼭대기에 서서 바위 너머 서쪽을 바라봤다. 하루 중 조수가 가장 낮은 시간이었다. 할머니들이 바위 사이에 고인 웅덩이를 돌아다니며 굴을 비롯한 해산물을 채집하고 있었다. 목사 부부가 이야기하길, 고대도에서는 공동체 차원에서 자원을 공유하고 관리하기에 주민이 모두 함께 어패류를 줍는다고 했다. 인구가 적은 섬에서만 가능한 사회주의의 이상적인 형태였다.

180년 전, 지금 할머니가 채집 활동에 열을 올리고 있는 이 해안에 로드 애머스트호가 정박했다. 주민들은 커다란 모자를 쓰고 꼬부랑글씨가 빼곡히 적힌 책을 나눠주는 털북숭이 남자를 보고 겁에 질렸을 게 분명하다. 거기다 한술 더 떠 '교류하자', '독한 술을 나눠 마시자'며 말을 걸어대니 나라도 무서웠을 것이다.

산길을 걷다 보니 어느새 성큼 다가온 봄기운이 완연하게 느껴졌다. 화려하게 핀 자줏빛 철쭉이 길을 밝혔다. 바위틈에는 부드러운 쑥이 어서 캐 가라는 듯 고개를 내밀고 있었다. 한국에서는 쑥으로 떡을 쑤기도 하고, 차를 만들기도 하고, 가루를 내 국물에 넣기도 한다. 섬 주민처럼 생명력이 질긴 쑥은 잡초처럼 어디에서나 잘 자란다. 맥주에 쑥을 섞어 마실 수도 있고 멍을 빼거나 뜸을 들이는 데 사용되기도 한다. 생생한 꿈을 유도하고 소화를 돕는다고도 알려졌다. 그런 식물이 등산로 바위 틈새에 아무렇게나 자라고 있었다.

우리는 마을을 지나 섬의 반대편 끝으로 향했다. 채 10분이 걸리지 않았다. 목사는 박 여사와 나를 내려주고 예배를 준비하기 위해 교회로 돌아갔다. 목사 일에는 끝이 없다. 박 여사는 조금도 지치지 않은 듯 씩씩하게 언덕을 올랐고 나는 헐떡이며 겨우 뒤꽁무니를 쫓아갔다.

나는 힘겹게 산을 오르며 박 여사에게 방금 지나친 학교에 대해 물었다. 허름한 외관을 보니 폐교 같았다. 박 여사가 알려주길, 학교에 다닐 나이인 아이들은 모두 내륙으로 떠나 남은 건 얼마 전 섬으로 이사한 베트남계 한국인 부부의 아주 어린 자녀 둘뿐이라고 한다. 세 살이 안 된 어린 아이들이라 아직까지는 둘이서만 놀아도 괜찮지만 조금만 지나면 다른 친구가 필요할 것이다. 앞으로 부모는 아름다운 숲과 해변이 넓게 펼쳐졌지만 또래 친구가 없는 고립된 섬에서 아이들을 키울 것인지, 아니면 늘어선 건물 사이에 야외 놀이 공간이라고는 그네 몇 개와 철봉 구조물뿐인 척박한 도시에서 아이들을 키울 것인지 진지한 고민을 몇 번이고 하게 될 것이다.

흥미롭게도 국제결혼 사례가 늘어나며 고대도 인구는 증가하는 추세를 보였다. 최근 들어 한국에서는 저출산이 심각한 문제로 떠오르고 있다. 지속해서 감소하던 출산율은 2018년 0.95명으로 떨어졌다. 즉, 여성 한 명이 낳는 출생아가 한 명도 안 됐다. 출산율 감소 현상을 우려한 정부는 이민 장려 대책을 펼쳤다. 이후 고대도의 국제결혼 건수는 눈에 띄게 증가해 현재 결혼한 부부의 약 20퍼센트가 다문화가정을 이루는데, 베트남인 아내와 한국인 남편으로 구성된 가정이 대부분이다.

한국이 외국인 아내를 수입하게 된 가장 큰 이유는 농어촌 지역의 인구 감소에 있다. 젊은 한국 여성은 더 나은 삶을 찾아 도시로 몰려들었다. 시골에 남은 남성은 아내를 구할 수도, 가정을 꾸릴 수도 없게 됐으니 외국, 그중에서도 베트남으로 눈을 돌렸다. 한국 남성과 결혼하겠다는 베트남 여성이 많은데다가 두 나라 모두 유교 사상의 영향을 받았기에 문화 차이가 비교적 적기 때문이다. 물론 한국인 남편과 베트남인 아내가 사랑으로 결실을 맺어 행복한 삶을 살아가는 성공담도 있다. 하지만 남편이 아내를 때렸다느니, 베트남인 아내와 자녀가 차별을 당했다느니 하는 실패담도 많다. 그럼에도 불구하고 한국인 남성과 외국인 여성의 국제결혼 사례는 줄어들 기미가 보이지 않는다.

고대도와 같은 작은 섬 공동체는 심각한 고령화를 겪고 있다. 내가 고대도를 방문했을 당시 박 여사는 고대도 전체 인구가 60명인데 그 중 절반이 교회에 다닌다며, 가장 나이 많은 신도가 무려 96살이라고 자랑스럽게 설명했다. 젊은 가족이 섬으로 돌아오지 않는 이상 고대도의 인구는 앞으로도 계속 감소할 것이다.

나는 박 여사에게 두 사람은 어떻게 고대도에 들어오게 됐냐고 물었다. 고대도 교회에서 부부를 초대했다는 대답이 돌아왔다. "우리는 은퇴한 후에도 고대도에 살 거예요." 박 여사가 이야기했다. "떠날 생각은 조금도 없어요."

이유를 알 것 같았다. 외딴섬 고대도는 늘 여유롭고 한적하다. 교회가 공동체의 중심인 만큼 목사 부부는 어디에서도 느낄 수 없었던 보람을 얻었을 것이다. 하지만 고대도의 삶은 쉽지 않다. 고대도에서 살기 위해서는 강해져야 한다. 물론 아름다운 등산로와 부드러운 흙이 깔린 오솔길은 무척 매력적이다. 수 백 년이 넘은 나무는 울창한 숲을 이룬다. 웅장한 바위, 낭만적인 노을, 밀려드는 파도만 바라봐도 행복할 것 같다. 하지만 고대도의 겨울은 가혹하다.

고대도는 나약한 자들을 위한 섬이 못 된다.

갑자기 나무 사이로 움직임이 느껴졌다. 깜짝 놀라 주변을 살폈다.

"멧돼지인가요?" 나는 목소리를 낮추고 조심스럽게 물었다. 내가 사는 홍콩 라마섬에는 멧돼지가 흔하다. 해질녘 집으로 걸어가다 뜨거운 콧김을 뿜는 멧돼지 한두 마리를 맞닥뜨리는 게 일상이다. 하지만 고대도에서 만난 동물은 멧돼지가 아니었다. "야생 사슴이에요." 박 여사가 대답했다.

"정말 예쁘네요!" 나는 풀숲 사이를 들여다보며 감탄했다. 한국에 야생 사슴이 돌아다닌다는 사실은 처음 알았다. 기분 좋은 서프라이즈였다.

하지만 내가 밤비를 떠올리며 미소 지을 때 박 여사는 짜증을 냈다. "저 놈들이 농작물을 다 먹어 치운다니까요!"

산책을 끝내고 박 여사는 한국계 캐나다인이 운영하는 식당에 나를 데리고 가서 점심을 대접했다. 식당이라고 이야기하긴 했지만 한국계 캐나다인의 거실이라는 표현이 더 정확할 것이다. 고대도에는 식당이 없으니 음식을 사 가라던 대천 여객터미널 매점 주인은 이곳을 모르고 있었던 게 분명하다.

거실에 식당을 꾸며 놓고 음식을 파는 남자는 우울해 보였다. 남자의 아내와 아이들은 아직 캐나다에 있다고 했다. 한국에서는 이렇게 아이들을 유학 보내고 혼자 남아 돈을 버는 아버지를 '기러기 아빠'라고 부른다. 가족을 만나려면 철새처럼 먼 거리를 날아가야 하기 때문이다. 8월 말에서 9월 초 인천국제공항은 호주, 캐나다, 뉴질랜드 등 외국으로 떠나는 자녀를 배웅하는 딱한 아버지로 넘쳐난다.

한국이 이렇게까지 변화할 것이라고 예측한 사람은 드물 것이다. 1990년대 초반 처음 서울에 왔을 때 한국은 국제화를 경계하고 외국과 외국인에 배타적인 모습을 보였다. 하지만 오늘날 파도가 밀려드는 서해 바다 한복판, 노령 연금을 받아 생계를 꾸리는 노인이 주민의 대부분인 작은 섬에서도 사회가 얼마나 바뀌었는지 알 수 있다. 태국 어부가 그물을 손질하고, 한국인 남성과 베트남인 여성이 부부의 연을 맺고 살아간다. 아버지는 한국에 남아 캐나다에 유학 간 자식 뒷바라지를 하고, 미국에 살던 부부는 영적인 욕구를 충족하기 위해 고향으로 돌아온다. 스페인 예술가가 베를린에 설치한 작품의 축소판이 기념 공원에 전시되고, 영국 남자는 홍콩에 붙은 거리 이름을 보고 호기심을 못 이겨 한국의 외딴섬을 방문한다.

하지만 나는 떠나는 순간까지 걱정을 떨쳐낼 수 없었다. 노년에 접어든 신도들이 모두 세상을 떠나면 누가 고대도에 남을까? 서해뿐 아니라 다른 섬도 상황이 비슷했다. 하지만 다른 섬의 고령화 문제를 논하기 전, 친구들과 거실에서 도박판을 벌이는 아줌마의 침실에 반쯤 헐벗은 채 머물게 된 사연을 이야기하려고 한다.

제8장

외연도: 빈대와 아줌마

아무래도 싸움이 난 것 같다. 한참 낮잠을 즐기는데 어디서 찰싹찰싹 소리가 들렸다. 나는 감기는 눈을 억지로 뜨고 소리의 출처를 찾으려 했다.

점차 정신이 들었다. 나는 몇 시간 전 대천에서 외연도행 여객선을 탔다. 배에서 내리자마자 날씨가 사나워져서 바로 민박을 예약했다. 급하게 찾아간 민박 주인은 불퉁하게 나를 안방으로 안내했다.

고대도 여행을 끝내고 돌아온 다음 날 아침, 나는 대천의 드라마호텔에서 눈을 떴다. 목이 칼칼하고 머리가 아팠다. 내가 전날 밤 술을 마셨던가? 그럴 리가 없다. 술을 마시고 숙취에 시달릴 나이는 한참 지났다. 이 증상은 수면부족 때문이었다. 옆방에 머무는 커플은 밤이 다 새도록 지치지 않고 활발한 활동을 펼쳤다. 벽이 너무 얇은 탓에 처음부터 끝까지 모든 소리가 다 들렸다. 처음에는 엘리베이터 문에 고양이가 끼인 줄 알았다. 의사를 불러야 할지, 수의사를 불러야 할지 잠시 고민했다. 새벽 한 시가 넘어 이제 좀 잠잠해지나 싶었더니 동 틀 때쯤 또 시작됐다. 아니면 살짝 강도를 낮췄다가 다시 열을 올리는 듯했다. 다음 날 아침 엘리베이터에서 열정적인 커플과 마주쳤다. 여자는 아침을 두 그릇은 먹을 것처럼 활기가 넘쳤다. 반면 남자는 산소 부족에 시달리는 것 같았다.

나는 여객터미널로 가서 배 시간표를 둘러봤다. 특별한 계획이 없으니 목적지가 어디든 가장 빨리 출발하는 배를 타기로 했다. 다만 전날 고대도에 다녀왔으니 이번에는 다른 섬에 가고 싶었다. 48시간 안에 같은 섬에 두 번이나 나타나면 고대도 교회 목사의 아내인 박 여사가 나를 의심할 지도 모른다. 한 번은 호기심이지만 두 번은 집착이다.

다음 여객선의 목적지는 외연도였다. 전혀 모르는 섬이었지만 따로 정보를 찾아볼 생각은 없었다. 나는 표를 사고 여객선에 올라 파도치는 바다를 건너 탐험을 떠났다. 미지의 섬을 누빌 생각에 마음이 들떴다.

하지만 날이 다 저물도록 내가 탐험한 곳이라곤 아줌마의 침실뿐이었다. 내 입에서 아줌마의 침실이라는 단어가 나올 것이라고는 상상도 못 했다.

원래는 숙소에 짐을 풀고 곧장 밖으로 나갈 예정이었다. 하지만 날씨가 돕지 않았다. 비가 쏟아지는 바람에 계획을 미뤄야만 했다. 중력을 거스르듯 사방에서 몰아치는 비였다. 어느 방향으로 우산을 써도 콧구멍에 비가 들이닥쳤다. 방수 기능이 완벽하다는 겉옷을 입고 턱 아래까지 지퍼를 잠갔는데도 차가운 빗물이 옷에 스몄다.

나는 산책을 나서는 대신 한국식 매트리스인 요를 깔고 바닥에 누웠다. 한국에서는 아침마다 요를 차곡차곡 접어서 이부자리를 정리하는데, 덮고 잔 이불까지 함께 쌓아 두면 방 한구석에 작은 산이 생긴다. 허리가 아픈 사람이 아니라면 침대보다 요가 훨씬 편하다. 따뜻하게 데워진 온돌이 밤새도록 바닥을 따뜻하게 유지하는데다가 매트리스가 딱딱하니 부드럽니 따질 필요도 없다. 바닥은 당연히 딱딱하다. 허리 건강에는 훨씬 좋다. 쓸데없이 자리를 차지하지도 않는다.

아줌마의 침실은 몹시 안락하고 편안했다. 게다가 드라마호텔에서 만난 혈기왕성한 커플 덕분에 전날 밤잠을 설쳤으니 베개에 머리를 대자마자 까무룩 잠들었다.

나이 든 여성의 목소리에 잠이 깼다. 나는 화들짝 일어나 안경을 찾았다. 하지만 채 상황을 파악하기도 전에 문이 벌컥 열리더니 민박을 운영하는 아줌마가 아무렇지 않게 방으로 들어왔다. 아줌마는 한국 중년 여성 사이에서 엄청나게 유행하는 꽃무늬 블라우스를 챙기더니 문을 쾅 닫고 나가 버렸다.

"별일이 다 있군." 나는 얼떨떨하게 중얼댔다. 속옷 한 장 달랑 걸친 모습을 내 의지와 관계없이 낯선 아줌마에게 보이는 기분이 썩 유쾌하지는 않았다. 그때 방문이 다시 활짝 열렸다. 이번에도 아줌마는 나를 없는 사람 취급하며 방으로 들어오더니 초록색 캔을 집어 들고 쿵쿵대며 밖으로 나갔다. 잠시 후, 스프레이를 뿌리는 소리가 들렸다. 아마 집에 벌레가 들어온 모양이다. 화학 약품 냄새가 문틈으로 새어 들어왔다. 그렇게 외연도에 서식하는 벌레 개체 수가 하나 줄었다.

나는 화장지로 코를 덮고 방문 너머에서 들리는 고함 소리를 해석하려 애썼다. 어림도 없었다. 간혹 아는 단어도 있었지만 전체적인 맥락을 파악하기는 무리였다. 뇌가 아직 잠에서 깨지 않았는지, 살충제를 과다 흡입해서 사고가 둔해졌는지 알 수 없었다.

나에게 한국 중년 여성의 안방은 미지의 영역이었다. 나는 언제 이런 기회가 또 찾아오겠나 싶어 주변을 꼼꼼히 살폈다. 방에서는 얼굴에 바르는 크림과 분 냄새가 났다. 낮은 화장대 두 개에 스킨, 로션, 크림, 연고 등이 놓여 있었다. 높이를 보니 바닥에 다리를 꼬고 앉아서 화장품을 발라야 할 것 같았다. 옆쪽에는 형형색색의 쿠션과 베개가 눈에 띄었다. 행거에 블라우스, 풍성한 바지, 겨울 겉옷이 걸려 있었다. 그리고 방에는 화장지가 무지막지하게 많았다. 외딴섬이라 화장지 품귀 현상을 겪은 게 아니라면 아줌마가 심각한 비염에 시달리는 게 분명하다. 중국에서 날아오는 먼지를 생각하면 아무래도 비염일 확률이 더 높을 듯하다.

하지만 정말 흥미로운 부분은 따로 있었다. 자그마한 검은 탁자 위에 온갖 묵직한 도구가 놓여 있었다. 잘 모르는 사람은 이 도구가 산업화 이전에 사용되던 성인 용품이나 고문 용품이라고 생각했을 것이다. 망치처럼 생긴 도구는 연육 작용에 적합할 것 같았고, 톱니가 달린 밀대 모양 도구는 제빵사가 밀가루를 반죽할 때 사용할 것 같았으며, 구슬 몇 개를 꿰어 둔 도구는 한 알씩 굴려가며 기도를 올려야 할 것 같았다.

하지만 나는 이상하게 생긴 도구의 용도를 정확히 알고 있었다. 마사지 용품이었다. 처가 안방에서 비슷한 도구를 본 적이 있다. 나는 건전지를 넣어 작동하는 드릴(이건 조금 무서웠다)을 제외한 다른 도구를 모두 사용해 봤다. 하나도 빠짐없이 엄청난 고통을 선사했다. 한국의 마사지는 서양 잡지에서 소개하는 편안한 휴식과는 완전히 딴판이다. 이국적인 향초도, 아로마 오일도, 부드러운 새소리나 모래사장에 부드럽게 밀려드는 파도 소리도 없다. 딱딱한 내나무 막대기와 밀대로 피부를 긁어내는 게 전부였다.

내가 방을 살피는 동안 거실에서는 찰싹대는 소음과 고함 소리가 계속됐다. 나는 옷을 대충 걸치고 밖으로 나갔다. 소동의 원인이 밝혀졌다. 다행히 몸싸움은 아니었다. 아줌마 무리가 도박을 즐기고 있었다. 아줌마들은 양반다리를 하고 바닥에 앉아 '고스톱'이라는 카드 게임을 했다. 차례가 돌아올 때마다 꽃이 그려진 플라스틱 카드를 바닥에 힘차게 내던졌다. 카드가 장판에 부딪치며 찰싹 소리를 냈다. 게임을 진행하는 데 필요한 점수를 획득한 아줌마는 '고!'하고 소리치며 돈을 걸었다.

상상력 풍부한 작가가 쓴 다른 여행 서적에서는 다음 장면이 이렇게 이어질 것이다. 아줌마가 어리둥절한 외국인을 보고 앉으라고 권한다. 외국인이 어정쩡하게 자리에 앉으면 아줌마는 게임 규칙을 가르쳐 준다. 불운한 외국인이 게임에 질 때마다 화기애애한 웃음이 터져 나온다. 그때 음식이 도착하고 아줌마와 외국인은 평생 이어질 우정을 나눈다.

하지만 외연도에서 아름다운 우정이 싹트는 일은 없었다. 아줌마들은 나를 무시했다. 내가 안 보이는 것 같았다. 서해를 건너던 여객선에서 은밀하게 마작을 치던 중국인 무역상이 그랬듯 게임에 푹 빠져 있었다. 나는 누군가 나서서 국적과 나이를 극복하고 게임을 배우며 우정을 쌓자고 제안하길 기다리는 대신 요깃거리를 찾으러 나갔다. 하지만 성과가 없었다. 항구 주변을 전부 돌았지만 제대로 된 음식을 파는 식당은 하나도 보이지 않았다. 과자, 초콜릿, 컵라면을 파는 편의점이 있긴 했지만 과일이나 신선하고 건강한 먹거리는 찾지 못했다. 나는 내 뱃살을 에너지원 삼아 몇 시간을 견디기로 했다. 솔직히 말하면 배에 쌓인 지방만으로도 며칠은 버틸 수 있을 것이다.

출출하긴 했지만 심각하게 배가 고프지는 않았다. 나는 덥고 습한 날씨 속에 탐험에 나섰다. 지저분한 빨간색, 초록색, 노란색 그물 더미를 지나 조용한 부둣가를 따라 걸었다. 바닷가에 버려진 닻이 불쏘시개처럼 쌓인 채 녹슬어가고 있었다. 교회의 황토색 벽은 온통 회색뿐인 마을에 약간의 색감을 더했다. 첫 예배는 새벽 4시 30분에 시작했고, 평일에는 예배가 6번 있었다. 인구가 200명도 안 되는 섬치고는 하나님이 자주 강림하는 편이었다.

나는 외딴섬에서 근무하는 목사를 존경한다. 신도가 얼마 안 되는데다가 대부분이 노인이긴 하지만 이렇게 작은 섬일수록 기독교 공동체는 끈끈하다. 신도 수가 수천에 달하는 서울의 대형 교회에 근무하는 목사와 달리 외딴섬 작은 교회의 목사는 영적 지도자보다는 공동체를 섬세하게 관리하는 지휘자에 가깝다.

마을에서 조금 떨어진 해안을 걷다가 낡은 배와 찌그러진 파란 트럭이 잔뜩 쌓인 고철상을 발견했다. 목줄이 풀린 개 한 마리가 고철상 앞을 서성거렸다. 나는 혹시나 하는 마음에 안전거리를 유지했다. 개의 입장에서 영역을 침범하는 낯선 손님이 달가울 리가 없었다. 개와 사투를 벌이고 싶은 마음은 전혀 없었다. 너석은 영리하고, 재빠르고, 예민했다. 고철상 옆에 작은 공업용 건물이 하나 세워져 있었다. 건물 주변을 에워싼 파란색 플라스틱 통에서 새우 냄새가 진동했다. 지역 특산물인 새우젓을 생산하는 공장 같았다. 냄새는 고약하지만 맛은 기가 막힌다.

공장 옆에 산으로 통하는 오솔길이 나 있었다. 나는 가벼운 발걸음으로 산을 오르기 시작했다. 잠이 부족하긴 했지만 기운이 넘쳤다. 낮잠을 자는 동안 나도 모르게 젊음과 활기를 북돋는 아줌마의 비밀 가루를 흡입했는지도 모른다.

외연도의 숲은 아주 오래 됐다고 한다. 그날 아침 섬에 도착하자마자 얻은 관광객 안내 책자에 '고대 상록수 숲'에 관한 내용이 적혀 있었다. 나는 울창한 나뭇가지 사이로 한 줄기 햇볕이 내리쬐고 어린 사슴이 숲속에서 뛰노는 환상적인 풍경을 상상했다. 어린 시절 톨킨Tolkien의 소설을 너무 많이 읽은 탓이다. 외연도의 숲은 상상과 달랐다. 하지만 톨킨이 이곳에 있었다면 부드럽게 밟히는 나뭇가지와 쉽게 풍기는 흙냄새, 신선한 나뭇잎 냄새를 무척 즐겼을 것이라고 확신한다.

몇 분쯤 걷자 학교가 나왔다. 학교는 바다가 굽어보이는 아주 좋은 터에 지어져 있었다. 나는 호기심에 학교를 몰래 들여다봤다. 창문 너머로 선생님 한 명과 학생 두 명이 보였다. 전교생이 네 명뿐이라고 했다. 학교 건너편에 있는 매점 주인이 이야기하길, 한때는 등하교하는 아이들에게 군것질거리를 엄청나게 팔았다고 한다. 하지만 시간이 흐르고 대부분이 진학을 위해 내륙으로 떠났다. 주인은 외연도에 젊은 가족이 한참 부족하다고 하소연했다.

앞으로 외연도에 아이들이 이사 올 확률은 희박해 보였다. 나는 섬에서 베트남과 태국에서 온 어부를 만났다. 한국 남성이 직장을 찾아 도시로 나가는 덕분에 일자리를 얻을 수 있었다고 했다. 많은 가족이 외연도를 떠나 다른 도시에 자리를 잡았다. 학교의 미래는 어두웠다.

나는 통나무 산책로를 따라 숲속으로 더 깊이 들어갔다. 산책로는 언덕에 꼭 맞게 제작돼 있었다. 주변 경관과 어우러지는 색상으로 페인트를 칠해 미관을 해치지 않는데다가 단단히 설치돼 무척 안전한 느낌을 줬다. 언덕에 콘크리트를 대충 부어 만든 홍콩의 등산로와는 감히 비교가 되지 않았다.

숲은 사람의 손을 타지 않은 원시림처럼 보였다. 낭만적인 자연에 숫자를 부여하는 행위가 마음에 들지 않기는 하지만 아름다운 외연도의 숲은 천연기념물 136호로 지정될 정도로 아름다웠다. 따분한 관료주의의 산물이라고 생각하지만 천연기념물로 지정된 덕분에 규제에 따라 숲이 보호받으니 그나마 다행이다.

나는 정상 근처 계단에 앉아 잠시 책을 읽었다. 내가 앉은 곳에서는 항구가 내려다보였다. 하얀 배 한 척이 외연도에 도착했다. 고대도 여행에서 목격한 병원선 충남501호였다. 우연히 오랜 친구를 만난 것처럼 반가웠다.

병원선은 한 텔레비전 드라마의 배경이 되기도 했다. 믿기 어렵겠지만 〈병원선〉이라는 드라마는 아시아 전역에서 엄청난 인기를 끌었다. 배우는 아름다웠고, 멜로 라인은 강력했다. 물론 연기는 형편없었다. 사실 충남 501호를 처음 봤을 때, 나는 가장 먼저 이런 생각을 했다. "병원선이라. 꽤 괜찮은 드라마 소재가 나오겠는 걸." 정말이다. 원래 병원에서 일어나는 사건을 중심으로 전개되는 드라마가 많기도 하고, 의사와 간호사를 중심인물로 등장시키면 이야기를 만들기도 쉽다. 병원선에 관련된 일화를 엮어내서 드라마를 제작하면 기본적인 시청률은 보장된다. 〈떠다니는 사랑의 응급실〉 같은 제목을 대충 붙이면 그럴듯한 드라마 한 편이 나올 것이다.

그날 저녁, 편의점에서 컵라면과 과자로 저녁을 때우고 민박으로 돌아가 텔레비전을 켰다. 태국 북부 탐루앙동굴에 갇힌 유소년 축구팀 소식이 뉴스에서 계속 보도되고 있었다. 나는 며칠 동안 새로운 소식이 없나 전전긍긍

했다. 아마 전 세계가 같은 마음으로 아이들의 무사 귀환을 바랐을 것이다. 다행히 아이들이 발견돼 첫 번째 구조가 진행 중이었다. 태국 다이버는 아직 살아 있었지만 아이들이 무사히 빠져나올 수 있을 것인지는 알 수 없었다.

얼마 후, 동굴 가장자리에서 아이들이 카메라를 보고 미소 짓는 장면이 방송됐다. 나는 반성의 시간을 가졌다. "앞으로는 절대 내게 주어진 삶에 불만을 가지지 않아야겠다. 사소한 일에 일희일비할 필요도 없다."

사실이다. 나는 내게 주어진 삶에 불만이 없다. 등산을 해서 온 몸이 쑤시고, 옷이 진흙투성이가 되긴 했지만 불만은 없다. 전날 저녁 늦게 대천에 돌아와 해변 근처 썰렁한 카페에서 간식을 먹은 이후로 제대로 된 식사를 한 적이 없긴 하지만 불평을 하려는 건 아니다. 아줌마들은 목숨을 건 고스톱 이후 잔뜩 지친 채 집으로 돌아갔다. 덕분에 나는 맘 편히 안방을 차지했다. 문을 벌컥 열고 들어오는 아줌마에게 속옷 차림을 보이는 일은 없을 것이다. 아직 시간이 이르니 확실하지는 않았지만 이제 안심해도 되지 않을까 싶다.

그러니 불만은 없다. 태국 북부 복잡한 동굴 깊숙한 곳에서 바위에 매달려 있는 처지가 아닌 것만으로 만족한다. 언제 홍수에 휘말려 익사할지 모르는 목숨이지만 일단은 내 한 몸 누일 자리가 있는 게 어딘가. 아, 불평하는 건 아니다.

정말로 다음 날 대천행 여객선에 탈 때까지는 불만이 없었다. 좌석에 앉아 설탕을 때려 넣은 커피 몇 잔을 마시는데 팔뚝에 뭐가 기어가는 느낌이 들더니 간지럽다가 이내 통증이 느껴지기 시작했다. 소매 밑에서 원인을 찾았다. 빈대에 물렸는지 피부에 빨간 반점이 올라오고 있었다. 며칠 동안 꽤나 고생했다.

아줌마가 초록색 스프레이 캔을 들고 돌아다닌 이유가 있었다.

제9장

어청도: 조류 관찰

마음만 먹으면 드라마호텔에 머물면서 매일 아침 일어나 여객터미널로 가 새로운 섬을 탐험하는 일정을 일주일은 더 유지할 수 있을 것 같았다. 서해안에 떠 있는 섬들이 크게 다르지 않아 보이는 건 사실이다. 실제로 외연도와 고대도는 무척 비슷했다. 애초에 이렇게 좁은 지역에서 엄청나게 다른 풍경이 펼쳐지길 기대할 수는 없다. 울창한 숲이 우거진 섬 바로 옆에 열대 툰드라 섬이 있을 리는 만무하다. 하지만 무엇이든 익숙해지기 마련이다. 나는 외연도에서 대천으로 돌아와 여객터미널에 걸린 배 시간표를 보며 생각했다.

"음, 내일 아침 8시에 배가 뜨는 저 섬은 꽤 흥미로워 보이는 걸. 저 옆에 있는 섬도 괜찮고."

표 가격도 합리적이라서 돈을 낸 만큼의 대가가 주어진다. 표 가격은 배의 상태, 항해 시간, 계절 등에 따라 결정된다. 남서쪽으로 멀리 떨어져 있어 고속 쌍동선으로 왕복 8시간이 걸리는 섬에 다녀오려면 뱃삯으로 100달러 정도는 써야 한다. 그만한 돈을 지불할 가치는 충분했다. 나는 엉덩이를 완벽하게 받쳐 주는 창가 좌석에 앉아 온갖 먹거리와 생필품이 풍부하게 갖춰진 매점에서 간식을 사 먹으며 편안한 항해를 즐겼다. 반면 남해안의 작은 섬에 갈 때는 왕복 티켓 값으로 약 18달러를 냈는데 가격이 저렴한 데는 다 이유가 있었다. 나는 배가 기찻길 위를 항해하는 줄 알았다. 하지만 이런 배라도 아이들을 몇 명 태우고 차를 실으면(어떤 여객선은 오토바이, 자동차, 소형 트럭 등을 싣는다) 티켓 값은 엄청나게 올라간다.

여러분이라면 에메랄드빛으로 빛나는 바다 위로 파도가 부서지며 하얗게 이는 포말과 수평선 너머 다른 배가 뿜어내는 연기를 바라보면서 항해를 즐기는 데 얼마 정도를 지불하겠는가? 나는 여행을 마치고 돌아와 경비를 계산해 봤다. 편도 티켓 가격은 평균 30달러 정도였다. 겨우 30달러로 몇 시간 동안 아름다운 바다를 항해할 수 있다니, 횡재가 따로 없다.

서울에서 멀어질수록 마음이 가벼워졌다. 처음 서울에 와서 몇 년 동안 나는 혼자 한국의 시골 여기저기를 여행했다. 그때 기억이 떠올랐다. 1990년대 초반, 나는 주말마다 서울에서 멀리 떨어진 마을로 훌쩍 떠났다. 교통비도 저렴했고, 숙소를 찾기도 쉬웠다. 어눌한 한국어로 낯선 대중교통을 타고 경험한 적 없는 문화와 관습을 따르는 지역을 여행하려면 정신을 바짝 차려야 했다. 친구들이 인도, 네팔, 태국에서 얼마나 고생했는지 이야기할 때 나는 속으로 코웃음을 쳤다. 그쪽 사람들은 어설프게나마 영어를 하는 데다가 외국인을 대상으로 한 관광 인프라도 잘 구축돼 있으니 한국 시골과는 비교가 못 된다.

잘난 척은 아니지만 사실이다. 친구들은 야심한 밤, 영어가 아예 안 통하는 한국 시골 마을에서 숙소를 찾고 음식을 구하기가 얼마나 힘든지 상상조차 못 할 것이다. 게다가 버스를 타려면 한국말로 적힌 행선지를 직접 읽어야 한다. 한국에 동남아시아만큼 이국적인 풍경은 없지만 여행지로서 매력은 충분하다. 새롭고, 도전적이고, 흥미롭다. 적어도 아침으로 바나나 팬케이크와 망고 라씨를 먹고 남들과 똑같은 관광 가이드북을 가지고 똑같은 명소를 찾아다니는 여행보다는 훨씬 보람차다.

생각 같아서는 코리안 오디세이에 배 말고 다른 교통수단을 이용하고 싶지 않았다. 하지만 여객선으로 모든 항구가 연결되지는 않았다. 나는 해 질 무렵 대천에서 버스를 타고 남쪽으로 향했다. 목적지는 다음 베이스캠프가 돼 줄 군산이었다.

군산항에서는 여러 섬을 여행할 수 있다. 이뿐 아니라 군산에는 한국이 일본에 식민 지배를 당하던 시절의 흔적이 남은 유적지가 많다. 나처럼 역사에 집착하는 성향을 지닌 사람에게는 더할 나위 없이 훌륭한 여행지라고 할 수 있다.

일본은 19세기 후반부터 군산에 마수를 뻗었다. 목적은 명확했다. 쌀이었다. 1868년 시작된 메이지 유신 동안 일본은 빠르게 사회를 개혁했다. 봉건 시대는 저물었다. 활개를 치던 낭인은 사라졌다. 제국주의, 서구화, 현대화, 사회 변혁, 정치 변혁, 한반도를 정복하려는 음습한 계획, 아시아에서 가장 발전한 국가로 거듭나겠다는 열망이 그 자리를 차지했다.

일본은 1895년 청일전쟁에서 승리한 이후 한반도에 미치는 영향력을 꾸준히 키워 왔다. 그리고 1899년 5월, 일본은 군산에 항구를 개항하고 목표에 성큼 다가갔다. 군산 앞바다에 부잔교가 띄워지기 전까지 조수간만의 차가 큰 서해에서 화물선에 짐을 실으려면 시간을 잘 맞춰야 했다. 하지만 부잔교가 설치되며 일본은 해수면이 높을 때나 낮을 때나 저렴한 식료품을 편하게 공수할 수 있게 됐다.

군산에서의 첫째 날, 나는 도시 북쪽 근대역사지구에 있는 일본식 여관에 머물렀다. 여관 주인은 일본식 전통 가옥처럼 내부를 꾸며 놨다. 주군을 잃은 낭인 47명이 낮 동안 고된 훈련을 마친 뒤 복수를 꿈꾸며 잠자리에 들

것 같았다. 금방이라도 수라설희[4]가 나타나 우산을 휘두를 것 같기도 했다.

방은 단순하고 소박했다. 텔레비전도 없었고(괜찮다), 냉장고도 없었으며(상관없다), 에어컨도 없었다(땀이 조금 나긴 했다). 나는 나무로 틀을 짠 작은 창문을 열어 부드럽게 불어오는 여름 밤바람을 즐겼다. 창 아래에는 정원이 꾸며져 있었다. 작은 나무에 감아 둔 하얀 알전구가 반짝였다. 사랑스러운 풍경이었다.

일본식 여관답게 욕실은 초현대적이었다. 하지만 욕실에 입성하기까지 적지 않은 노력이 필요했다. 불이 반쯤 꺼진 듯 침침한 복도를 한참 헤매다 마침내 욕실을 찾았다. 하지만 진짜 고난은 이제부터 시작이었다. 샤워기를 작동하려면 전기공학 학위가 필요할 것 같았다. 샤워기에는 온갖 버튼, 레버, 잠금장치가 달려 있었다. 계기판을 앞에 둔 신입 조종사가 된 기분이었다. 일단 아무 버튼이나 눌러 봤다. 샤워기에서 뜨거운 물이 쏟아졌다. 얼른 비누칠을 했다. 몸을 헹구려고 하니 이번에는 얼음장처럼 차가운 물이 나왔다.

번갈아 나오는 뜨거운 물과 차가운 물의 조합은 생각만큼 나쁘지 않았다. 어쩌면 일부러 샤워기를 그렇게 설정해 뒀는지도 모른다. 한국 사람은 냉온탕욕을 무척 즐겼다. 혈액 순환을 개선하고, 피부를 탱탱하게 만들고, 경직된 근육을 이완하는 등 여러모로 건강에 좋다고 생각하기 때문이다. 한국 전역에서 흔히 보이는 사우나에서는 샤워를 하고, 땀을 빼고, 온탕에 몸을 담그고, 냉수마찰을 할 수 있다. 심장이 안 좋은 사람은 조심하라는 주의 문구가 붙어 있긴 하지만 아직까지 목욕을 하다 쓰러졌다는 사람은 못 봤다. 몇 년 전, 나는 한국 남동쪽에 자리한 역사적인 도시 경주의 한 사우나에서 아찔한 만남을 경험했다. 사우나에서 땀을 빼고 밖으로 나가려는 순간, 수증기 사이로 손 하나가 불쑥 튀어나오더니 내 허벅지를 잡아당겼다. 손의 주인은 외국

---

4   일본의 여자 사무라이를 가리킨다.―옮긴이

인의 한국 생활을 궁금해하던 한 사업가였다.

"젓가락질 할 줄 알아요?" 남자가 물었다. 사우나에 조금만 더 있으면 탈수 증상이 나타날 것 같았지만 무례하다는 인상을 주기는 싫었기에 나는 열사병의 위험을 무릅쓰고 젓가락질을 할 줄 알 뿐 아니라 매운 음식도 잘 먹는다고 대답했다. 1990년대 한국 사람들은 외국인이 젓가락질을 하거나 매운 음식을 먹을 리 없다고 생각했다. 나는 다음 질문에 대한 대답까지 미리 해 주고 내 허벅지를 움켜쥔 남자의 손아귀에서 재빨리 탈출했다.

나는 방금 씻어 깨끗한 몸에 일본식 가운을 걸쳤다. 나한테는 너무 짧아 불미스러운 일이 일어나지는 않을까 걱정이 됐다. 나는 아슬아슬한 가운을 여미고 반짝이는 마룻바닥에 물을 뚝뚝 떨어뜨리며 방으로 돌아갔다. 방문에 달린 자물쇠는 샤워기에 달린 버튼보다 복잡했다. 손잡이를 붙잡고 한참을 씨름하다가 어찌어찌 문을 열었다. 하지만 고난은 아직 끝나지 않았다. 나는 방에 들어가다 낮은 문틀에 이마를 세게 찧었다.

다다미 바닥은 거칠었지만 놀랍도록 편안했다. 짚더미에 누운 것 같았다. 갑자기 한국 사람은 일본에 참 관대하다는 생각이 들었다. 일본이 군산에서 한국인의 입에 들어갈 음식을 수탈한 게 겨우 100년 전인데 이 도시에 일본식 건물이 들어서다니 참 신기했다. 나는 일본이라면 치를 떠는 한국 사람이 어떻게 현지 분위기를 완벽히 재현한 일본식 가옥에서 휴가를 즐길 수 있는지 이해하기 힘들었다. 그때 숙소의 주소가 떠올랐다. 숙소는 평화동에 있었다.

다음 날 아침, 나는 빨갛게 부어오른 이마를 붙잡고 아래층으로 내려왔다. 예상과 달리 아침 식사는 전통 일식이 아니었다. 하지만 코코볼, 맥심 골드 커피, 잼을 바른 토스트는 배고픈 낭인 47명을 만족시킬 만큼 훌륭했다.

나는 식사를 마치고 밖으로 나왔다. 안개가 짙게 깔려 있었다. 북서부 섬을 여행할 때 여객선 운항을 취소시키던, 영원히 사라질 것 같지 않은 디킨스의 안개였다. 이곳의 안개는 지평선을 넘어 초록색 언덕을 타고 올라갔다. 갯벌을 지나 조선소를 감쌌다. 작은 항구와 만을 감싸고 논밭을 덮고 다리와 호수를 숨겼다.

안개 때문에 계획에 차질이 생길 것 같았다. 한반도에서 서쪽으로 72킬로미터 떨어진 바다에 떠 있는 어청도가 내 오디세이의 목적지로 선정된 이유는 명확했다. 조류 관찰이었다. 아직까지 조류 관찰을 해 본 적은 없지만 이번 기회에 한번 경험해보고 싶었다. 나는 조류 관련 서적이 책꽂이를 가득 채운 가정에서 성장했다. 어머니는 정원에 심어진 모든 나무와 식물은 물론 잠시 들러 가는 날개 달린 생물체 이름을 정확히 알고 있었다. 어머니를 닮았는지 나도 제비와 갈매기 정도는 구분할 줄 안다. 하지만 조류 관찰 전문가는 수준이 다르다. 그리고 나는 한 발짝이나마 그들의 세계에 들어가 보고 싶었다. 무엇을 위해 합리적인 인간이 새 한 마리를 관찰하겠다고 몇 시간이고 수풀 속에 숨어 있는지 호기심이 일었다. 조류 관찰을 할 때 카키색 반바지를 입고 챙이 넓은 벙거지 모자를 쓰는 이유도 알고 싶었다. 무엇보다 왜 머리에 손수건을 두르는지 궁금했다. 손수건이라니, 십 대 래퍼가 아니라면 용납되지 않는 패션 아닌가. 몇 년 전, 지인 한 명이 머리에 손수건을 두르고 다닌 적이 있다. 힙스터 같은 느낌을 원했겠지만 내가 보기에는 지저분한 행주를 뒤집어쓴 것 같았다.

어청도가 조류 관찰로 유명해질 수 있었던 건 장소 덕분이다. 철새의 이주 시기가 되면 어청도에는 온갖 조류 종이 몰려든다. 조류 관찰에 능숙한 사람이라면 가을에는 약 70종, 봄에는 약 120종의 조류를 발견할 수 있다고 한다. 어청도 여행에서 해박한 지식까지는 아니더라도 '갈매기' 말고 다른 조류 몇 종 정도는 구분할 수 있게 되면 좋겠다고 생각했다.

나는 군산항을 떠나 어청도로 향하는 뉴어청훼리호에서 아마추어 조류 관찰자에게 조언 몇 가지를 구할 예정이었다. 어디부터 가 보는 게 좋을까요? 어떤 새를 보게 될까요? 꼭 머리에 손수건을 둘러야 하나요? 하지만 아침 일찍 배에 탄 얼마 안 된 승객 중 조류 관찰자처럼 보이는 사람은 단 한 명도 없었다. 섬 북서쪽 절벽에 세워진 군부대로 복귀하는 해군이 대부분이었다. 전날 밤 술을 얼마나 마셨는지 구겨진 제복을 입고 바닥 선실에 널브러져 괴로워하고 있었다.

조류 관찰과 군부대라니, 묘한 조합이다. 강 중위가 적군의 움직임을 좇아 수평선을 감시하는 동안 부산에서 온 이 씨는 쌍안경으로 갯벌을 살핀다. 이 씨가 적진 군함의 접근을 포착하고 강 중위가 머리 위에서 원을 그리는 매를 발견하면 무척 흥미로울 것 같다.

여객선이 군산항을 출발하고 한 시간 뒤, 도착지에 절반쯤 다다랐을 때 두꺼운 안개가 마법처럼 걷혔다. 사람의 발길이 닿지 않은 숨겨진 섬을 홍보하는 관광 안내 책자에나 나올 것 같은 새파란 하늘이 눈앞에 펼쳐졌다. 나는 갑판에 올라 따뜻한 햇볕을 쬐며 군산에서 챙겨 온 도시락을 먹었다. 삶은 계란, 달콤한 맥심 골드 몇 봉지, 김밥은 아무리 먹어도 질리지 않는다.

한국의 조류 보존에 힘쓴 영국 조류학자 나일 무어스Nial Moores 박사에 따르면 어청도에서 새를 관찰하기 가장 좋은 장소로는 항구 주변, 해변, 정원, 섬 중심을 가로지르는 하천, 저수지, 탑, 언덕, 길, 등대 등이 있다. 즉 군사 용도를 위해 접근이 제한된 지역만 아니면 어디를 가도 새를 볼 수 있다. 포탑을 기어 올라가다 붙잡혀서 긴발톱할미새 사진을 찍으려 했을 뿐이라고 아무리 변명해 봐도 처벌을 피할 수는 없을 것이다.

무어스 박사가 만든 '새와 생명의 터Birds Korea' 웹사이트는 조류 관찰자가 서식지 보전에 하는 역할을 강조한다. 웹사이트를 통해 풍부한 정보를 공유하는 조류 마니아들은 어청도를 비롯한 서식지에서 관찰되는 조류의 종과 개체 수를 꾸준히 기록한다. 이렇게 생성된 통계는 각종 정부 기관 및 비정부 기구에 전달된다. '새와 생명의 터'를 운영하는 조류 관찰자에게 조류 관찰은 단순한 취미가 아니다. 이는 야생동물과 환경 보호를 위한 자발적 활동이다. 하지만 솔직해지자. 조류 관찰은 강박이다. 조류 관찰자만큼 별난 사람은 드물다. 그들은 자신이 괴짜라는 사실에 자부심을 느낀다. 내 친구는 나무 덤불에 숨어 쇠검은머리흰죽지나 쇠긴다리솔새사촌을 보겠다고 매년 수천 킬로미터를 이동한다. 심지어 일부 조류 관찰자는 새의 서식지, 깃털, 과, 속, 학명, 먹이를 전문가처럼 꿰고 있다. 나머지는 관찰 완료한 조류 목록을 갱신하는 데 의의를 두는데, 새에 큰 관심이 없는 일반인에게는 이면지일 뿐이다.

시간이 흘러 어청도에 도착했다. 어청도항은 사방이 둘러싸여 배를 안전하게 보호하기 적합해 보였다. 산등성이 아래 푸른색 지붕이 얹어진 집이 옹기종기 모여 있었다. 산 너머에는 군대가 주둔했다. 나는 민박에 가방을 던져두고 쌍안경, 펜, 메모장으로 단단히 무장한 채 밖으로 나갔다. 바위투성이 바다를 내려다보는 등대는 탐사를 시작하기에 적합한 장소 같았다. 안개가 껴서 조류 관찰이 어려워지면 등대를 둘러봐도 좋을 것이다. 자유로운 바다와 거친 바위, 넓게 펼쳐진 하얀 포말이 내려다보이는 초원에 우뚝 서 있는 등대는 항상 흥미를 끌었다. 사실 나는 단순히 흥미라고 표현하기도 민망할 정도로 등대를 좋아한다. 언젠가 꼭 한번 등대지기가 돼 보고 싶다. 요즘에는 완전히 자동화된 등대가 많다는 사실을 알고 있지만, 정전이 일어났을 때 촛불을 밝혀 줄 사람이 한 명은 필요하지 않겠는가.

마을은 조용했다. 습기를 머금은 공기 중에 기름 냄새와 생선 비린내가 풍겨 왔다. 나는 낡은 교회, 어선과 그물을 손질하는 어부를 지나쳤다. 등대로 향하는 길은 인적이 드물었다. 경사가 완만하고 계단이 없어 무릎 연골이 닳을까 걱정되지는 않았다. 등산객은 나뿐이었지만 외롭지는 않았다. 온갖 벌레가 동행이 돼 주었기 때문이다. 게다가 굽이를 돌 때마다 그림 같은 풍경이 눈앞에 펼쳐지니 심심할 틈이 없었다.

등대까지는 30분 정도가 걸렸다. 나는 등대 앞에서 김밥을 먹고 보온병에 담아 온 커피를 홀짝였다. 메모장, 조류 가이드, 펜을 뒤적이며 하늘을 올려다보는데 무언가가 잠시 머리 위를 맴돌다가 시야에서 사라졌다. 순식간에 스쳐 지나간 생물체를 어떻게든 다시 한번 포착하려고 쌍안경을 이리저리 움직였다. 맹금류 같았는데? 날아다니는 새를 따라다니며 렌즈 초점을 맞추기가 여간 힘든 일이 아니었다. 안경도 걸리적거렸다. 쌍안경을 들여다 볼 때는 안경을 껴야 할지 벗어야 할지 알 수 없었다. 안타깝게도 무어스 박사는 조류 관찰 웹사이트에 안경과 쌍안경 문제를 언급하는 걸 잊은 듯하다.

나는 돛대에 올라 망을 보는 선원처럼 주변 지형을 꼼꼼히 살폈다. 명령을 기다리는 군인처럼 바위 아래에 모여 있는 바닷새 무리가 눈에 띄었다. 가이드를 뒤져 가며 녀석들의 생김새를 비교해 보니 금세 정체가 파악됐다. 갈매기였다. 그 뒤로는 달리 흥미로운 움직임이 관찰되지 않았다. 조류 관찰자에게 가장 중요한 덕목은 인내심이다. 나에게는 부족한 덕목이라 생각하며 쌍안경을 내렸다. 쌍안경은 무겁고 성능이 지나치게 좋았다. 손을 조금만 떨어도 초점이 어긋나 풍경이 사정없이 흔들렸다. 살아 있는 사람이 사용할 수 있는 물건이 아닌 것 같았다.

쌍안경을 내려놓고 얼마 안 돼 역사 마니아 본능이 고개를 들었다. 내 관심은 등대와 관련된 배경 이야기로 옮겨갔다. 논란의 여지가 있지만 눈부시게 하얀 탑에 빨간 돔이 얹어진 어청도 등대는 단순히 어두운 바다에 불을 비춰 선박이 바위에 충돌하는 사고를 방지하는 안전장치 이상의 역할을 했다. 어청도 등대는 일본이 한반도를 식민지로 삼는 데 큰 영향을 미쳤다.

일본은 물자 수급을 안정화하려는 목적으로 서해에 등대를 설치했다. 1895년 청나라를 꺾고 1905년 러시아를 굴복시킨 일본은 1910년 대한제국을 흡수했다. 일본이 식민 강국의 위치를 사수하기 위해서는 오사카 등지에 있는 항구에서 청나라 북동쪽 다롄 근처, 오늘날 뤼순항이라 불리는 포트 아서의 해군 기지까지 항로를 확보해야만 했다. 앞서도 언급했지만 혹시 기억이 잘 안 나는 독자를 위해 재차 설명하자면, 일본은 1895년 청일전쟁이 종전되고 평화 협정이라는 명목 아래 포트 아서가 자리한 랴오둥반도를 강탈했다. 그러나 프랑스, 독일, 러시아의 간섭을 이기지 못하고 청나라에 땅을 반환했다.

1905년, 러일전쟁이 끝나고 일본은 평화 협정을 맺어 포트 아서를 되찾고 해군 기지를 세웠다. 랴오둥반도에 설치한 해군 기지를 유지하려면 연료와 물자가 필요했다. 어청도 등대는 일본 군함과 상업선의 안전하고 무탈한 항해를 도왔다. 등대를 탓하려는 건 아니다. 등대는 주어진 임무를 충실히 수행했을 뿐이다. 나는 자랑스럽지 못한 과거를 마음대로 떠들어댄 것을 사과하는 의미로 흰색과 빨간색이 강렬하게 대조되는 등대 사진을 아주 멋지게 찍었다.

나는 짧은 역사 탐방을 끝내고 바위 절벽과 그 너머에 펼쳐진 바다를 감상했다. 명상을 하는 것처럼 머릿속이 차분해졌다. 바다는 반짝이는 달 아래에서 춤을 추고, 피처럼 붉은 태양 아래에서 몸을 데우고, 매섭게 휘몰아치는 태풍을 맞으며 분노한다. 당장이라도 뛰어들고 싶지만 넘실대는 파도에 잡아먹힐까 두렵다. 깊이 헤엄치고 싶지만 어두운 심해에 무엇이 도사리고 있을지 겁이 난다. 화창한 아침 잔잔했던 바다가 순식간에 험악해지기도 한다. 바다는 다중인격처럼 변덕스럽다. 바다가 사람이라면 분명히 거절할 것을 알기에 데이트 신청조차 할 수 없는, 무척이나 동경하지만 다가가면 사건 사고에 휘말릴 것을 알기에 가까이 할 수 없는 사람일 것이다. 이는 수많은 시인이 바다에서 영감을 받은 이유인지도 모른다. 가슴 아픈 짝사랑이다.

심오한 생각을 하다가 나도 모르게 깜빡 졸았다. 잠에서 깨니 어느새 해가 지고 선선한 바람이 불고 있었다. 고개를 한쪽으로 떨어뜨린 채 자서 목이 뻐근했다. 조류 관찰은 이만하면 됐다. 내가 잠든 사이에 도도새가 지나갔을

지도 모른다.

짐을 챙겨 마을로 돌아가는 길에 어떻게 하면 인내심을 기를 수 있을지 고민했다. 항구에서 나는 마지막으로 딱 한 번만 더 조류 관찰에 도전해보기로 했다. 나는 쌍안경을 들고 넓게 펼쳐진 갯벌을 지켜봤다. 기다림 끝에 도요새 한 마리를 발견했다. 혹시 조류 가이드북에 오류가 있을까 인터넷으로 다시 찾아봤다. 내 사진에는 버려진 부츠처럼 나왔지만 도요새가 분명했다. 해질녘 어청도 갯벌에서 도요새를 포착하는 것이 경부고속도로에서 대우 트럭을 포착하는 것보다 쉬울 것이다.

내기 관찰한 조류 목록에 두 마리가 추가됐다. 그러나 목록이 늘어날 일은 없을 것 같다. 훌륭한 조류 관찰자가 되려면 인내, 끈기, 높은 시력이 필요하다. 나는 인내심이 없고, 뭐든 쉽게 포기할뿐더러 원시와 근시를 다 갖고 있다. 헐렁한 카키색 반바지도 싫다.

취미는 박물관 견학과 독서로 충분하다. 하지만 조류 관찰 탐험을 끝내고 얼마 안 돼, 나는 스스로가 여행 계획에 매우 예민하다는 사실을 깨달았다. 괴물이 된 것 같았다.

제10장

장자도: 여행이 낳은 괴물

　군산에 머무르는 시간이 길어질수록 도시가 좋아졌다. 쉽게 생각할 일이 아니다. 어디든 한 장소에 너무 오래 머무르면 뇌의 활동이 둔해진다. 하지만 보잘것없었던 나의 조류 관찰을 마치고 어청도에서 돌아와 매일 아침 일찍부터 군산 역사 지구를 누비고 다녔다. 1908년 지어진 옛 군산세관은 금강하굿둑 장미동 항구 근처에 있었다. 안타깝게 내가 간 날은 문이 닫혀 있어 내부를 구경할 수 없었다. 1922년 세워진 구 조선은행 군산지점은 페인트칠이 시급해 보였다. 국가등록문화재로 지정할 때 깔끔하게 새 단장을 하지 않은 이유가 궁금했다. 1930년 건설된 구 일본 미즈상사 건물은 오늘날 아늑한 카페로, 쌀 저장고는 장미공연장으로 사용되고 있다.
　식민 지배의 흔적을 유지하기로 한 군산시의 결단은 칭찬받아 마땅하다. 아주 오랜 기간 동안 일제가 세운 건물을 허물라는 압력을 견뎠을 게 분명하다. 일본이 세운 건축물을 나약했던 한국의 수치스러운 과거로 바라보는 사람도 있을 것이다. 하지만 군산시는 단순히 건물을 허무는 대신 역사적 장소의 소유권을 되찾고, 힘의 논리를 앞세워 자국의 문화적, 정치적, 경제적 정체성을 뿌리 뽑으려고 했던 이웃 나라의 지배에서 완전히 벗어나 국력을 회복할 수 있다는 메시지를 전하기로 했다. 군산을 찾은 관광객은 미즈커피에서 음료를 마시며 지난 몇 십 년 동안 한국이 일군 놀라운 성장을 곱씹는다.

기왕 역사 지구까지 갔다면 군산근대역사박물관에 꼭 들르길 추천한다. 보통 박물관에 가면 나는 30분 정도 둘러보고 앉을 자리를 찾아 헤맨다. 조류 관찰을 할 때 이미 알아챘겠지만 내 집중력이 유지되는 시간은 그리 길지 않다. 하지만 일본의 식량 수탈에 관한 전시물은 쉬고 싶은 마음을 잊게 할 정도로 흥미로웠다.

박물관 안에는 당시 일본 신발 가게를 그대로 재현해 놨다. 일본인 소유 땅에서 소작을 하던 한국 농부의 생활을 보여주는 전시물도 있었다. 나는 전시를 구경하다가 아이들을 데리고 온 엄마가 하는 말을 엿들었다. 엄마는 일본식 식료품 가게 벽에 걸린 오래된 영화 포스터에 그려진 여자 배우의 이름을 알려 줬다. 한국어와 일본어가 빼곡히 적힌 《로마의 휴일Roman Holiday》 포스터에는 오드리 헵번Audrey Hepburn이 그려져 있었다. 한국과 일본 관객은 오드리 헵번이 연기한 앤 공주가 직면한 윤리적 딜레마에 깊이 공감했을 것이다. 영화 속에서 앤 공주는 사랑을 위해 자신에게 주어진 막중한 책임과 의무를 벗어던지고 달아나야 할지 고민한다. 《로마의 휴일》은 동아시아 관객의 공감을 유도해 큰 성공을 거뒀다. 오늘날 군산근대역사박물관에 포스터가 괜히 전시되지는 않았을 것이다(게다가 오드리 헵번은 미묘하게 아시아적인 분위기를 풍겼다).

일제의 흔적은 동국사라는 일본식 사찰에도 남아 있다. 나는 장미동 남쪽 차도를 배회하다 우연히 동국사를 발견했다. 동국사로 향하는 길은 무척 즐거웠다. 할머니·할아버지는 자그마한 가게를 운영했고, 아이들은 차 걱정 없이 자유롭게 뛰놀았다. 한국의 다른 항구 도시에 비해 군산은 꽤 한적한 듯했다. 내 눈에 안 띈 것인지 모르겠지만, 적어도 마사지 숍이나 불건전 성매매 업소를 표시하는 화려한 이발소 삼색 기둥은 없었다.

숲이 우거진 동국사에는 차를 주문하면 몇 시간이고 머물 수 있는 카페가 있었다. 나는 정교하게 세공된 대나무 쟁반에 받쳐 나온 차를 홀짝이며 시간을 보냈다. 폐점 시간이 다가오자 종업원은 나에게 이제 그만 나가달라고 부탁하고 싶은지 안절부절못하며 주변을 서성였다.

다음 날, 나는 즐거웠던 역사 나들이의 여운을 간직한 채 여객터미널로 향했다. 선유도에 내려 장자도까지 걸어서 넘어갈 생각에 잔뜩 들떠 있었다. 두 섬은 등산을 하기에 좋고 음식이 맛있기로 유명했다. 하지만 아침을 먹는 동안 흥분이 차갑게 가라앉았다. 군산 남서쪽에 길게 늘어선 새만금방조제가 생태계를 파괴했다는 글을 읽었기 때문이다.

길이가 33킬로미터에 살짝 못 미치는 새만금방조제는 인간이 세운 가장 긴 제방 중 하나로 손꼽힌다. 일부 단체와 개인은 이 거대한 방조제가 환경을 파괴했다고 주장한다. 내가 본 인터넷 게시물에 따르면, 명석한 정부 관계자 몇 명은 토지 개발이라는 명목 아래 시구에서 생태학적으로 가장 중요한 갯벌을 매립하기로 결정했다.

새만금개발청은 400평방킬로미터에 달하는 매립지에 건설할 신도시를 친환경 자유 무역 중심지로 선정하겠다는 계획을 발표했다. 물론 환경 운동가는 반기를 들고 나섰다. 그들은 2006년 시작된 매립으로 인해 인간과 야생 동물이 피해를 입고 있다고 이야기한다. 조류 관찰 단체는 2006년부터 2013년까지 새만금을 찾아오는 물떼새 및 도요새 수가 90퍼센트 가량 감소했다는 연구 결과를 발표했다. 그중에서도 붉은어깨도요가 입은 타격은 어마어마하다. 매립 사업 이후 한국에 서식하던 붉은어깨도요의 4분의 1 이상이 목숨을 잃었다고 한다.

나는 아침을 먹으면서 환경 운동가의 블로그부터 각종 신문 기사, 새만금개발청이 게시한 홍보 자료를 꼼꼼히 확인했다. 이내 나의 코리안 오디세이가 지구에 남길 탄소 발자국에 관한 생각이 들었다. 내 여행이 환경에 어떤 영향을 미칠까? 경유로 움직이는 여객선을 타고, 아무리 신경을 쓰더라도 어떻게든 환경을 파괴할 수밖에 없는 호텔에 머물면서 여행을 이어갈 가치가 있을까? 식당에서 나오는 음식 쓰레기와 세탁을 하면서 생기는 오염은 또 어떤가? 오늘날 지구가 직면한 환경 문제가 온전히 내 탓은 아니지만 새만금방조제는 나에게 주어진 자유와 나의 오디세이를 뒤돌아보는 계기가 됐다. 내가 환경오염에 기여하면서까지 여행을 할 이유가 있을까? 담배가 사람을 죽일 수 있다는 주장에는 동의하지만 한 개비 더 핀다고 당장 죽지는 않는다며 담배에 불을 붙이는 흡연자가 된 것 같았다.

 나는 이런저런 생각으로 복잡한 머리를 붙잡고 군산여객터미널로 갔다. 담배에 다시 한번 불을 붙인 셈이다.

 항해를 시작하고 한 시간쯤 지나 여객선이 장자도와 선유도를 가르는 거친 바다에 접어들었다. 두 섬 모두 서해에서 무척 인기 있는 관광지로 손꼽힌다. 나는 여객터미널에 들어올 때까지만 해도 선유도에 내릴 생각이었지만 터미널에 비치된 선유도 홍보 자료를 보고 장자도로 목적지를 바꿨다.

 내 마음을 바꾼 홍보 자료에는 선글라스를 끼고 사륜 오토바이로 선유도를 누비는 구릿빛 피부에 근육이 우락부락한 남자가 그려져 있었다. 내 여행의 목적이 엔진 소리 감상이었다면 굳이 서해까지 올 필요가 없이 경부고속도로 주변에 텐트를 치고 누웠을 것이다. 나는 스마트폰을 들고 검색에 돌입했다. 곧 선유도를 한국의 산토리니라고 표현한 블로그 게시물을 발견했다. 좋은 의미로 하는 말이 맞는지 의심스러웠다. 글쓴이의 의도는 알 수 없지만 나는 선유도가 산토리니처럼 복잡하고 시끄러운데다가 관광객에게 바가지를 씌우는 섬이라고 받아들였다.

 햇볕이 따뜻하게 내리쬘 무렵 여객선이 장자도에 도착했다. 항구에서 마을을 향해 20분 정도 걷다 보면 썩 먹음직스러워 보이지 않는 식당이 늘어선 해변이 나온다. 거기에서 조금 더 가면 화사한 풍경이 펼쳐진다. 멋스럽게 꾸민 카페와 바다를 마주보는 알록달록한 숙소가 인상 깊었다.

나는 장자도에서 두 번째로 맛있을 것 같은 카페에서 샌드위치와 커피를 먹으며 시간을 보냈다. 벽은 레몬이 생각나는 밝은 노란색이었고, 야외 테이블에 그늘을 드리우는 파라솔은 쨍한 파란색이었다. 섬 북서쪽, 온통 회색뿐인 항구 지역 바깥의 장자도는 생기가 넘쳤다.

숙소 뒤편에 난 등산로 곳곳에 쓰레기 투기 금지를 경고하는 글이 커다랗게 붙어 있었다. CCTV 카메라로 촬영을 알리는 표지판도 심심찮게 눈에 띄었다. 탁 트인 바다에 섬들이 떠 있는 풍경은 한 폭의 그림 같았다. 하지만 커다란 다리가 끼어들어 명화를 망쳤다. 흉물스러운 다리는 장자도와 선유도를 연결했다. 다리를 넘어가면 쫄쫄이를 입고 선글라스를 낀 채 사륜 오토바이를 타고 모래사장 위를 질주하는 남자를 만날 수 있을 것이다.

그날 아침 장자도에 도착했을 때는 섬에 그토록 흉물스러운 구조물이 있을 것이라고는 생각조차 못했다. 항구에서는 다리가 산에 가려져서 잘 안 보였다. 그리고 지금, 콘크리트와 철근이 고스란히 드러난 다리가 존재감을 뽐냈다. 식당과 숙소 주인을 비롯해 관광업에 종사하는 사람들은 대교 건설을 반겼을 것이다. 다리가 없으면 섬을 찾지 않을 사람들, 즉 여객선을 원시적 교통수단으로 생각해 어디든 자동차를 타고 이동하는 사람들의 방문이 늘어날 게 분명하기 때문이다.

나는 섬과 섬을 잇는 다리를 싫어한다. 보기에도 추하고 환경을 오염할 뿐 아니라 여객선 회사 재정을 악화시킨다. 이런 종류의 다리는 섬의 정체성을 파괴하고, 관광 허브를 형성하고, 각 섬이 지닌 개성을 죽여 모든 섬 생활을 비슷하게 만든다. 더스턴 클라크Thurston Clarke는 그의 여행서『크루소를 찾아서: 마지막 남은 진짜 섬을 떠도는 여행Searching for Crusoe: A Journey

Among the Last Real Islands』에서 섬과 섬을 연결하는 다리 건설을 두고 '섬 말살islacide'이라는 표현을 사용했다.

고즈넉하고 예쁜 모습으로 섬을 보존하기 위해 사악한 현대 문물로부터 차단해야 한다는 뜻이 아니다. 그렇게 극단적이고 거만한 사상을 옹호할 생각은 없다. 비교적 발전이 더딘 지역을 여행하다 보면 도시를 떠나 전통적인 삶의 방식을 체험하러 휴가를 왔다는 관광객을 만나곤 한다. 널찍한 공간과 온갖 편리한 기계, 우주 탐사선 같은 버튼이 달린 변기가 갖춰진 고급 아파트에서 벗어나 그때 그 시절의 모습을 간직한 해변 방갈로에서 신선한 생활 방식을 즐기고 싶다는 게 그들의 주장이다. 이런 유형에 속하는 사람은 자신이 의미 있는 휴가를 보낼 수 있도록 현지인이 당나귀를 타고 우물에서 물을 긷는 장면을 연출해주길 바란다.

한국의 전통 가옥인 한옥이 수도에서 자취를 감추고 있다며 불만을 토로하는 외국인도 크게 다르지 않다. 미려한 곡선을 이루는 지붕과 다채로운 색상, 주변 지형지물과 자연스럽게 어우러지도록 돌과 나무를 사용한 디자인이 아름다운 한옥은 짧은 휴가를 틈타 한국을 방문한 관광객, 서울의 옛 모습을 훔쳐보고 싶은 장기 거주 외국인의 마음을 사로잡는다. 지난 몇 년 동안 부동산 개발 및 도시화라는 명목 아래 한국의 수도를 아름답게 수놓던 전통 가옥 약 50만 채 중 90퍼센트가 허물어졌다. 그리고 외부인은 너무나 쉽게 이에 유감을 표한다.

물론 우리는 건축 유산과 전통을 소중히 여겨야 한다. 하지만 단순히 보존의 관점에서만 한옥을 바라봐서는 곤란하다. 깊은 역사를 지닌 한옥은 아름답지만 금방이라도 허물어질 듯 낡았을 뿐 아니라 단열이 취약해 여름에는 덥고 겨울에는 춥다. 게다가 화장실과 부엌이 집 밖에 따로 있어 불편하다. 나무에 종이를 덧대어 만든 미닫이 창문은 바람을 제대로 차단하지 못해 춥고 시끄럽다. 한국 사람들이 한옥을 허물고 새 건물을 올린다고 전통을 중요하게 여기지 않는다며 함부로 손가락질해서는 안 된다. 그들은 다들 그렇듯 더욱 안락한 삶을 누리고 싶을 뿐이다.

한옥과 마찬가지로 섬 또한 현대화와 보존 사이에서 갈등을 겪고 있다. 다리를 놓고 육지와 도로가 연결되면 관광객의 유입이 늘어나고 시장 접근이 용이해지며 산업 물자 운송이 활발해져 섬 경제가 발전한다. 이 사실을 부정하지는 않는다. 그리고 누구도 타인의 경제 활동을 제한할 권리는 없다.

거대한 철제 케이블에 매달린 대교가 경관을 해친다는 사실 또한 부정할 수 없다. 바다를 가로지르는 거대한 다리는 천재 공학자의 업적을 자랑하는 동시에 흉물스러운 기운을 온몸으로 내뿜었다. 사방이 바다로 둘러싸여 육지와 분리됐다는 특징이 사라지면 섬은 더 이상 섬이 아니다. 그리고 섬이 지닌 매력이 떨어지면 관광객의 발길 또한 줄어들기 마련이다.

한편으로는 이런 생각도 들었다. "하지만 대교가 건설되면서 통근 시간이 줄어들고 섬에서도 학교를 다닐 수 있을뿐더러 환자가 생기면 앰뷸런스 이송이 가능하잖아." 틀린 말은 아니다. 하지만 개발과 보존 사이에서 균형을 잡을 줄 알아야 한다. 이는 예선부터 꾸준히 논의돼 온 주제로 정치적, 경제적 갈등을 수도 없이 빚었다. 어쨌든 바다 위에 세워진 커다란 다리가 눈에 거슬린다는 사실만은 변하지 않는다.

솔직히 말해서 장자도에는 특별히 흥미로운 구석이 없었다. 역사책에 기록될 만한 중요한 사건도 없었고, 영웅도 신화도 없었다. 그렇지만, 장자도에 오길 정말 잘했다. 굽이진 언덕을 따라 산책을 하고 숙소에 돌아와 몇 시간쯤 책을 읽고 글을 쓰다가 무심결에 고개를 들었는데 칠흑 같은 어둠 속에 항구가 반짝이고 있었다.

다음 날 아침 햇살에 잠이 깼다. 딸에게 전화를 해 볼까 했지만 목소리를 들으면 딸이 보고 싶어 못 견딜 것 같았다. 틀림없이 딸도 장자도를 좋아했을 것이다. 하지만 사륜 오토바이 체험을 할 수 있는 선유도 여행을 훨씬 즐기지 않을까 싶다.

　군산으로 돌아가는 여객선에 승객은 나와 할머니 한 명뿐이었다. 할머니의 등은 어떻게 몸을 움직이나 싶을 정도로 심하게 굽어 있었다. 나를 따라 바닥 선실로 들어온 할머니는 짐 가방 두 개를 내려놓고 자리를 잡았다. 굽은 척추가 무색할 정도로 민첩하고 노련한 움직임이었다.

　아시아에서는 등이 굽은 할머니를 어렵지 않게 볼 수 있다. 그리고 할머니의 굽은 등은 지나온 삶을 보여준다. 등이 심각하게 굽은 한국 할머니는 낮은 식탁에 음식을 나르고, 엎드려서 바닥을 닦고, 논밭에 나가 농사를 짓고, 아기를 등에 업은 채 거의 평생을 보냈을 것이다. 몸을 똑바로 펴고 설 시간은 터무니없이 부족했다. 매일 고된 노동에 시달리며 영양가 부족한 음식을 먹으며 평생을 살았다. 한국전쟁 도중은 물론이고 전쟁 전후에 많은 한국 여성이 훗날 뼈를 건강하게 유지하는 데 필요한 칼슘을 충분히 섭취하지 못한 게 분명하다. 반면 등이 굽은 할아버지는 흔하지 않다.

　할머니는 항해 내내 잠을 자다가 군산항에 도착하기 직전에 깨더니 나에게 말을 걸기 시작했다. 사투리가 심해 알아듣기 힘들었지만 이해한 단어를 조합해 추측해 본 결과, 차인지 택시인지를 같이 타자는 내용 같았다. 아마 합승을 제안하는 듯했다. 부끄럽지만 솔직히 나는 할머니가 하는 말을 귀 기울여 듣지 않았다. 직원이 도와줄 것이라 생각했기 때문이다. 정확히 기억은 안 나지만 바쁘다고 대답했던 것 같다. 거짓말은 아니었다. 그날 해가 떨어지기 전까지 부안에 도착해 다음 날 위도를 여행하고 서울로 돌아가 오랜 친구와 함께 저녁을 먹기로 약속했다. 버스 시간을 맞추려면 서둘러 여객선에서 내려야 했다.

　나는 여객선이 정박하자마자 혼자 배에서 내려 여객터미널 앞 택시 승강장으로 달려가 대기 중이던 차에 탔다. 기사에게 목적지를 말하고 택시가 막 움직이기 시작했을 때 여객터미널 밖으로 나오는 할머니가 보였다. 할머니는 아마 이렇게 생각했을 것이다. "그 외국인은 어디로 갔나?"

그때라도 차를 멈춰 할머니를 태웠어야 했다. 내가 망설이는 동안 택시는 항구를 빠져나가 군산으로 향하는 도로에 올랐다. 이제는 정말 돌아갈 수 없었다.

"다른 택시가 또 있을 거야." 나는 항구를 돌아보며 애써 변명했다. 하지만 도로 위에 택시는 단 한 대도 보이지 않았다.

여객선에서 할머니는 군산까지 교통편을 공유하자고 제안했을 게 분명하다. 군산여객터미널은 주거 및 상업 지역에서 멀리 떨어져 있다. 당연히 혹시 손님을 태울 수 있을까 여객터미널까지 나오는 택시는 드물다. 그러니 장자도에 다녀온 승객은 군산까지 택시를 나눠 탈 수밖에 없다. 특히 몸이 불편하다면 누군가의 도움 없이 혼자 군산에 들어가기는 더욱 힘들 것이다.

나는 택시에 탔을 때부터 내 행동을 후회하고 있었다. 버스터미널에 도착해 트렁크에서 짐을 내리면서는 부끄러움에 고개를 들 수 없었다. 고작 버스 시간을 맞추자고 연로한 할머니를 외면한 채 혼자 택시에 타다니, 내가 어쩌다 이렇게 된 걸까? 예전에 중국 남서부 도시 청두에서 독일 대학생 몇 명을 만나 어울린 적이 있다. 우리는 함께 도시를 여행하며 대화를 나누고 식사를 하며 밤늦게까지 즐거운 시간을 보냈다. 다음 날 아침, 나는 그토록 유쾌하던 대학생들이 호텔에 일하는 여직원을 함부로 대하는 모습을 보고 충격을 받았다. 그들은 예약해 둔 기차표가 호텔에 도착하지 않았다며 직원에게 짜증을 냈다. 아직 미성숙한 친구들이니 그럴 수도 있을 것이다. 그러나 나는 나이를 먹을 대로 먹었으니 아직 철이 없다는 핑계조차 댈 수 없었다. 나는 여행이 만든 괴물이었다. 일정을 맞춰야 한다는 생각에 주변을 돌아볼 생각조차 하지 않았다. 버스표를 사려고 줄을 서 있는 내 모습이 한심하게 느껴졌다. 여행이 끝나고 친구, 가족에게 이 이야기를 해 줬더니 다들 나를 질책했다. 욕을 먹어도 싸다.

하지만 정의는 살아 있었다. 내가 할머니를 버리고 혼자 택시를 탄 후부터 여행이 꼬이기 시작했다.

제11장

위도: 힘겨운 여정

나는 군산시외버스터미널에 도착해 슬슬 머리가 벗겨지기 시작한 남자 직원에게 부안행 티켓을 구매하려고 했다. 부안은 전라북도 변산반도국립공원 어귀에 자리한 도시로, 위도에 들어가는 여객선을 타려면 부안시외버스터미널에서 격포항으로 가는 버스를 타야 한다. 군산에서 격포까지 가는 직행버스는 없어서 부안에 들러 버스를 갈아타는 게 가장 좋을 것 같았다.

다음 목적지인 해안에서 약 12킬로미터 떨어진 작은 섬, 위도였다. 위도는 관광 인프라가 부족하고 두드러진 특징이 없어 더욱 매력적이었다. 국경에 인접해 북한을 훔쳐볼 수 있거나, 선교사와 관련된 역사를 간직했거나, 야생 조류를 관찰하거나, 고령화를 실감할 수 있는 서해안 북쪽 섬들과 달리, 적어도 내가 알기로 위도에는 딱히 흥미로운 이야깃거리가 없었다. 하지만 그것만으로 충분했다. 때로는 평범함이 무엇보다 특별할 수 있다.

하지만 티켓 판매 직원이 계속 나를 내쫓는다면 위도는커녕 부안조차 갈 수 없을 게 분명했다. 나는 몇 번이나 부안으로 가는 버스표를 달라고 했지만 남자는 귀찮다는 듯 손을 저었다. 내 한국어를 이해하지 못했는지 부안이라는 말을 꺼낼 때마다 나를 쫓아냈다. 세 번째 시도 끝에 마침내 버스가 부안에 가지 않는다는 내용을 겨우 알아들었다. '노동 쟁의 행위'가 한국말로 뭔지는 모르겠지만 앞뒤 맥락으로 추측하건데 군산-부안 노선을 운행하는 버스 기사가 파업을 하고 있다는 것 같았다.

이런 상황은 전혀 예상하지 못했다. 과거 한국 노동자가 그들의 권리를 지키기 위해 연장을 내려놓고 거리로 나와 투쟁했다는 이야기는 이미 알고 있었다. 하지만 지금까지 파업이 나의 생활에 직접적으로 영향을 미친 적은 단 한 번도 없다. 여행의 신이 내린 첫 번째 형벌이었다.

내가 부안에서 격포로 가야한다고 설명하자 직원은 가까운 도시인 전주가 버스 시스템이 잘 갖춰져 있다며 전주로 가라고 추천했다. 나는 전주가 어디에 있는지 확인해 볼 생각조차 않고 전주행 버스표를 구매하고 버스를 타러 갔다. 버스에 타서 한참을 기다렸는데 출발할 기미가 보이지 않았다. 대기가 길어지자 그제야 전주가 도대체 어디에 있는 도시인지 궁금해졌다.

배낭에서 족히 무릎 담요로 써도 될 만한 커다란 한국 지도를 꺼내 들고 몇 분 동안 씨름을 한 끝에 겨우 전주의 위치를 파악했다. 전주는 목적지에서 한참 떨어져 있었다! 정신이 아득해졌다. 이러면 일정을 맞출 수가 없는데 어떡하지! 나는 다른 경유지를 찾기 위해 지도를 뒤지다 마침내 적당한 도시를 발견했다. 김제였다. 김제로 가야 했다! 지금까지 나만큼 김제행 버스 티켓을 간절히 원한 사람은 없을 것이다.

나는 자리에서 벌떡 일어나 버스를 뛰쳐나갔다. 운전석에 앉아 있던 기사가 깜짝 놀라 신문을 떨어뜨렸다. 하지만 사과를 할 시간이 없었다. 나는 곧장 매표소로 달려갔다.

"김제 가는 티켓 한 장 주세요." 나는 경찰을 피해 달아나는 범죄자처럼 다급하게 외쳤다. 이마가 벗겨진 판매원은 어리둥절한 표정을 지었다. "김제?" 이상하게 생각했을 게 분명하다. 혼자 여행하는 것만으로도 충분히 수상한데 하필이면 김제로 간다고? 직원은 안쓰럽다는 듯 미소를 지으며 티켓을 건네줬다.

나는 김제행 버스에 올라 자리에 앉은 뒤 창문에 드리워진 거친 커튼에 이마를 대고 눈을 감았다. 잠결에 어렴풋이 엔진 소리를 들은 기억이 난다. 잠시 눈을 감았다 뜨니 버스는 이미 김제버스터미널에 도착해 있었다.

아무리 무미건조한 소도시라고 하지만 김제는 제대로 된 관리가 필요해 보였다. 공기에 흙, 휘발유, 먼지 냄새가 맴돌았다. 허름하다는 표현조차 과분할 것 같았다. 늦은 시간이고 버스터미널 주차장에 불이 꺼져 있다는 부분을 감안하더라도 김제는 무미건조하기 짝이 없었다. 밤이 돼 어둠이 내렸는데 이발소 기둥은 멈춘 채 돌아갈 줄 몰랐다. 개인적인 경험에 비춰볼 때 남성의 머리와 수염을 다듬는 이상의 서비스를 제공하는 한국 이발소는 모두가 퇴근한 야심한 밤에 가장 늦게 문을 닫았다.

나는 허둥지둥 버스터미널을 빠져나가 숙소를 찾아 헤맸다. 전망이 썩 밝아 보이지는 않았다. 양말 가게 하나를 빼면 거리에 모든 건물이 닫혀 있었다. 여담이지만 한국에서는 발 위생을 굉장히 중요하게 생각한다. 신발을 벗고 들어가는 장소도 많다. 집에 들어갈 때는 물론이고 의자 대신 바닥에 앉아서 식사를 하는 식당이나 절에서도 신발을 벗어야 한다. 한국 사람은 고약한 발 냄새와 구멍 난 양말로 삐져나온 발가락을 용납하지 못한다. 사실 그때 내 발은 끔찍한 악취를 풍겼고 양말에는 천보다 구멍이 더 많았다. 하지만 당장 나에게는 새 양말이 아니라 마음 편히 머리를 대고 누울 수 있는 장소가 필요했다.

버스터미널에서 가장 가까이에 있는 모텔은 황량하기 그지없어 귀신의 집 같은 분위기를 풍겼다. 나는 조심스레 로비로 들어갔다. 센스라고는 눈을 씻고 찾아도 없는 장식을 구경하며 로비를 어슬렁대는데 땅딸막한 아저씨 한 명이 나타났다. 아저씨는 중년 남성을 지칭하는 단어로 아줌마와 한 쌍을 이룬다. 미국의 '레드넥[5]'이나 영국의 '채브[6]' 만큼 극단적이지는 않지만 상황에 따라 아저씨와 아줌마라는 단어에는 비하의 의미가 담길 때도 있다. 아저씨는 패션 센스가 없고 에티켓이 부족한 권위적인 남성을 일컫는다. 서울에 처음 왔을 때 지하철을 타면 무릎 나온 바지, 하의와 전혀 어울리지 않는 회색 체크 점퍼, 검은 구두, 하얀 양말을 신고 다른 승객이야 불편하든 말든 양쪽으로 다리를 쩍 벌리고 앉아 있는 중년 남성이 종종 보였다. 그들은 아저씨의 표본이나 마찬가지다.

이제는 시대가 변했다. 최근 들어 한국 남성을 겨냥한 패션, 화장품, 성형 산업이 호황을 누리고 있다. 지구상에 그 어느 나라도 남성 고객층을 상대로 한국만큼 높은 매출을 올리지 못한다. 한국 남성이 열심히 외모를 가꾸는 데는 여러 가지 이유가 있겠지만, 나는 전통적 가부장제에 고통받은 어머니와 할머니 세대를 보고 성장한 젊은 한국 여성의 영향이 크지 않을까 생각한다. 대담하고 교육 수준이 높은 데다가 논리적이고 똑똑한 한국 여성은 아저씨 문화에서 벗어난 남성 파트너를 원한다. 즉, 손바닥에 올려놓고 마음대로 주무를 수 있는 남성을 찾는 것이다.

웃자고 하는 소리다.

허름한 김제 모텔 사장을 보니 옛 생각이 떠올라 괜히 반가웠다. 그런 아저씨는 오랜만이었다. 사장은 1993년에서 시간 여행을 온 사람 같았다. 입에는 담배가 물려 있고, 반바지 위로 두둑한 뱃살이 튀어나왔다. 25년 전에 유행했던 것 같은 파마머리도 볼 만 했다. 아저씨는 살집이 두둑한 손을 내밀어 삼만 원을 받고 카운터에 대충 열쇠를 던진 후 어둠 속으로 사라졌다. 플라스틱 슬리퍼가 리놀륨 바닥에 끌리는 소리까지 완벽했다. 올해의 아저씨 상이

---

[5] 교양 없고 가난한 노동자를 비하하는 말 —옮긴이
[6] 교육 수준이 낮은 하류층을 가리키는 말 —옮긴이

있다면 김제 지역 챔피언이 됐을 것이다. 뽀뽀라도 한번 해 주고 싶었다.

객실 사정도 로비와 크게 다르지 않았다. 과거 한국 모텔이 그랬듯 배수구와 재떨이 냄새가 심하게 났다. 벽은 또 얼마나 얇은지 불이 나면 주먹으로 허물고 옆방으로 피신할 수 있을 것 같았다. 게다가 변기 시트가 덜컹이는 탓에 볼일을 보려고 앉다가 샤워 부스로 고꾸라졌다. 옆 건물 벽을 향해 난 창문에는 벌거벗은 여자 사진이 그려진 블라인드가 달려 있었다.

나는 배낭을 정리하고, 비스킷을 몇 조각 먹고, 다음 날 아침 위도로 가는 버스와 여객선 시간표를 확인했다. 예정대로 움직이려면 새벽같이 일어나야 했다. 아직 문을 닫지 않은 식당과 술집을 찾아 김제 시내를 떠도느니 일찍 자는 게 나을 것 같았다. 군데군데 수상한 얼룩이 남은 이불을 들추면 토막 난 시체가 나올 것 같은 분위기였지만 어쩔 수 없었다. 취침 준비를 마치고 침대에 몸을 눕히기 직전, 뭔가가 머릿속에 떠올랐다. 덜컹거리는 변기 시트와 관련된 생각이 아니었다.

내 책! 내 책을 어디에 뒀지? 침대 맡 테이블에는 없었다. 배낭을 샅샅이 뒤졌지만 책은 나오지 않았다. 무엇이 숨어 있을지 모른 나는 두려움을 꾹 참고 침대 아래도 살펴봤다. 어디에도 책은 없었다. 나는 거의 공황에 빠져 지금까지 여행 경로를 되짚었다. 김제로 오는 버스에서는 잠을 자느라 책을 꺼내지도 않았다. 그때 기억이 났다. 전주행 버스에 앉아 이불만한 지도를 꺼내 들고 난리를 치는 동안 책을 옆 좌석에 내려둔 게 분명하다.

군산여객터미널에서 할머니를 버리고 혼자 택시를 탄 대가는 가혹했다.

솔직히 잃어버린 책이 그렇게 소중하지는 않았다. 단지 읽을거리가 사라졌다는 데 충격을 받았을 뿐이다. 이제 나에게는 어떤 읽을거리도 남지 않았다. 다른 책은 물론이고 신문이나 잡지도 없었다. 나는 스마트폰을 집에 두고 나와 스트레스를 받는 십 대가 한심하다고 생각할 자격이 없다. 읽을거리 없이 대중교통을 탔을 때 스스로가 얼마나 불안해하는지 너무 잘 알기 때문이다. 땀이 나고 경련이 일어나기 시작했다. 나는 장을 보거나, 대출을 받으러 은행에 가거나, 심지어 장례식에 참석할 때에도 꼭 책 한 권을 손에 들고 다닌다.

젠장, 입에서 욕이 튀어나왔다. 책이 없으니 잠자리에 들기 전 내가 할 수 있는 행동은 이제 하나뿐이었다. 나는 벌거벗은 여성이 입술을 핥고 있는 사진이 인쇄된 블라인드 바로 옆, 뽀송함과는 거리가 먼 이불 안으로 기어들어가 아래로 손을 내렸다. 그 상황에서 나에게 즐거움을 선사할 수 있는 유일한 물건이 손에 잡혔다. 텔레비전 리모컨이다.

늦은 밤 텔레비전 시청은 건강에 해롭다. 다들 동의할 것이다. 하지만 늦은 밤 한국 텔레비전 시청은 건강에 치명적이다. 현대 사회를 살아가는 존재의 허무함에 이따금 한숨을 내쉬는 사람이라면 아침이든 저녁이든 한국 텔레비전을 시청하지 않는 편이 낫다. 관영 방송국, 민영 방송국 할 것 없이 여러분이 지닌 최악의 공포를 자극할 것이다. 나는 창문 밖으로 보이는 옆 건물 담벼락에 시선을 고정하고 몇 초 만에 채널 수백 개를 재빨리 확인했다. 아내와 딸이 같이 있었더라면 홈쇼핑 채널을 보고 킥킥대거나 광고에 나오는 배우를 따라하며 놀았을 것이다. 하지만 나는 가출 청소년에 관련된 다큐멘터리를 선택했다. 확실하지는 않지만 대충 그런 내용인 것 같았다. 제작사는 출연자의 신분을 보호하기 위해 인터뷰에 응한 인물의 얼굴을 모자이크 처리하고 헬륨 가스를 마신 피글렛처럼 목소리를 변조했다. 전치사와 형용사를 제외한 모든 단어를 가린 조작 기사를 읽는 것 같았다.

나는 텔레비전을 끄고 안경을 벗어 침대 옆 테이블에 내려놓으려다가 바닥에 떨어뜨렸다. 쨍그랑 소리가 가볍게 울렸다. "잘 자." 나는 창문에 매달린 관능적인 여자에게 인사를 건넸다. "좋은 꿈 꿔." 이로써 나는 24시간 안에 아내가 아닌 다른 여자와 두 번이나 잠자리를 공유했다. 일부일처제를 선택한 남자가 쉽게 경험할 수 없는 행운이었다.

다음 날 아침 목욕재계를 마치고 화장실에서 나오는데 좋은 생각이 떠올랐다. 아침을 먹기 전 침대를 정리하면 하루를 산뜻하게 시작할 수 있다는 글을 언젠가 읽은 적이 있다. 내 침대는 태풍이 휩쓸고 지나간 세탁소 자리처럼 엉망이었다. 침대는 도저히 손을 댈 엄두가 나지 않아 대신 다른 강박을 고쳐보기로 했다. 애초에 정리라는 행위의 목적은 머리를 비우는 데 있다. 그리고 내 배낭에는 온갖 잡동사니가 가득했다. 양말 한 짝만 더 넣으면 솔기가 터질 것 같았다.

나는 배낭에서 쓸데없는 물건을 꺼내기로 했다. 일단 지금까지 모은 관광 안내 책자를 모조리 버렸다. 허름한 셔츠, 방수 바지, 냄새나는 모자, 꾀죄죄한 양말 세 켤레를 쓰레기통에 넣고 샤워 가방의 절반을 비웠다. 사용하지도 않는 치실을 가지고 다닐 이유가 없지 않은가?

배낭을 비우고 가벼운 발걸음으로 계단을 내려가 객실 열쇠를 반납하는데 카운터 위에 놓인 내 책을 발견했다. 만세! 인간의 기억이란 얼마나 하찮은가. 나는 그때까지 버스에 책을 놓고 내렸다고 철썩같이 믿고 있었다. 나는 한층 더 쾌활한 발걸음으로 아침 식사를 하는 식당에 가서 밥을 먹고 양말 한 켤레를 사서 공간이 아주 넉넉하게 남은 배낭에 집어넣은 다음 부안으로 가는 버스표를 구매했다. 예감 좋은 하루가 시작됐다.

버스는 비옥한 논과 밭이 넓게 펼쳐진 전라북도를 지나 부안을 향해 달렸다. 부안은 쓸쓸해 보였다. 볼거리라고는 저렴한 옷과 신발을 파는 가게와 편의점 몇 군데가 전부였다. 나는 부안에서 버스를 갈아타고 격포로 갔다. 격포에 도착했을 때는 이미 해가 중천에 떠 있었다.

깔끔하게 리모델링한 대천, 군산, 인천의 여객터미널과 달리 격포항은 구식 항구의 모습을 그대로 간직하고 있었다. 나는 격포항이 마음에 들었다. 세월이 흐르는 동안 조금도 변하지 않은 것처럼 보였다. 게다가 평일이라 그런지 숙소에도 식당에도 단체 관광객이 없었다. 나는 책을 읽고, 글을 쓰고,

항구 주변을 산책하고, 어선을 구경하며 한가로운 오후를 즐겼다. 저녁이 되자 해산물을 파는 식당 몇 군데가 은퇴한 현지인으로 북적였다. 하지만 대부분은 거의 비어 있었다. 이런 식당이 어떻게 이윤을 내는지 궁금했다. 음식은 비싸지 않았고 음료는 저렴한 편이었다. 아마 관광객이 몰리는 여름휴가 시즌에 매출을 집중적으로 올려야 할 것 같았다. 여름 장사가 안 되면 가게를 접어야 할 수도 있다. 서울 서쪽 절 근처에서 작은 가게를 운영하던 남자가 비슷한 말을 했던 기억이 난다. 남자가 이야기하길, 어느 해 석가탄신일 전후로 수입이 바닥을 치며 극락의 꿈이 멀어졌다고 한다. 보통 그 시기에는 선물, 간식, 음료 등 가게에 물건을 쌓아 둘 틈이 없을 정도로 장사가 잘 된다. 하지만 그해에 예상치 못한 홍수가 터지는 바람에 가게에는 파리만 날리고 부처님은 생일을 홀로 쓸쓸하게 보냈다.

　　다음 날 아침 위도로 들어가는 여객선 표 값은 겨우 9달러밖에 안 했다. 항해가 워낙 짧긴 했지만 새삼 놀라웠다. 위도행 여객선은 승객이 가득했다. 전날 밤 늦게 단체 관광객을 실은 버스가 들어온 게 분명하다. 갑자기 위도에 손님이 몰리는 것 같았다. 도대체 어떤 매력을 지녔기에 그토록 많은 사람이 위도를 찾아올까? 나는 재빨리 배에 올라서 바닥 선실 자리를 사수했다. 몇 분쯤 지나자 바닥 선실은 할머니·할아버지 손님으로 발 디딜 틈이 없었다. 나는 배낭을 등에 받치고 앉아 달콤한 맥심 골드 커피 몇 잔을 연거푸 들이키며 기적적으로 되찾은 소설을 읽었다. 곧 배가 출항했다. 나는 갑판으로 나가 시원한 바닷바람을 만끽했다. 자그마한 어선, 트롤선, 여객선이 뱃머리로 은빛 파도를 일으키며 곁을 지나쳐갔다. 배의 뒷부분에서는 프로펠러가 바다를 휘저어 부드러운 거품을 만들었다. 거품이 뿌옇게 낀 수면 아래 해양 생물이 허겁지겁 새끼들을 챙겨 안전한 장소로 대피하는 모습이 떠올라 괜히 웃음이 났다.

　　여객선은 상쾌한 바람을 뚫고 위도항에 진입해 닻을 내렸다. 단체 관광객과 자가용이 쏟아져 나왔다. 항구 앞에 단체 관광객을 섬 구석구석 실어 나를 대형 버스 두 대가 대기하고 있었다. 나는 본격적인 탐험에 나서기 전, 항구 근처에서 끼니를 해결하기로 했다. 이는 두 가지 이유에서 잘못된 선택이었다.

첫째, 항구 근처 식당 대부분이 연회에나 등장할 만한 커다란 생선 요리를 판매했다. 하지만 나는 간단히 점심을 때울 만한 장소를 찾고 있었다. 다행히 '백 가지 반찬', 즉 백반을 파는 식당을 하나 찾았다. 실제로 백 가지 반찬이 나오지는 않지만 밥, 된장국, 반찬 몇 가지가 제공된다. 반찬 개수는 다섯 가지가 보통인데 인심 좋은 식당 주인을 만나면 여덟 가지까지 늘어나기도 한다. 나는 운이 나빴다. 내가 백반집에 들어갔을 때 식당을 운영하는 아줌마 두 명은 식사를 하고 있었다. 아줌마가 이야기하길, 식사 중에는 장사를 안 한다며 밥을 다 먹을 때까지 자리에 앉아서 기다리라고 했다. 농담이 아니었다. 텅 빈 식탁 앞에 앉아 아줌마가 식사를 끝내고 음식을 가져다주기를 기다리는데 내가 지금 여기서 뭘 하나 회의감이 들었다.

둘째, 버스가 없었다. 위도 버스는 여객선이 들어오는 시간에 맞춰 항구에 들른다. 아줌마 한 명이 느긋하게 식사를 마치고 음식을 나르면서 알려줬다. "그러니까 배에서 내리자마자 버스를 탔어야지." 아줌마가 말했다. 네, 그랬으면 식사를 방해할 일도 없었겠네요. 나는 생각했다.

버스는 놓쳤지만 백반으로 속을 든든히 채우고 식당을 나섰다. 아줌마에게 섬을 돌아보는 동안 배낭을 맡아줄 수 있냐고 정중히 부탁했지만 거절당했다. 어쩔 수 없이 배낭을 메고 여행을 시작했고, 하늘은 어두워지고 있었다. 항구 마을 근처에는 한적한 시골 산책로보다 고속도로가 훨씬 많았다. 다행히 교통량이 적어 위험할까 걱정할 필요는 없었다.

나는 등을 떠미는 부드러운 바람과 따뜻한 햇살을 즐기며 발길 닿는 대로 자유롭게 걸어 다니다가 계획에 없던 흥미로운 장소를 찾는 여행에 환상을 품고 있었다. 하지만 현실은 달랐다. 이렇게 몇 시간을 걸어도 까만 고속도로에 그려진 하얀 차선보다 흥미로운 풍경은 펼쳐지지 않을 것이다. 엎친 데 덮친 격으로 한두 방울씩 떨어지던 빗방울이 점점 굵어지며 모자를 흠뻑 적셨다. 나는 잠시 버스 정류장에서 쉬어 가기로 했다. 정류장은 꽤 쾌적했다. 의자는 편안했고, 지붕은 비를 막아줬으며, 노선도 나쁘지 않았다. 벽이 유리로 돼 있어 정류장에 앉아 시골 풍경을 감상할 수 있었다.

'앉았다'고 표현했지만 사실 나는 의자에 거의 널브러져 누웠다. 배낭을 베개 삼아 눈을 감고 정류장 지붕에 리드미컬하게 부딪치는 빗소리를 듣다가 나도 모르게 깜빡 졸고 말았다.

얼마나 지났을까, 나는 화들짝 잠에서 깼다. 나뭇잎에 맺힌 물방울이 한 방울씩 떨어졌다. 공기에서 진흙 냄새가 났다. 정신을 차리고 주변을 살펴보니 버스 한 대가 정류장에 정차해 있었다. 기사는 걱정스러운 표정으로 나를 내려다봤다. 버스를 기다리는 게 아니었다고 손을 흔들어 보이자 버스는 곧 출발했다. 승객 몇 명이 창문 밖으로 고개를 돌려 나를 쳐다봤다. 젠장, 그냥 버스를 탔어야 했다. 마을까지 걸어서 돌아가는 길에 후회했다. 그렇게 먼 거리는 아니었지만 걸어가기에는 멀었다. 나는 점심을 먹고 버스 정류장에서 낮잠을 자다가 다시 항구로 향했다. 위도 여행은 그렇게 끝났다.

나는 오후 여객선을 타고 격포로 돌아왔다. 배는 거의 텅 비어 있었다. 아침에 같이 배를 탄 사람들은 다 어디로 갔을까? 이번에도 등이 잔뜩 굽은 할머니와 바닥 선실을 공유했다. 할머니가 택시를 같이 타자고 제안하면 당장 그러겠노라 대답할 것이다. 우리는 격포에 내려 버스 티켓을 파는 슈퍼로 함께 걸어갔다. 할머니와 나는 둘 다 부안으로 가야 했다. 슈퍼에 도착해서 나는 문법적으로 흠잡을 데 없는 정중한 한국어로 버스 출발 정보를 문의했다.

"표 없어요." 버스 표, 과일, 채소 판매를 담당하는 아줌마가 대답했다. "버스 운전사가 파업했어요." 아마 그렇게 이야기한 것 같다. 나는 아직까지도 '총파업'이라는 단어를 제대로 익히지 못했다.

굽이 등은 할머니는 잔뜩 흥분해 버스표를 판매하는 아줌마와 대화를 시도했다. 할머니는 그날 꼭 병원에 가야 한다며, 아들이 부안에서 기다린다고 말했다.

아줌마는 '군내' 버스를 타면 부안에 갈 수 있을 것이라고 알려줬다. 군내 버스는 처음 들었다. 아마 배차 간격이 긴 버스를 의미하는 것 같았다. 다행히 군내 버스는 아직 완벽히 파업에 돌입하지 않았다며 조금만 기다리면 버스가 '곧' 도착할 것이라고 했다.

할머니는 펑퍼짐한 바지가 더러워지든 말든 바닥에 털썩 주저앉았다. 나는 가로등에 배낭을 기대고 앉아 할머니와 이야기를 나눴다. 그림자가 길어질 때쯤, 나는 할머니에게 위도가 참 아름답다며 그런 섬에서 살면 하루하루가 행복하겠다고 칭찬했다. "지랄." 할머니가 대답했다. 겨울에는 춥고, 불법 어업 때문에 생계를 꾸려나가기도 힘들다고 투덜댔다. "그렇게 살기 좋은 곳은 아니야." 할머니가 중얼거렸다.

나는 할머니에게 부안에서 버스를 타고 서울로 갔다가 홍콩으로 돌아가 가족을 만나고 다시 한국으로 와서 여행을 계속할 예정이라고 이야기했다. 하지만 할머니는 내 계획에 전혀 관심이 없었다. 이해한다. 할머니는 가슴 통증에 시달리는 데다가 손가락에 난 상처가 좀처럼 아물지 않아 고생하고 있었다. 위도에 있는 작은 병원에도 가봤지만 도저히 차도가 없어서 치료를 받으려면 부안의 큰 병원에 가야 했다.

나는 할머니에게 상냥하게 말을 걸었지만 사실 진심에서 우러난 이타적인 행동이 아니었다. 군산여객터미널에서 있었던 일을 생각하며 행동거지를 조심했을 뿐이다. 나는 다짐하고 또 다짐했다. 할머니에게 친절하게 대해야지. 버스에 자리가 딱 하나 남아 있으면 꼭 양보하자. 여행의 신이 내린 벌에서 벗어나려면 구원이 필요했다.

내가 쓸데없는 말로 할머니를 귀찮게 하고 있다는 사실도 알고 있었다. 내 한국어는 엉망이다. 영어 단어를 하나하나 번역해 서투르게 문장을 구성하지만 그마저도 틀릴 때가 많다. 상대방이 발음을 듣고 움찔할 때도 종종 있다. 복잡한 문법 구조를 어떻게든 끼워 맞추는 내 모습은 비만한 등반가가 북한산 암벽을 오르는 모습과 크게 다르지 않을 것이다. 눈살 찌푸려지고, 어색하며, 실패로 끝난다.

해가 기울어지기 시작했다. 할머니와 나는 편안한 침묵에 잠겼다. 어쨌든 나는 편안했다. 어쩌면 할머니는 이렇게 생각하고 있었을지도 모른다. "이놈이 내 가방을 노리는 건 아니겠지?"

허리가 굽었음에도 불구하고 할머니는 건강해 보였다. 아마 70대 중반쯤 되는 것 같았다. 주름도 없었고 균형 감각도 뛰어났다. 군내 버스가 마침내 모퉁이를 돌아 덜커덩거리며 우리 앞에 멈춰 섰다. 나는 할머니에게 도움의 손길을 내밀었지만 할머니는 매몰차게 거절하고 혼자 버스에 올랐다.

버스는 작은 마을과 노란색과 푸른색이 섞인 드넓은 들판을 지났다. 어느새 지평선이 주황빛으로 물들고 곧 어둠이 내려왔다. 나는 이 정도면 어느 정도 잘못을 만회했다고 생각했다. 쭉 할머니 곁을 지키며 배려 깊게 행동하려고 노력했다. 사방으로 몰아치는 태풍 한가운데 주어진 우산만큼도 도움이 안 되긴 했지만 그건 중요하지 않다. 나는 부안 버스정류장에 내려 할머니에게 늘 건강하라고 작별 인사를 건넸다.

할머니는 나를 바라보고 고개를 끄덕하더니 이렇게 물었다. "자네는 친구가 하나도 없어?" 하늘에 대고 맹세하는데, 거짓말이 아니다.

III : 초여름

제12장

흑산도: 술 냄새 나는 항해

서울에서 버스를 타고 남서부에 자리한 항구 도시 목포로 향하면서 한국의 끔찍한 무더위를 다시 한번 실감했다. 우기, 즉 장마가 평년보다 짧은 탓에 공기는 바짝 말랐고 나무는 시들었다.

목포로 가는 길에 들른 휴게소에서 잠시 다리를 펴고 스트레칭을 했다. 쉬는 시간은 길지 않았다. 나는 무시무시한 열기에 샌들이 녹지는 않을까 걱정했다. 날씨가 이 정도 더우면 겨드랑이에 땀자국이 남기 전에 땀이 증발해야 정상이 아닌가 싶은 생각까지 들었다. 이발사가 면도를 하기 전 뜨거운 수건을 내 얼굴에 올려놓고 치우는 걸 깜빡 잊은 것 같은 느낌이었다.

나는 홍콩으로 건너가 진행 중인 작업을 정리한 후 한국에 돌아왔다. 보리에게 남은 방학 동안 오디세이에 동행해 달라고 간절하게 부탁했지만 딸은 두 번 생각해 보지도 않고 단호하게 거절했다.

보리는 이렇게 대답했다. "재미없을 것 같아. 게다가 아빠랑 맨날 싸울 걸. 나는 내 또래 애들이랑 같이 놀고 싶어." 이해할 수 없었다. 내가 아직 십

대도 안 된 어린 딸이었다면 머리가 벗겨지기 시작한 중년의 아빠가 함께 여객선을 타고 거칠게 파도치는 바다를 건너 외로운 바위섬을 떠돌며 한국의 격정적인 근현대사와 불굴의 의지를 지닌 한국인, 전쟁이 남긴 잿더미에서 일군 기적적인 성장, 한이 서린 우울하고 독특한 문화를 공부하자고 제안했을 때 즐겁게 따라나섰을 것이다. 아무튼 요즘 애들이 이렇다.

나는 숨이 턱턱 막히게 더운 한여름의 홍콩을 떠나 마찬가지로 숨이 턱턱 막히게 더운 한국으로 가서 버스를 타고 끝없이 남쪽으로 내려갔다. 목포에 전초 기지를 세우고 가깝고 먼 섬들을 탐험할 예정이었다.

지난번 마지막으로 목포를 방문했을 때는 폭설이 내려 숙소 앞에 물건을 사러 갈 때에도 고글을 껴야 했다. 미친 듯이 흩날리는 눈발을 뚫고 힘겹게 여객터미널에 가서 흑산도행 여객선이 운항하는지 물어보자 티켓 판매원은 어이없이 웃으며 나를 내쫓았다. "눈이 이렇게 내리는데 바다를 건너려면 차라리 썰매를 타는 게 나을 겁니다." 실제로 이렇게 말하지는 않았지만 표정이 훤히 읽혔다. 얼어붙은 바다 위로 여객선을 끄는 허스키 무리가 있으면 좋았을 텐데. 캐나다에서 온 사람이라면 겨우 영하 15도 정도로 웬 엄살이 그렇게 심하냐며 코웃음을 칠지도 모르지만 나처럼 홍콩에 살다 온 사람에게는 고문이나 다름없는 날씨였다. 홍콩 정부는 기온이 섭씨 13도 이하로 떨어지면 한파주의보를 발령한다.

목포는 지난 수백 년 동안 한국 바다의 중심지로 자리매김한 주요 항구 도시로, 나는 한국에서 가장 큰 국립공원인 다도해상국립공원 탐험을 계획하고 이 도시에 왔다. 외국인 입장에서 '다도해상'이라는 이름은 상당히 난해하게 들리지만 사실은 섬이 많은 바다라는 뜻일 뿐이다. 실제로 다도해상국립공원은 1,500개가 넘는 섬으로 이루어졌다. 그중 대부분은 무인도거나 인구가 아주 적다. 나는 일단 네 군데를 목적지로 선택했다. 겨우 네 군데라니! 태권도장에 발만 들이고 한국 전통 무술 태권도를 주제로 한 책을 쓰고, 서울 시내에서 밥 한 끼 먹고 한국 음식에 관한 책을 쓰는 것과 뭐가 다르단 말인가. 어쨌든 나는 몇 시간 항구 근처를 산책하고 주변의 섬을 뭉뚱그려 일반화하는 터무니없는 실수는 저지르지 않도록 최선을 다할 예정이다.

버스는 해질녘이 다 돼서 목포에 도착했다. 인천공항에서 목포까지는 꼬박 한나절이 걸렸다. 버스터미널 밖에서는 택시 기사들이 차 문을 훤히 열어둔 채 수다를 떨거나, 부채를 부치거나, 담배를 피우며 빈둥거리고 있었다. 손님을 유치하려고 허둥대는 사람은 한 명도 없었다. 한 기사에게 호텔 주소를 적어 둔 쪽지를 내밀자 그는 곧장 동료들을 불러 모았다. 택시 기사들은 목적지를 두고 한바탕 설전을 벌였다. 고개를 흔들고, 혀를 차고, 삿대질을 하며 고성이 오갔다. 마침내 기사가 뒷좌석에 타라고 손짓했다. 그리고 차에 탄 지 몇 분 안 돼 호텔에 도착했다. 나는 도대체 왜 그렇게 야단법석을 떨었는지 궁금했다. 좁은 골목 가운데 숨겨진 건물이었다면 이해하겠지만 호텔은 여객터미널 근처 큰길에 떡하니 자리하고 있었다. 택시 기사가 요금을 더 받으려고 연기를 펼친 걸까? 아니면 전라도 택시 기사는 원래 성격이 불같은 편일까?

한국에서 전라도는 투쟁심이 강한 지역으로 유명하다. 당연히 전라도 사람 또한 온화함과는 거리가 멀다고 알려져 있다. 전라도 사람에게는 항쟁의 피가 흐른다. 이 지역은 수 세대에 걸쳐 탄압을 받았으며, 이곳에 사는 사람들 또한 시골뜨기 취급을 받아 왔다. 곧 이야기하겠지만 한국전쟁 이후 전라도 출신이 정권이 잡은 사례는 무척 드물다. 그 영향으로 전라도는 다른 지방에 비해 발전이 더딘 편이다.

1980년 5월, 전라남도 남서부의 주요 도시 광주에서 대규모 시위가 발발했다. 이는 1979년 박정희 전 대통령이 암살된 이후 권력을 다지려는 군사정부에 대한 반발로 일어난 민주항쟁이었다. 한국 군대는 그해 5월 말까지 항쟁이 이어지는 동안 광주 시민 수백 명을 살해했다. 수많은 사람이 목숨을 잃었음에도 불구하고 광주항쟁은 세상에 거의 알려지지 않았다.

당시 광주에 기자가 몇 명만 더 있었더라면 전 세계가 한국을 주목했을 것이다. 하지만 외신 기자는 고사하고 현지 기자조차 대학살의 현장에 발을 들이기 힘들었다. 독일의 위르겐 힌츠페터Jügen Hinzpeter는 외부에 참상을 알리려고 노력했지만 만족할 만한 성과를 거두지 못했다. 항쟁이 일어났을 때 독일 방송국 일본 특파원으로 근무하던 힌츠페터는 광주로 달려가 사건을 취재했다. 하지만 세상은 힌츠페터의 취재에 관심을 기울이지 않았다. 이후 광주 이야기가 알려지자 비난의 목소리는 서구 국가로 향했다. 한국에 주둔하던 미군이 당시 상황을 몰랐을 리가 없기 때문이다. 미국은 북한의 침략에 대비한다는 이유로 아시아의 전략적 요충지인 남한에 병력을 배치했다. 남한 정예부대가 광주로 남하하기 시작했을 때 미국 정부는 뭔가 심상치 않은 일이 벌어지고 있다는 사실을 분명히 눈치챘을 것이다.

목포에 도착한 날 밤, 나는 대로변에 떡하니 위치한 호텔에서 전라도의 역사를 조금 더 공부했다. 식민 지배 기간에는 강력한 반일 운동이 일어났고, 군부 독재 시절에는 반정부 시위가 벌어졌다. 1894년 평등사상을 바탕으로 반봉건, 반외세를 외치는 동학농민운동이 시작된 지역 또한 전라도였다.

역사적 측면에서 동학농민운동은 매우 흥미롭다. 이 사건은 한반도의 여러 정치 사건에 불을 붙였다. 봉기는 지주 계급의 억압에 대한 반발로 일어났다. 동학농민운동의 '동'은 동방을, '학'은 학문을 의미한다. '동학'은 서양에서 들어온 학문인 '서학'과 반대되는 토착 사상을 기반으로 한다. 동학농민운동이 확산되자 조선 정부는 혼자 힘으로 사태를 진압할 수 없다고 판단해 청나라에 도움을 요청했다. 청나라는 한반도에 병력을 지원했고, 이는 일본을 자극했다. 일본의 주장에 따르면 청나라의 군대 파병은 톈진조약을 위반하는 행동이었다. 조선 반도를 정치적 거점으로 삼으려던 일본과 청나라는 분쟁 해결이라는 명목으로 1885년 톈진조약을 체결했다. 톈진조약에는 조선에 중대한 사건이 발생해 청나라 또는 일본이 군대를 파병할 시 상대 국가에 미리 고지해야 한다는 조항이 포함됐다. 동학농민운동을 핑계로 청나라가 조선에 개입하자 일본은 이에 대한 보복으로 한양을 점거하고 1895년 고종의 아내인 민비, 즉 명성황후를 암살했다.

명성황후 시해 사건은 오늘날까지 한국에 깊은 상처로 남았지만 바깥 세상에는 놀라울 정도로 알려지지 않았다. 당시에는 일본을 비난할 정도로 한반도에 관심을 가진 나라가 없었다. 명성황후는 일본이 사악한 속셈을 품었다고 판단해 보수 세력과 긴밀한 관계를 맺었는데, 실제로 한반도를 집어삼킬 계획을 세우고 있던 일본은 걸림돌을 제거하기 위해 명성황후를 살해했다. 19세기 말 조선은 크게 진보와 보수 두 파벌로 나뉜 약소국이었다. 진보 세력은 일찍이 근대 문물을 받아들이고 자원을 갈구하는 아시아의 떠오르는 강국 일본과 더 강력한 연대를 맺길 바랐다. 반면 보수 세력은 청나라와 역사적 관계를 유지하길 원했다. 결과적으로 일본은 명성황후를 시해함으로써 한반도에 지배권을 행사하겠다는 장기 목표를 한층 원만히 달성할 수 있었다.

동학농민운동은 조선군과 일본군에 의해 진압됐다. 이 사건을 계기로 한층 대담해진 일본은 청나라와 전쟁을 벌였다. 1894년부터 1985년까지 지속된 청일전쟁에서 승리한 일본은 조선 정치에 더욱 깊이 관여했다. 이후 15년 동안 일본이 한반도에 행사하는 영향력은 점차 커졌고 영국과 미국의 암묵적 지지를 받아 마침내 조선 합병에 성공했다. 1910년 체결된 한일병합조약은 일본이 대한제국의 모든 주권을 흡수한다는 내용을 명시했다. 자신감을 얻은 일본은 1945년까지 수십 년에 걸쳐 동아시아와 동남아시아 일대를 식민화하려고 노력했다.

아무래도 복잡한 역사적 맥락을 짧게 요약하려다 보니 생략한 부분이 적지 않다. 하지만 동학농민운동은 강력한 외부 세력에 맞서 전통적인 삶의 방식을 고수하려는 민중의 투쟁을 상징한다. 이는 전 세계 역사를 모두 통틀어도 비슷한 사례를 찾기 힘든 아주 특별한 사건이다.

    봉기, 암살, 합병에 관한 이야기는 소화하기 버거웠다. 확실하지는 않지만 온갖 권모술수가 난무하는 역사를 찾아보면서 면역 체계가 약해진 것 같다. 목포에 도착한 첫날, 한밤중에 잠에서 깼는데 침대가 축축하게 젖어 있었다. 땀이 비 오듯 쏟아졌고 머리가 깨질 것처럼 아팠다.

    나는 냉장고에 있는 음료를 꺼내 마셨다. 아무리 낡고 허름해도 한국 모텔에는 대부분 차가운 주스와 생수가 넉넉히 구비돼 있다. 하지만 그날 밤에는 음료를 전부 마시고도 갈증이 해소되지 않았다. 나는 탈수, 어지럼증, 두통에 시달리며 어설프게 엘비스 프레슬리Elvis Presley를 흉내 내는 사람처럼 몸을 덜덜 떨었다.

    다음 날 아침, 몸이 더 나빠졌다. 전날 밤 바이러스가 사방에 깔린 레이저를 피해 철저한 감시망을 뚫고 내 몸에 침투한 게 분명했다. 나는 아무 맛이 안 나는 흰 빵과 육즙이 다 빠진 소시지로 대충 끼니를 때우면서 여행 계획을 미루기로 결정했다. 원래는 아침을 든든히 먹고 목포에서 서쪽으로 100킬로미디 떨어진 흑신도에 기려고 했지만 이런 몸 상태로는 도저히 배를 탈 수 없었다. 군산에서 할머니를 버리고 혼자 택시를 타서는 안 됐다. 형벌은 아직 끝나지 않았다.

    나는 아침 식사를 끝내고 누가 봐도 병색이 완연한 몸으로 엘리베이터를 탔다. 빳빳하게 주름이 잡힌 반바지와 깔끔하게 다림질한 티셔츠를 차려입고 나가던 젊은 가족이 나를 보고 흠칫 놀라더니 재빨리 자리를 피했다. 객실로 돌아와서 햇빛이 들어오지 않도록 커튼을 치고 땀으로 축축한 침대에 누워 이불을 목 아래까지 끌어 덮었다. 한숨 푹 자고 일어나면 나아질 거야, 나는 애써 스스로를 다독였다. 꿈도 꾸지 않고 처음 누운 자세 그대로 내리 몇 시간을 잤다. 이따금 잠에서 깨 베개에서 고개를 들었다가 다시 혼수상태에 빠졌다. 선량한 전라도가 싫은 건 아니지만 목포에서 쓸쓸히 임종을 맞이

하면 어쩌나 두려운 마음이 들었다.

　다음 날 아침, 컨디션이 조금 나아져 엘리베이터를 타고 로비로 내려가 아침을 챙겨 먹었다. 식사를 마치고 방으로 올라오니 침대에는 깨끗한 새 이불이 깔려 있었고 냉장고에는 새 음료가 채워져 있었다. 열을 내리고 숙취를 해소하는 데 효과가 좋은 달콤한 매실 주스가 몇 캔이나 됐다. 청소부가 내 상태를 짐작하고 적당한 음료를 채워 넣은 것 같았다.

　기록을 자세히 남기지 않아 그날 하루를 어떻게 보냈는지 정확히 기억은 안 난다. 초저녁에 산책을 나간 것만은 확실하다. 건강이 완벽히 회복되지 않아 힘겨웠지만 신선한 공기를 쐬고 싶었다. 내가 머물던 호텔은 태국 마사지 숍과 이발소 기둥, 지저분한 노래방이 즐비한 홍등가 한가운데 자리하고 있었다. 한국 노래방은 두 가지 유형으로 나뉜다. 첫 번째 유형에서는 친구들과 함께 신나게 노래를 부르며 내 안의 숨겨진 록 스피릿을 찾을 수 있고, 두 번째 유형에서는 여성 파트너를 끌어안고 춤을 출 수 있다. 화려한 분홍색 불빛과 비키니를 입은 매혹적인 여성의 사진으로 장식된 노래방은 두 번째 유형일 가능성이 크다. 태국 마사지 숍 사이에도 은밀한 서비스를 제공하는 가게가 섞여 있다. 일부 태국 여성은 여권을 빼앗겨 고향에 돌아가지 못할 위험을 감수하고 한국에 일자리를 찾으러 온다고 한다. 더 자세한 정보를 얻으려면 현장 조사가 필요하다. 하지만 16살에 런던 소호의 스트립 클럽에 몰래 잠입했다가 된통 당했다는 친구의 이야기를 들어 보면 잠입 수사는 할 짓이 못 된다. 친구는 술 한 잔을 시키고 스트립쇼를 감상했다. 튀어나온 눈알을 다시 제자리에 집어넣고 계산을 하려는데 인상이 험악한 경비원이 옆에서 지키고 서서 친구를 위협했다. 내 기억이 틀리지 않았다면 친구는 그날 밤 맥주 한 잔과 깃털 장식이 달린 브라, 팬티, 멜빵을 구경하고 400파운드를 지불했다. 요즘 시세로 따지면 약 1,300파운드나 되는 큰돈이다. 가엾은 녀석. 친구는 나처럼 따분한 부류로 소호 스트리퍼가 코앞에 다가와도 털끝조차 못

건드렸을 것이다.

나는 아직 아픈 몸으로 한산한 거리를 떠돌았다. 할머니들이 나지막한 플라스틱 의자에 앉아 부채질을 하거나 시원한 저녁 공기를 쐬며 채소를 손질하고 있었다. 나에게는 눈길조차 주지 않았다. 내가 투명 인간이 된 건 아닐까 의심스러울 정도로 무관심했다. 어떻게든 배를 채우고 진통제를 먹어야 했다. 온 몸이 쑤셨다. 나는 발가락이 떨어져 나간 것처럼 절뚝대며 호텔로 돌아갔다. 아마 바로 잠자리에 들었던 것 같다. 잘 모르겠다. 다음 날 아침 일찍 눈을 떴다. 침대는 땀 한 방울 없이 뽀송했다.

나는 옷을 입고, 밥을 먹고, 약을 삼키고, 걸어갈 수 있는 거리임에도 혹시 몰라 택시를 타고 목포여객터미널로 갔다. 목포여객터미널은 웬만한 쇼핑몰보다 컸다. 여객선이 이 섬 저 섬으로 승객을 실어 날랐다. 물론 내 목적지인 흑산도 또한 그중 하나였다.

"흑산도요." 나는 쉰 목소리로 표를 구매했다. 여권을 보여주고 휴대전화 번호를 남기고 돈을 내고 표를 받았다. 얼른 배에 타서 주인을 잃고 떠돌다 비를 피해 오두막에 몸을 숨긴 개처럼 바다 선실 구석에 웅크리고 누워 눈을 감았다. 도착을 알리는 날카로운 방송에 잠에서 깼다. 배에서 내리자마자 눈에 띈 건 탁 트인 바다도, 우거진 산도, 북적이는 항구도, 버스표를 사려고 길게 줄을 늘어선 관광객도 아니었다. "미국인 씨, 환영합니다."라는 팻말을 손에 든 남자가 가장 먼저 눈에 들어왔다.

남자는 손님을 기다리는 관광 가이드와 택시 기사 수십 명 사이에서 두리번댔다. 이유는 알 수 없지만 '미국인 씨'는 영어로, '환영합니다'는 한국말로 적혀 있었다. 남자는 나를 보더니 환하게 웃으며 열정적으로 팻말을 흔들었다. 그 배에 탄 외국인은 나뿐이었다. "아뇨, 전 영국인이에요." 왠지 사과를 해야 될 것 같았다. "미안해요."

남자는 무척 실망한 것 같았다. 나는 혹시 몰라 주변을 살폈다. 성조기

무늬 옷을 입은 마블 코믹스 슈퍼히어로든, 케이에프씨 치킨을 손에 들고 챙이 넓은 모자를 쓴 카우보이든 편협한 영국 남자가 생각하기에 미국인처럼 보이는 사람이 배에서 내리길 기대했다. 하지만 미국인 비슷한 사람조차 없었다. 팻말을 든 남자가 찾는 '미국인 씨'는 끝내 나타나지 않았다.

독감에 걸린 사람이 아니라면 흑산도에서 다양한 활동을 즐길 수 있다. 바다가 내려다보이는 예쁜 숙소에 머물면서 자전거를 빌려 타고, 푸르른 언덕을 산책하고, 현지에서 나는 해산물을 맛보고, 이웃한 홍도로 나들이를 떠나도 좋다. 나는 그중 무엇도 하지 않았다. 어쩌다 보니 단체 여행객 사이에 끼어 섬을 둘러보게 됐다. 원래는 카페에 가서 책을 읽고 글을 쓰다가 오후에 배를 타고 목포에 돌아오려고 했다. 하지만 항구 밖으로 나와 근처를 어슬렁대는데 아줌마 한 명이 다가오더니 내 손에 관광 안내서를 한 장 쥐어 주고 버스 정류장으로 데려갔다. 나는 거의 끌려가다시피 줄을 섰다.

"7번 버스!" 아줌마가 소리쳤다. 감기 때문인지, 약 때문인지 나는 몽롱하게 고개를 들고 7번 버스를 올려다봤다. 그리고 순순히 버스에 올랐다. 버스에 타지 않을 이유가 없었다. 버스는 거의 만원이었다. "얼마예요?" 또는 "잠깐만요! 내릴게요!"라고 이야기할 틈도 없이 문이 닫히더니 버스가 출발했다.

버스에는 중년 관광객이 가득했다. 형형색색 벙거지 모자와 까만 선글라스를 쓰고, 유명 브랜드 등산 용품을 들고, 가이드가 나눠준 것 같은 배지를 붙이고 있었다. 나만 빼고 모두 서로 아는 사이였다. 불청객이 된 것 같았다.

나는 이런 단체 여행을 '오리 투어'라고 부른다. 엄마 오리를 따라다니는 아기 오리처럼 깃발을 든 가이드를 졸졸 쫓아다니기 때문이다. 동아시아에서는 이런 형태의 단체 관광이 흔하다. 오리 투어에 참여한 관광객은 아무 생각 없이 정해진 시간표에 따라 유명한 관광지를 무리 지어 방문한다. 여럿이 함께 하는 여행이 훨씬 재미있다고 생각하기 때문이다. 왜 굳이 힘들고 쓸쓸하게 혼자 여행을 할까? 많은 한국인이 이렇게 생각한다.

떠들썩한 한국 단체 관광객과 함께 하는 여행을 별로 안 좋아하는 사람도 있을 것이다. 하지만 나는 중년 관광객과 빠르게 융화됐다. 그들은 학교가 불에 타서 무너졌다는 소식을 들은 아이들처럼 들떠 있었다. 나에게 괜히 말을 걸거나 질문을 하는 사람은 없었다. 나는 단체의 일원일 뿐이었다. 처음 한국에 왔을 때는 상상도 할 수 없는 일이다. 외국인을 만나기 힘든 시절이었기에 사람들은 나를 빤히 쳐다보거나, 괜히 한번 찔러 보거나, 질문을 던졌다. 연평도 편의점에서 나를 괴롭히던 아이들을 생각하면 소름이 오싹 돋는다.

나는 버스 창가에 자리를 잡고 앉아 스쳐 지나가는 흑산도 풍경을 감상했다. 파란 하늘, 싱그러운 들판, 푸른 바다가 아름답게 어우러졌다. 심신이 안정되는 것 같았다. 이유는 설명하기 힘들다. 여행 관련 서적을 읽으면서 산과 바다가 어우러지는 경치를 좋아하도록 세뇌당한 것일까? 아니면 본능적으로 끌리는 것일까? 나는 죽음을 초월하는 존재가 된 듯한 고양감에 휩싸였다. 헤아릴 수 없이 많은 인간이 생과 사를 반복하는 동안 해, 바다, 바위는 변함없이 자리를 지키고 있을 것이라는 사실을 알면서도 잠시 흑산도의 일부가 된 것처럼 불멸을 느꼈다. 아무래도 감기약을 너무 많이 먹은 것 같다.

뒷좌석에 앉은 젊은 남자들이 행패를 부리기 시작하면 버스에 탄 승객 모두의 목숨이 위험해질 것이다. 남자 한 명이 소주병을 꺼내 들었다. 버스에서 술을 마셔도 괜찮은가 싶은 생각이 들었지만 나서지 않기로 했다. 버스가 코너를 도는데 승객이 자리에서 일어나 휘청거리며 일행에게 술을 따라줄 때마다 수명이 줄어드는 것 같았다. 한국에서 술을 권할 때는 엄격한 주도를 따라야 한다. 상사처럼 연장자나 지위가 높은 사람에게 술을 따라줄 때는 반드시 두 손으로 병을 들어야 한다. 오른손은 병을 쥐고 왼손은 오른 손목을 가볍게 받친다. 연장자에게 술을 받을 때도 똑같다. 오른손은 잔을 쥐고 왼손은 오른 손목을 가볍게 받친다. 물론 술을 마실수록 규칙은 의미를 잃는다.

술자리가 끝날 때쯤엔 병째로 술을 마시는 사람도 나온다.

움직임이 없는 식당이나 술집이라면 두 손으로 술을 따르고 받는 관습에 아무런 문제가 없다. 하지만 손이 세 개가 아니라면 급커브를 도는 버스 안에서 주거니 받거니 술을 마시는 행동은 바람직하지 않다고 생각했지만, 괜한 걱정이었다. 뒷좌석에 앉은 남자들은 전문가였다. 물살이 거칠다는 백령도 인당수 위에서 소주를 따라도 술 한 방울 흘릴 것 같지 않았다.

선글라스를 쓴 대머리 버스 기사는 뒤에서 아무리 요란을 떨어 대도 눈 하나 깜빡하지 않았다. 첫 번째 관광 코스인 흑산도 마을을 도는 15분 동안 기사가 이따금 농담을 던지면 왁자지껄하게 웃음이 터졌다. 소주를 마시던 남자 무리의 웃음소리가 유독 컸다. 다행히 술에 취해 복도를 구르는 사람은 없었다(만약 그랬다면 정말 위험했을 것이다). 기사의 재치 있는 입담에 다들 즐거워했다. 한 번은 이런 대화가 오갔다.

버스 뒷좌석에 앉은 여자: 기사님! 에어컨 좀 켜 주세요!

기사: 뭐라고요?

여자: 에어컨 켜 달라고요. 더워요.

기사: 켜져 있어요.

여자: 바람이 안 나와요.

기사: 사람을 사기꾼으로 만드시네!

하하 호호! 웃음꽃이 피는 현장을 직접 보여줄 수 없어 아쉬울 따름이다.

내 즉흥 여행의 첫 번째 목적지는 저 멀리 홍도를 내려다보는 전망대였다. 홍도는 흑산도에서 여객선을 타고 한 시간쯤 가면 나오는 섬으로, 바위 절벽의 철분이 흩날리는 바닷물과 바람에 산화돼 붉은 빛을 띤다. 1965년 섬 전체가 천연보호구역으로 지정될 정도로 빼어난 경관을 자랑한다. 오늘날 홍도는 천연기념물로 분류된다. 바닷가에 돌멩이가 예쁘다고 주워서 가지고 나오다가 들키면 벌금을 내야 한다.

천 년이 넘는 오랜 세월 동안 서해를 횡단하는 수많은 선박이 외딴 바다 한가운데 떠 있는 흑산도에 들러 식량을 보충하고 장비를 정비했다. 일본 승려이자 작가인 엔닌(794–864)은 『입당구법순례행기』에 흑산도와 관한 기록을 남겼다. 엔닌은 9세기 중반 당나라에 유학을 갔다가 일본으로 돌아가는 길에 흑산도에 들렀다. 엔닌이 남긴 일기에 따르면 당시 섬에는 후박나무와 동백나무가 많았으며 인구는 삼, 사백 가구에 이르렀다. 시간이 지나며 흑산도는 남해 항로를 거쳐 한국, 중국, 일본을 오가는 뱃사람의 발길이 끊이지 않는 항구로 성장했다.

자신의 의지와 관계없이 흑산도에 갇힌 사람들도 있다. 유배자다. 혹시라도 짬을 내서 유배당한 조선 관료 목록을 훑어보려는 독자가 있다면 다시 한번 생각해보길 바란다. 조선에는 청운의 꿈에 부풀어 궁중에 발을 들인 인물이 추방당하는 사례가 흔했다. 조선왕조실록에는 문관 네 명 중 한 명이 유배됐다는 기록이 남아 있다. 범죄를 저지르거나 반대 세력의 모함에 휘말려 머나먼 흑산도로 쫓겨나 외로운 시간을 보낸 이들이 적지 않다.

외딴섬 흑산도는 유배지로 완벽했다. 유명한 학자 정약전은 19세기 초반 유배당해 7년 동안 흑산도에 머물면서 섬 근처에 서식하는 해양 생물을 상세히 기술한 어류도감 『자산어보』를 집필했다. 정약전은 흑산도에서 사망한 것으로 추정된다.

정약전에게는 형제가 둘 있었다. 정약종과 정약용이다. 아마 지금 외국인 독자는 이름이 왜 이렇게 비슷하나 생각하고 있을 것이다. 아무튼, 종교의 자유를 존중해 주던 군주 정조가 승하하자 천주교도였던 삼 형제는 고난의 길을 걷기 시작했다.

18세기 후반 청나라를 통해 들어온 선교사의 영향을 받아 천주교로 개종한 조선인은 대부분 평민 계급에 속했다. 일반적으로 양반이라 불리는 고위 관료는 계급이 엄격한 유교 사회의 규칙을 준수하는 삶을 선호했다. 이미 한 자리씩 차지하고 권력을 누리던 문무 관료는 온유한 자가 땅을 차지할 것이라는 등 평등을 강조하는 천주교 교리를 반기지 않았다.

정조는 천주교의 수호자라 여겨질 만큼 천주교에 관대했다. 하지만 정조가 죽고 천주교 탄압이 본격적으로 이루어지면서 많은 천주교도가 처형당했다. 한양에서 참수된 정약종 또한 그 중 한 명이었다. 천주교를 믿는다는 이유로 처형된 정약종과 순교자는 2014년 한국을 방문한 프란치스코 교황에 의해 시복됐다. 정약종의 동생 정약용은 형이 천주교로 개종했다는 죄목으로 유배됐다. 그때 정약용이 죽지 않아 다행이다. 오늘날 정약용은 시대를 대표하는 사상가 중 한 명으로 손꼽힌다. 다산이라는 호로 불리는 정약용은 사회 개혁 및 발전에 중요한 역할을 했다.

유배당한 관료 이야기는 이쯤에서 그만두고 다시 버스로 돌아오자. 버스가 전망대에 도착하자 승객은 우르르 밖으로 나와 안개 낀 바다 위로 희미하게 보이는 장도와 홍도 사진을 천 장쯤 찍고 다시 버스에 올랐다. 다음 목적지는 해산물을 파는 전통 한국 식당이었다. 갑오징어, 미역, 다시마, 홍어 등 다양한 해물이 준비돼 있었다. 아줌마가 갑오징어를 구웠다. 버스에서 소주를 마시던 남자 무리는 쌀로 빚은 와인의 일종인 막걸리를 주문했다.

막걸리는 아주 교묘한 술이다. 도수는 높지 않지만 효과는 굉장하다. 몇 년 전, 눈이 쏟아지던 어느 겨울 저녁 나는 친구들과 함께 서울의 한 술집에서 막걸리를 들이켰다. 술자리가 끝나고 나는 자리에서 일어나 일행과 인사를 나누며 두꺼운 코트에 팔을 집어넣으려다가 중심을 잃고 테이블 위로 쓰러졌다. 술병, 그릇, 컵이 바닥에 쏟아지며 요란한 소리를 냈다. 나는 힘겹게 일어나 술집에 있는 모든 사람에게 거듭 사과하고 비틀대며 밤거리로 나갔다. 또 한 번은 내가 막걸리를 마시다 넘어진 적이 있다는 사실을 모르는 다른 친구들과 술집에서 술을 마시다가 갑자기 가슴을 움켜쥐고 바닥에 쓰러졌다. 당연히 주변은 난리가 났다. 친구들은 내가 심장 마비를 일으킨 줄 알았다. 하지만 사실은 막걸리의 마취 효과가 다했을 뿐이었다.

"막걸리 때문이야." 나는 눈알이 뒤집힌 채 술집 바닥에서 헐떡이며 말했다. 구급차를 부르는 불상사는 일어나지 않았지만 이 사건 이후 한동안 술에 취한 멍청이 취급을 받았다. 더한 취급을 받아도 싸다고 생각한다.

소주 무리에 끼어서 술을 마시기 시작했다간 곤란한 일이 생길 게 분명했다. 일단 술을 입에 대면 한 잔으로 끝날 리가 없다. 외국인과 건배를 바라는 사람들이 주는 술을 받아 마시다 보면 해질녘쯤에는 거의 시체가 돼 있을 것이다. 나는 술자리에서 몰래 빠져나와 산책을 나갔다.

말끔하게 정리된 주택가에 주민은 노인뿐이었다. 젊은 부부나 아이는 보이지 않았다. 이것이 한국 섬의 현실이다. 젊은이들은 일자리를 찾아 도시로 떠나고 중년의 관광객은 노인만 남은 섬을 방문한다. 인구는 감소하고, 평균 연령은 높아지고, 해양 문화는 사라져 간다.

한바탕 먹고 마시는 시간이 지나고 또다시 먹고 마시는 시간이 돌아왔다. 버스 기사는 항구 근처 식당에 승객을 내려줬다. 나는 식욕이 별로 없었다. 한 음식이 풍기는 악취에 입맛이 뚝 떨어진 탓이다. 절묘하게 삭힌 홍어회는 이 지역 별미로 손꼽히지만 따로 후각 강화 훈련을 거치지 않은 사람은 악취를 견디기 힘들 것이다. 강렬한 냄새에 비강이 저릿해졌다. 홍콩의 취두부, 태국의 두리안, 그 어떤 지역의 치즈도 이렇게까지 냄새가 고약하지는 않다. 눈이 보이지 않는다면 홍어 식당에서 풍기는 냄새와 화장실 지린내를 구분하기 어려울 것이다.

음료수로 목을 축이고 항구 근처를 돌아다니다가 모여 앉은 사람들을 발견했다. 할아버지·할머니가 반주에 맞춰 신나게 노래를 부르고 있었다. 실력은 형편없었지만 흥이 넘쳤다. 노래를 부르면서 춤을 추는 사람이 적어도

50명은 더 되는 것 같았다. 팔미도 여객선에서 신나게 놀던 할머니들이 그랬듯, 한국 사람들은 앞에 나서서 마이크를 잡는 데 주저함이 없다. 술을 몇 잔 걸쳐야 겨우 노랫가락을 흥얼거리는 영국인과는 딴판이다. 나는 조금 다르다. 처음 서울에 왔을 때는 거의 노래방에 살다시피 했다. 화면에 뜬 가사를 따라 노래를 부르면서 한국어 읽기를 마스터했다.

한바탕 노래자랑이 끝나고 목포로 가는 오후 배를 타러 줄을 섰다. 그때 재치 넘치던 관광버스 기사가 왜 유독 낯이 익었는지 알아챘다. 기사는 여객선 밧줄을 풀고 있었다! 같은 사람이 틀림없었다. 한국에서 30대 중반에 머리가 벗겨진 사람을 보기는 쉽지 않다. 오전 내내 관광객을 데리고 다니며 흑산도를 소개하던 유쾌한 버스 기사는 고객의 돌아가는 길까지 책임졌다.

흑산도에서 목포로 돌아가는 배에는 술 냄새가 진동했다. 얼큰하게 취한 승객 때문이었다. 버스에서 이미 코가 비뚤어지게 소주를 마신 남자들은 점심 식사 이후 만취 상태가 돼 있었다. 한국에서는 술을 빼는 행동을 용납하지 않는다. 내 옆자리에서 자던 아저씨는 술자리에서 슬쩍 빠지면 어떤 봉변을 당하는지 보여줬다.

"일어나서 마셔!" 얼굴이 벌겋게 달아오른 중년 남자 한 명이 소주를 가득 채운 종이컵을 아저씨의 입 앞에 들이밀면서 외쳐 댔다. "마셔라!" 입을 열 때마다 마른 생선 냄새가 풍겼다. 옆자리에 앉은 아저씨는 결국 아내를 두고 친구와 술을 마시러 갔다. 아내는 체념한 것 같았다. 이 양반이 술 때문에 또 여행을 망치는구나. 술에 취해 정신을 잃은 남편을 집에 끌고 들어가서 신발을 벗기고 이불을 덮어 줄 생각에 이미 지친 기색이었다.

논란의 여지가 있지만 과거 여성은 남성에게 노예와 비슷한 취급을 받았다. 이런 사회관계는 최근 들어 급격히 변화했다. 그리고 오늘날 한국은 그 어느 때보다 남녀가 평등한 사회를 추구하고 있다.

하지만 놀랍게도 노예 제도는 완전히 사라지지 않았다. 나는 현대 사회에 잔존하는 노예 제도의 흔적을 좇아 남서쪽으로 향하는 여객선에 오르기로 마음을 먹었다.

제13장

신의도: 노예 섬

서울과 홍콩에서 편집자와 기자로 일한 적이 있는 전직 언론인으로서 장담하건데, 외딴섬에서 일어난 노예 소동은 웬만한 기사를 전부 밀어내고 1면을 차지할 만큼 사회에 엄청난 충격을 안길 것이다.

북한이 알래스카에 미사일을 발사했다고 하더라도 섬 노예 사건을 이기기는 힘들다. 인권 유린부터 부정 경찰, 정치 작당, 사기, 범죄 행각, 악의적 학대까지. 북한에서는 이 모든 일이 매일같이 일어나고 있다. 하지만 남한 노예 섬도 북한과 크게 다르지 않다.

한반도 남서쪽 바다 멀리 떠 있는 섬에서 현대판 노예가 존재한다는 소문이 몇 년 동안 나돌았다. 그리고 2015년, AP통신Associated Press의 오랜 추적 끝에 이 문제는 전 세계 언론의 헤드라인을 장식했다. 기사는 정신연령이 12세에 불과한 시각장애인 남성이 신의도 염전에서 노예 같은 생활을 해 왔다는 내용을 담고 있었다.

내리쬐는 뙤약볕 아래 소금을 수확하던 시각장애인 남성과 역시 장애를 지닌 또 다른 노동자는 탈출을 꾀했다. 하지만 두 사람은 섬 주민에게 발각당해 경찰에 연행됐다. 이빨 빠진 호랑이나 마찬가지인 경찰, 지연으로 똘똘 뭉친 주민, 무관심한 의료진, 밥그릇 지키기에 바쁜 성직자는 학대를 피해 도망치다 붙잡힌 노동자의 편이 아니었다.

신의도 주민 2,300명 중 약 절반이 염전 관련 업종에 종사한다. 즉, 섬의 경제가 소금 산업에 달려 있다. 그러니 위험을 무릅쓰고 내부 고발자를 자처하는 사람이 없었던 것 같다. 신의도 주민이 장애인을 염전 노예로 부려먹는다는 소문을 접한 AP통신은 엄청난 집념과 자본을 투자해 오랜 기간에 걸쳐 실태를 조사했고, 마침내 전 세계를 충격에 빠뜨린 사건의 진상을 밝혔다.

나는 노예 섬을 그냥 지나칠 수 없었다. 나의 목적은 진상 규명이 아니었다. 이미 AP통신이 훌륭한 보도로 각국 언론을 뒤흔들어 놨으니 내가 설칠 필요가 없었다. 나는 단지 순수한 호기심에서 신의도를 훔쳐보고 싶었다. 노예 행각을 보고도 못 본 척 고개를 돌린 신의도 주민을 직접 만나 보길 바랐다.

그래서 흑산도 여행을 마치고 목포에 돌아와 며칠 후 신의도로 가는 여객선에 올랐다. 나는 표와 여권을 손에 들고 줄을 서서 배를 기다리는 동안 주변 승객을 주의 깊게 살폈다. 하루 이틀 머무르는 관광객 같지는 않았다. 나와 함께 배에 탄 할머니·할아버지는 유명 브랜드 등산복이 아닌 단조로운 일상복을 입고 있었다. 화려한 모자나 용접을 할 때나 쓸 법한 선 캡, 반짝이는 등산화, 고산 등반용 막대기도 보이지 않았다. 바닥 객실 옆자리에 앉은 승객의 얼굴에는 기대감이 아닌 지겨움이 묻어 있었다.

그렇다고 악덕 노예주처럼 보이지도 않았다. 채찍이나 수갑을 든 사람은 한 명도 없었다. 하루하루 생계를 꾸리는 평범한 주민과 조금도 다르지 않았다. 그래서 더욱 마음이 불편했다. 나와 함께 배에 오른 승객 삼십여 명 중 적어도 한두 명은 염전 노예 사건이 언론에 보도되기 전 이미 이웃 주민의 부도덕함을 알고 있었을 것이다.

여객선이 서서히 앞으로 나아가며 기름 냄새가 선실을 가득 채웠다. 신의도에 들어가는 배는 유독 심하게 기우뚱댔다. 창문이 어찌나 덜컹거리던지 깨지지 않는 게 오히려 신기했다. 배를 타고 가는 내내 몸이 흔들려서 불교 명상을 할 때처럼 '옴' 소리를 내면 구급차 사이렌처럼 들릴 것 같았다. 티켓은 편도 10달러로 무척 저렴했다. 뱃삯이 저렴한 데는 다 이유가 있었다. 지난 몇 개월 동안 여행하면서 내가 탄 여객선 바닥 선실에는 나무토막에 부드러운 천을 덧댄 베개가 제공됐다. 하지만 신의도행 여객선에서 베고 누울 만한 물건이라고는 구정물을 채운 플라스틱 물병뿐이었다. 당연히 매점도 없었다. 내 배는 뱃고동 소리보다 더 요란하게 울렸다.

나는 갑판으로 나갔다. 눈부시게 아름다운 경치가 눈앞에 펼쳐졌다. 내가 한국 관광청 홍보 캠페인 담당자로 일하는데 멋진 풍경 사진이 필요하다면 고민할 필요도 없이 목포 주변 섬들과 5년 계약을 맺을 것이다. 그날 저녁 호텔에 들어와 녹음 파일을 듣는데 입이 닳게 경관을 칭찬하는 내 목소리를 듣고 있자니 얼굴이 화끈해졌다. 분주한 항구, 지나가는 배를 비추는 햇볕, 짙고 푸른 하늘, 초록빛을 띠는 맑은 바다, 수평선을 감싼 신비로운 안개에 대한 감탄이 끊이지 않고 이어졌다.

역사 마니아라면 그런 자연 경관을 앞에 두고 상상력을 발휘하지 않은 채 그냥 넘어갈 수 없다. 나는 일본 승려 엔닌이 육지로 둘러싸인 산시성에서 몇 년 간의 유학을 끝내고 교토로 돌아가는 상황을 떠올렸다. 머나먼 과거 승려 엔닌이 당나라에서 구한 두루마리와 불교 유물을 싣고 바다를 건너는 모습이 그려지는 듯했다. 뜨거운 햇빛 아래 하얗게 빛나는 경비정이 시야를 가리지 않았다면 나는 훨씬 더 오랫동안 공상에 빠져 있었을 것이다.

목포항을 출발하고 얼마 뒤 좌현에 '목포해양대학교'라는 글씨가 적힌 배 한 척이 시선을 끌었다. 내가 대학 시절 육지에 붙어 있는 도서관을 벗어나 배 위에서 공부를 했더라면 훨씬 더 좋은 성적을 받았을 텐데, 아쉬운 마음이 들었다.

20분 후, 배는 붉은 크레인이 우뚝 솟은 조선소를 지나 거친 물살을 뚫고 항구에 진입했다. 절벽 위에 지어진 게스트하우스가 눈에 들어왔다. 한국에서 이보다 더 전망이 좋은 숙소는 없을 것이다. 만약 내 말이 틀렸다면 나는 김치 한 조각 먹을 자격도 없는 인간이다.

나는 갑판에 서서 바닷바람에 머리카락을 휘날리며 시원하게 펼쳐진 풍경에 감탄에 감탄을 거듭했다. 수많은 한국 관광 서적은 이토록 아름다운 섬들을 모두 제쳐놓고 제주도만 열심히 홍보한다. 이는 범죄나 마찬가지다. 외국인 관광객은 사찰, 음식, 건축, 무용, 음악 등 한국의 '전통'과 관련된 장소 위주로 여행한다. 한국 섬을 찾아 나서는 외국인은 무척 드물다. 실제로 내 한국인 친구와 가족은 한국 섬을 여행할 것이라는 계획을 듣고 무척 신기해했다.

나는 배에서 내리자마자 버스를 찾아 신의항 주변을 샅샅이 뒤졌다. 까딱 잘못하다간 위도에서 그랬듯 걸어서 섬을 헤매게 될 것이다. 서 멀리 버스 한 대가 보였다. 나는 등에 매달린 배낭을 휘날리며 잔뜩 신이 난 원숭이처럼 버스를 향해 달려갔다. 젠장, 정말 너무하는군! 버스 기사는 나이에 비해 몹시 민첩한 할머니·할아버지를 태우더니 나 혼자 덩그러니 남겨두고 쏜살같이 떠나 버렸다. 혹시 내가 신의도의 진상을 규명하러 온 외신 기자라고 생각한 걸까? 확실히 떠돌이 기자 같은 행색이긴 했다. 나는 지저분하고 더러웠다.

나는 여객터미널 문을 열고 씩씩대며 매표소로 달려가서 차별을 당했다고 항의했다. 신의도 버스 기사는 외국인은 무시한 채 현지인만 태우고 떠나 버렸다! 하지만 매표소는 텅 비어 있었다. 게다가 언론 보도에 따르면 아직까지 노예 제도가 존재하는 섬에서 겨우 버스 한 대 놓치고는 부당한 대우를 당했다며 화를 내는 행태가 우습게 느껴졌다.

어디에도 버스 시간표는 없었다. 적어도 내 눈에는 보이지 않았다. 지도를 보니 가장 가까운 마을은 항구에서 한참 떨어져 있었다. 걷기에는 먼 거리였지만 나는 주저 않고 길을 나섰다. 도로는 평탄했지만 햇볕이 따가웠다. 잠시라도 태양을 피할 수 있는 그늘은 없었다. 이제 와서 돌아갈 수도 없으니 부지런히 걸음을 옮겼다. 지도상 신의도의 유일한 마을은 항구의 서쪽에 자리하고 있었다. 그곳이 내 목적지였다. 마을에 도착해서 끼니를 해결하고 사람을 관찰할 것이다.

고속도로를 따라 얼마쯤 걷자 길 양쪽으로 샛노란 들판이 펼쳐졌다. 그때, 민박과 식당을 홍보하는 팻말이 눈에 들어왔다. 드디어 배를 채울 수 있다! 뙤약볕 아래 땀을 뻘뻘 흘리며 걷느라 사라진 식욕이 돌아왔다.

큰길에서 조금 벗어나 팻말을 따라가자 항구가 아름답게 내려다보이는 울창한 정원이 나왔다. 멋진 풍경에 정신이 팔리지 않았다면 정원에 사람의 손길이 닿지 않은 채 방치됐다는 사실을 쉽게 눈치챘을 것이다. 길게 이어진 진입로를 따라 건물에 다가갈수록 뭔가 잘못됐다는 생각이 들었다. 대문에 칠한 페인트는 세월의 흔적을 보여주듯 쩍쩍 갈라졌고, 외벽에는 검버섯 같은 얼룩이 군데군데 남아 있었다. 간간이 들려오는 새소리와 덤불 속에서 울리는 풀벌레 소리 외에는 어떤 소리도 들리지 않았다. 주변에는 온통 정적뿐이었다. 장사가 잘되는 식당 같지는 않았다.

나는 마지막으로 열린 게 언제인지 모를 문을 조심스럽게 두드렸다. 대답이 없었다. 다시 문을 두드렸다. 역시나 아무런 반응도 나타나지 않았다. 공포영화에 보면 꼭 이런 상황에서 멍청하게 문을 열고 들어가서 죽임을 당한다. 그리고 나는 멍청하게 문을 열고 들어갔다. 끼익! 거실에는 나무 식탁 하나와 의자 두 개가 덩그러니 놓여 있었다. 모퉁이 너머로 텔레비전 화면이 파랗게 깜빡였다. 텔레비전 맞은편에 놓인 안락의자 아래로 다리 한 쌍이 보였다.

"여보세요? 계세요?" 나는 다리의 주인을 불러 봤다. 다리는 미동조차 하지 않았다. 다시 한번 용기를 쥐어짜서 말을 걸었다. 이번에도 소득은 없었다. 다리 주인은 텔레비전을 보다가 한잠이 들었거나 죽은 것 같았다.

집 밖은 찌는 듯이 더웠지만 목덜미에 오스스 소름이 돋았다. 나는 지저분한 걸레를 들고 횡설수설하는 가정부와 마주치는 불상사를 방지하기 위해 건물을 돌아 정원으로 나갔다. 콘크리트 틈새에 뿌리를 내린 생기 없는 잡초가 다리를 찔렀다. 빈 맥주병이 가득 담긴 상자가 건물 뒷벽에 잔뜩 쌓여 있었다. 얼마 전까지만 해도 술이 잘 팔렸던 게 틀림없다. 어쩌면 텔레비전 앞에 앉아 있던 다리 주인은 아침부터 맥주를 들이켜고 인사불성으로 곯아떨어졌는지도 모른다. 그렇다면 모든 정황이 맞아떨어진다.

나는 어쩔 수 없이 마을까지 걸어가기로 했다. 나는 버려진 모텔에서 나와 도로를 향해 걸었다. 진입로를 벗어나기 직전 뭔가가 시선을 끌었다. 화석처럼 짜부라진 게였다. 어부의 바구니에서 떨어졌거나 새 부리에서 빠져나온 것 같았다. 어쩌면 수상한 식당에서 가까스로 도망쳐 나왔지만 바다로 돌아가지 못하고 죽었는지도 모른다. 염전을 탈출하려다가 실패한 시각장애인이 생각났다.

느릿느릿 5분 정도 더 걸었을 때, 차 한 대가 멈춰 섰다. 운전자가 창문을 내리고 얼굴을 내밀었다.

"어디 가요?"

"뭐 좀 먹으려고요."

"걷기에는 너무 더워요.. 데려다줄게요." 내가 배에서 내릴 때 마주친 여객선 선원이었다.

"버스 왜 안 탔어요?"

"날 놔두고 떠났어요!"

남자는 차를 몰고 마을로 가더니 나를 병원 앞에 내려 줬다. 내 형편없는 한국어를 잘못 알아들었을까? 아니면 그냥 치료가 필요해 보인다고 생각했을까? 아마 전날의 피로가 덜 풀려 아파 보였을 것이다. 남자는 근처에 들를 만한 식당 세 군데를 알려주고 순식간에 사라졌다.

첫 번째 식당은 문을 닫았다. 멕시코식 닭 요리를 한다는 두 번째 식당은 단 한 번도 문을 연 적이 없어 보였다. 세 번째 식당은 찾는 데 시간이 조금 걸렸다. 나는 길을 헤매다 두 번이나 병원으로 돌아왔다. 마침내 찾은 식당은 손님이 가득했다. 특별 제작한 방음벽을 설치한 게 틀림없다. 식당 안은 도저히 견딜 수 없을 만큼 소란스러웠는데 밖에서는 숨소리조차 들리지 않았다.

메뉴를 달라고 하기도 전에 아줌마가 반찬을 열 가지 정도 올린 쟁반을 들고 나타났다. 밥, 꽃게찜, 매운 돼지고기 수프, 간을 한 시금치, 절인 깻잎, 달걀 프라이, 검은콩조림 등이 있었다. 경배하라! 이런 식당에서는 따로 주문을 할 필요가 없다. 식당의 특선 요리를 알아서 가져다주기 때문에 고민하지 않고 다양한 음식을 즐길 수 있다. 접시가 빌 때마다 아줌마는 재빨리 요리를 채워 줬다. 굶주림으로 죽어 가는 아이를 살리려는 것 같은 다급함이 엿보였다. 반찬을 몇 번씩 리필해도 추가 요금이 청구되지 않는다. 바지가 터질 때까지 맛있게 먹고 나오면 된다.

겨우 10달러를 내고 선원을 포함해 배에 탄 승객 모두가 먹고도 남을 만큼 많은 음식을 먹으면서 나는 주변 식탁에서 오가는 고성에 귀를 기울였다. 저 식탁에 앉아서 식사를 하는 손님이 노예 문제를 놓고 말싸움을 하고 있나? 내부 고발자를 찾고 있나? 아니었다. 그들은 식당에서 사용하는 청소기의 장단점을 논하고 있을 뿐이었다.

나는 한국어를 몇 년이나 공부했지만 솔직히 실생활에서 접하는 한국어는 여전히 암호나 마찬가지였다.

노예 문제에 대해 물어보고 싶었지만 아줌마는 너무 바빴다. 그리고 물어본다 하더라도 나를 구석으로 데려가서 이웃을 밀고하지는 않을 것이다.

어쩌면 내가 식곤증에 취해 귀찮은 일을 만들지 않도록 일부러 맛있는 음식을 양껏 대접했는지도 모른다. 그렇다면 계략이 아주 잘 먹혀들었다. 나는 부풀어 오른 배를 부여잡고 식당 밖으로 나가 뜨거운 햇볕 아래에서 가쁜 숨을 몰아쉬었다.

식당 바로 앞에 염전처럼 보이는 시설이 있었다. 나는 염전을 본 적이 없었기에 주차된 오토바이에 앉아 쉬는 남자에게 저 앞에 보이는 게 염전이 맞는지 물었다. 수상한 구석은 조금도 찾아볼 수 없었다.

바닷물에서 소금을 수확하기까지는 엄청난 노동력이 필요하다. 염전 노동자는 복잡한 수로를 통해 저수지에서 바닷물을 끌어와 증발지에 대야 한다. 그뿐 아니라 작열하는 여름 햇살에 고스란히 노출된 채 바닷물이 마르며 생긴 소금을 갈퀴로 모아야 한다. 날씨가 더워질수록 바닷물이 증발하는 속도도 빨라진다.

약자와 취약계층을 노동에 끌어들이는 이유를 짐작하기는 어렵지 않다. 한여름의 무더위와 싸우며 정신이 아득해질 만큼 가혹한 육체노동을 하겠다는 사람이 몇이나 되겠는가. 게다가 섬 인구가 줄어들면서 직원을 고용하기는 점점 어려워진다. 신의도와 같은 섬에 살던 젊은이는 조건이 좋고 임금이 높은 일자리를 찾아 여객선을 타고 내륙 도시로 떠난다. 다른 선택지가 없는 사람, 억지로 붙잡혀 있는 사람이 아니라면 누가 굳이 염전에서 일하겠는가?

길을 따라 걷다 보니 교회가 나왔다. 짙은 안개가 끼고 폭풍우가 몰아치는 북서쪽 섬에서 본 어둡고 곰팡이 핀 예배당과는 완전히 달랐다. 신의도 교회는 밝고 개방됐으며 천장에는 선풍기까지 달려 있었다. 나는 목사와 우연히 만나 왜 노예 사태를 진작 신고하지 않았냐고 묻고 싶었다. 사제는 신의 대리인으로서 약자를 보호할 의무를 지닌다. 그들은 염전에서 장애인을 노예처럼 부린다는 사실을 몰랐을까?

신의도에 20년 가까이 거주한 한 목사는 2015년 인터뷰에서 농민의 입장을 공감해달라고 부탁했다. 목사가 이야기하길 노예 사건은 섬의 고통스러운 현실을 보여준다. 아마 목사는 농부도 생계를 꾸려야 하는데 일할 사람을 찾기는 힘들고, 염전에서 근무하는 모든 노동자가 부당한 대우를 받지는 않았으며, 도시에 있었으면 갈 곳 없이 없어 노숙을 해야 할 사람을 먹이고 재워 줬으니 잘된 일 아니냐고 정당화하고 싶었던 것 같다. 애초에 우리 사회가 경제적 불평등 문제를 못 본 척 넘어가지 않았더라면 약자의 노동력을 착취하는 불상사 또한 일어나지 않았을 것이라고 해석할 수도 있다. 완전히 틀린 말은 아니다. 이해한다. 논쟁에는 항상 찬반 의견이 모두 존재한다.

하지만 인터뷰를 한 사람의 직업은 목사였다! 부당하게 노예처럼 부림받는 약자를 무시하는 행동은 자신에게 주어진 거룩한 임무를 저버린 것과 같다. 나는 목사를 만나 직접 이 문제를 논의할 수 있길 바랐다. 약한 자, 억압받는 자를 돌보라는 예수의 메시지가 그들에게는 닿지 않았는지 궁금했다. 시간이 흘렀다. 햇빛에 염전 바닷물이 증발하는 것보다 선풍기에 내 등의 땀이 증발하는 속도가 더 빨랐다. 목사는 끝내 나타나지 않았다. 나는 우연한 만남을 포기하고 항구까지 걸어서 돌아가기로 했다. 서두르지 않으면 마지막 배를 놓칠 것이다. 나는 신의도에 더 머무르고 싶지 않았다.

신의도와 근처 섬은 염전이 사라지면 경제가 휘청댈 만큼 소금 산업에 크게 의존하고 있다. 그리고 행운이 따르지 않는 사람은 머나먼 도시에서 외딴섬까지 떠밀려 내려와 제대로 된 보수를 받지 못하고 열악한 환경에서 고된 노동을 한다.

이는 분명 사라져야 할 끔찍한 악습이다. 사회학 교수처럼 들리겠지만 자유 시장에서 사회적 약자에 대한 착취는 불가피하다. 세율을 높여 부를 재분배하고 사회 복지 제도를 강화하지 않는 이상 앞으로도 비슷한 사건이 계속 일어날 것이다.

나는 항구로 돌아오며 참 안타깝고 역설적이라는 생각을 했다. 전라도 민중은 정부의 억압에 맞서 싸우기로 유명하다. 다음 목적지에서 이야기하겠지만, 한국 남서부 지방은 약자를 착취하는 것이 아닌 억압받는 자를 위해 투쟁해 왔다. 한국에서 처음으로 노벨상을 수상한 인물을 만나 보자.

제14장

하의도: 운명의 장난

1945년 분단 전까지 한반도 곡물 생산을 책임지던 전라도는 지역 특색이 무척 짙다. 지방이 지닌 역사를 자랑스러워하고, 국가 지도자를 비판하고, 이웃 지방에 경계심이 강한 전라도는 오랫동안 촌뜨기 취급을 받아 왔다. 팔미도 여행 가이드가 내 억양을 듣고 전라도 사람으로 오해했다는 이야기를 듣고 아진이 보인 반응에서 추측할 수 있듯, 전라도 사투리는 타 지역 사람에게 종종 웃음거리로 소비된다.

한국의 지역감정은 상상 이상으로 심각하다. 사회에 깊이 뿌리 내린 지역감정은 정치적 갈등을 야기한다. 장모님만 봐도 알 수 있다. 장모님은 항구 도시 부산에서 서쪽으로 약 90킬로미터 떨어진 경상남도 진주의 아름다운 마을에서 나고 자랐다. 태평양 전쟁 막바지에 태어난 장모님은 한국전쟁 동안 전쟁의 참상을 눈앞에서 목격했을 뿐 아니라 북한군에 어머니와 친구, 친척을 잃었다. 그렇게 공산주의에 깊은 증오를 키웠다.

전쟁은 끝났지만 장모님은 그 세대 사람이 으레 그렇듯 조금이라도 좌파 사상을 드러내는 정치인을 불신했다. 옌타이에서 인천으로 오는 여객선에서 만난 김 씨와 대화가 아주 잘 통했을 것이다. 나는 아직도 박근혜 전 대통령이 부당한 대우를 받았다며 분노로 몸을 벌벌 떨며 열변을 토로하던 그의 모습을 잊을 수 없다.

1997년 대통령 선거 직전, 장모님은 가히 전설이라 할 수 있는 민주 투사 김대중이 여당 후보를 꺾고 대통령에 선출되면 이민을 갈 것이라고 선포했다. 세간에 떠도는 소문에 따르면 김대중은 군부 정권에 강력한 반동 세력으로 지목돼 암살 위협을 당했다고 한다.

결국 김대중은 1997년 대통령에 당선됐다. 장모님이 정말로 이민을 가지는 않았지만 김대중 전 대통령을 향한 불신은 여전했다. 그는 장모님을 비롯해 한국전쟁을 겪은 세대가 탐탁잖게 여기는 모든 요소를 지녔다. 사회주의적 성향을 보였으며, 박정희 전 대통령과 대립했고, 북한에 관대한 태도를 취했을 뿐 아니라, 인권 신장에 힘썼다. 장모님의 주장에 따르면 김대중은 공산주의자였다.

나는 한국의 거친 바다를 건너 다음 목적지 하의도로 향했다. 신의도 서해안과 인접한 하의도는 김대중 전 대통령의 고향으로, 그는 초등학교까지 유년기를 하의도에서 보냈다. 나는 한국 정치 역사상 가장 논란이 많은 인물의 기억과 신화, 흔적을 찾아 하의도로 떠났다.

신의도에서 돌아온 다음 날, 하의도로 들어가는 배는 전날 탄 여객선과 크게 다르지 않았다. 배는 낡았고, 선원은 나이가 지긋했고, 승객 연령층은 높았다. 배가 어찌나 격렬하게 흔들리던지 몸 안에 모든 장기가 마사지를 받은 것 같았다. 여기저기 기름얼룩이 남은 멜빵 청바지를 입은 갑판원이 하의도 항에 정박하기 직전 철제 경사로를 내렸다. 삐걱대는 경사로가 요란한 소리를 내며 콘크리트 바닥에 부딪혔다. 자가용, 트럭, 승객이 앞다퉈 하선했다. 나는 오늘 아침 목포에서 함께 여객선에 오른 할머니·할아버지를 제치고 배기가스를 뿜어 대는 자동차 사이를 헤집으며 누구보다 빨리 배에서 내렸다.

지난 여행에서 힘겹게 얻은 교훈 때문이었다. 이번에는 절대 버스를 놓치지 않겠다. 여객선이 화물, 승객, 자동차를 쏟아낸 도로 끝에 작은 버스 한 대가 보였다. 내 바로 오른쪽에 주차돼 있었다. 나는 혹시 할머니들에게 따라 잡혀 자리를 빼앗길까 봐 어깨 너머로 뒤를 돌아보며 중요한 경기를 앞두고 경기장에 입장하는 스포츠 팀 주장처럼 성큼성큼 앞으로 나아갔다. 끝없이 이어진 길 한복판에서 배낭을 베고 눕는 일은 두 번 다시 없을 것이다. 나는 굳게 결심했다. 현지인 같은 모습을 보여주겠다.

나는 시력이 썩 좋지 않다. 아주 오래 전부터 그랬다. 빠른 걸음조차 나에게는 위험한 운동처럼 느껴진다. 다초점 안경이 문제다. 다초점 안경을 써 본 사람은 모두 알겠지만, 초점을 맞추려면 눈동자가 렌즈의 특정 지점을 향할 때까지 몇 번씩 고개를 들었다 내렸다 반복해야 한다. 다초점 안경을 착용하는 사람은 늘 물속에 있는 것처럼 흐린 눈으로 세상을 바라본다. 어쨌든 나는 거추장스러운 배낭을 메고 힘겹게 균형을 잡으면서 자동차 뒷좌석에 올려 두는 장난감 강아지처럼 고개를 끄덕이며 걸음을 재촉했다. 울퉁불퉁한 바닥을 딛을 때마다 싸구려 슬리퍼가 뒤집혔다. 마음이 급해 도로 한복판에 움푹 파인 구덩이를 보지 못하고 발을 헛디뎠다. 내 거대한 몸뚱이가 괴상하게 뒤틀렸다. 오른발이 거대한 파도에 부딪힌 요트처럼 요동치며 오른쪽으로 꺾였다. 솔직히 내 발목 인대가 찢어지는 소리를 들었다고는 못 하겠다. 하지만 내가 뱉은 욕설은 항구 전체에 울려 퍼졌을 것이다.

가속도에 의해 몸이 앞으로 기울었다. 나는 외마디 비명조차 지르지 못하고 다리에 총알이 박힌 사람처럼 쓰러졌다. 처음 발목을 삐었을 때는 아무런 통증이 느껴지지 않았다. 하지만 곧 부상을 입은 부위에 온 몸의 피가 쏠린 것처럼 화끈함이 몰려왔다. 곧 고환을 걷어차이고 뇌를 쥐어짜는 듯한 고통이 뒤따랐다.

어서 일어나서 계속 걸어가란 말이야! 나는 스스로를 재촉했다. 웃어야 할지 울어야 할지 갈피를 잡지 못했다. 그렇게 반쯤은 뛰고 반쯤은 절뚝이며 전진했다. 페널티 박스 안에서 파울을 당한 프리미어 리그 축구선수가 와도 나만큼 간절한 심정으로 고통을 이겨 내고 버스를 향해 나아가지는 못했을 것이다.

나는 허리를 굽혀 양손으로 무릎을 짚었다. 배낭을 대충 벗어서 던져두고는 원망스러운 눈길로 아무 죄 없는 발목을 노려봤다. 잠깐의 고통을 참으면 곧 괜찮아지는 가벼운 부상이길 바랐다. 하지만 정말이지 너무 아팠다. 여기서 울음을 터뜨리면 남자답지 못하다고 놀림거리가 될까?

나는 눈을 찡그리고 버스를 올려다봤다. 흙먼지만 남기고 출발하지 않길 간절히 빌었다. 버스는 움직이지 않았다. 기사가 없었다. 이런, 운행하지 않는 버스였다! 그때 뒤편에서 우레 같은 엔진 소리와 바퀴가 자갈을 밟고 지나가는 소리가 들렸다. 불길했다. 뒤를 돌아봤다. 나와 같은 여객선을 타고 온 승객을 가득 실은 1층 버스가 지나갔다. 저 버스는 도대체 어디에서 왔지? 왜 나 빼고 다들 저 버스를 타고 있지? 나는 다시 한번 욕지거리를 뱉었다. 이번에는 섬 전체에 내 욕설이 울려 퍼졌을 것이다.

나는 망연자실해 자리에 주저앉았다. 발목이 얼룩덜룩하게 부어오르고 있었다. 올림픽 전날 밤 부상을 입은 선수가 된 것 같았다. 배낭에서 담요만 한 지도를 꺼냈다. 멀리서는 난쟁이와 싸우고 있는 것처럼 보였을 것이다. 지도상 내가 방문하려던 장소는 항구에서 한참 떨어져 있었다. 김대중 생가는 섬의 북쪽에 있었다. 생가는 김대중 전 대통령이 1924년 나고 자란 진짜 고향집이 아니라 노벨상 수상을 기리기 위해 새롭게 꾸며 둔 관광 명소였다. 김 전 대통령은 2000년 노벨평화상을 수상했다. 물론 장모님은 기겁을 했다. 신의도에서 그랬듯 친절한 운전자가 나타나지 않는 한 이번 여행은 항구조차 벗어나지 못하고 끝날 것이다. 퉁퉁 부은 딸기 같은 발목을 이끌고 섬의 북쪽까지 걸어갈 수는 없었다.

할머니를 버리고 혼자 택시를 탄 벌이 아직 끝나지 않은 것일까?

여객터미널 옆에 난 큰길은 조용했다. 차가 한 대도 지나가지 않았다. 나는 김대중 전 대통령 생가 방문을 포기하고 두 번째 목적지인 하의3도 농민운동기념관으로 가기로 했다. 하의도가 위치한 다도해상국립공원만큼이나 이름을 외우기 힘들었다. 하지만 농민운동기념관에는 연이어 집권한 한국의 권위주의 정부에 대항한 김대중 전 대통령의 정치적 배경이 전시돼 있다고 들었다. 항구에서 기념관까지 거리는 약 1.5킬로미터로 그리 멀지 않았다. 나는 한국 정치를 향한 집요한 관심을 연료 삼아 걷기로 했다.

내가 견딜 수 있는 고통의 수준을 파악하고 부상을 입은 부위에 충격을 최대한 줄이는 자세와 걸음을 연구한 끝에 마침내 다시 걸음을 옮길 수 있었다. 푸른 벼가 끝없이 펼쳐진 논을 지나고 소나무가 빽빽한 언덕길을 굽이굽이 넘었다. 이 외딴섬의 경제적 수준이 생각보다 높은지 마을 공공 시설물은 깔끔하게 관리돼 있었다. 자신이 사는 마을에서 김대중 전 대통령이 태어났다는 사실에 자부심을 느낀 주민이 섬 경관을 예쁘게 유지하려고 특별히 노력했는지도 모른다. 그래봤자 오지라고 코웃음을 치는 사람도 있겠지만 이렇게 아름다운데 뭐 어떤가.

고생 끝에 마침내 농민운동기념관에 도착했다. 나는 로비 의자에 앉아 다친 곳을 살폈다. 벌겋게 부어오른 오른쪽 발목 굵기가 왼쪽 발목의 족히 두 배는 됐다. 조심스럽게 마사지를 해 보려고 했지만 사타구니가 쪼그라드는 것 같은 어마어마한 통증이 밀려왔다. 약도, 의사도, 통증을 마취시킬 브랜디도 없었으니 부상으로부터 신경을 분산시킬 방법은 하나뿐이었다. 나는 역사 마니아의 면모를 최대로 끌어 올려 하의도 농민운동에 정신을 집중했다.

기념관에 비치된 안내 리플릿에 따르면 사건의 발단은 400년 전 왕이 하사한 결혼 선물로 거슬러 올라간다. 놀랍게도 선물의 영향력은 오늘날까지 이어진다. 이야기는 이렇게 시작된다. 17세기 초반, 선조의 막딸 정명공주는 홍주원과 혼인하며 하의도 농토를 선물로 받았다. 하지만 당시 하의도 농민은 이미 경지를 농작하고 있었기에 조선 왕실과 홍 씨 가문에 세금을 이중으로 지불해야 했다. 이후 부당한 처우에 분노한 농민은 법원에 토지 소유권 반환을 요구했다. 당시 조선 왕은 요구를 받아들였으나 소유권 분쟁을 끝내고 만족스럽게 하의도로 돌아가던 농민들은 귀향길에 정체불명의 인물에게 공격을 받고 토지 소유권을 반환한다는 판결문을 빼앗겼다. 그렇게 희망을 품고 상경한 농민들은 머나먼 타향에서 목숨을 잃었다. 그때부터 이어진 토지 분쟁은 장기화돼 아직까지 완전히 해결되지 않았다. 모두 400년 전 치러진 결혼 때문이다.

나중에 보리가 자라서 결혼을 하게 되면 한 가지만은 꼭 명심해야겠다—외딴섬의 토지 소유권은 선물하지 말 것. 커튼이나 한 장 사 주면 됨.

농민운동과 직접적인 관련은 없지만 기념관 곳곳에서 김대중 전 대통령과 관련된 전시를 찾아볼 수 있었다. 하의도 농민운동도 흥미로웠지만 역시 나는 이쪽에 더 관심이 갔다. 전시장에 들어서면 가장 먼저 김대중 전 대통령과 이희호 여사(1922-2019)를 본떠 만든 밀랍인형이 관람객을 반겨 준다. 그 뒤로는 처음으로 지방 선거에 당선돼 본격적으로 정치에 발을 들인 순간, 국민을 대표한 입법자로 국회의사당에 입성한 날, 군부 독재를 펼친 박정희 전 대통령 맞선 투쟁 등 김대중의 주요 업적이 전시돼 있다. 김대중은 1971년 4월 대통령 선거에 후보로 출마했지만 박정희에 아슬아슬하게 패했다. 당시 기득권층은 근소한 차이로 낙선한 김대중을 큰 위협으로 여겼다. 실제로 김대중은 선거가 끝나고 얼마 안 돼 승용차를 타고 가다 트럭에 치어 크게 부상을 입었다. 명백한 암살 시도였다. 이 사고로 김대중은 평생 다리를 절었다.

나는 어디 김대중 전 대통령이 사용하던 지팡이가 전시돼 있지 않을까 기대를 품고 절뚝대며 주변을 둘러봤다. 누구보다 인권을 중시하는 사람이었으니 몸이 불편한 관람객이 지팡이를 잠시 빌린다고 화를 내지는 않을 것이다. 하지만 어디에도 지팡이는 없었다. 그렇게 중요한 유품을 전시하지 않다니, 매우 유감스러웠다.

김대중 전 대통령이 남한 비밀공작 요원에 납치된 이야기도 흥미로웠다. 심지어 당시 상황을 재현한 비디오도 있었다. 1973년 8월 8일, 김대중이 일본 도쿄 그랜드 팰리스 호텔에서 괴한에 납치됐다. 납치범은 김대중을 바다에 빠뜨려 죽이려고 했지만 미국의 압력을 이기지 못하고 계획을 중단했다. 이뿐 아니라 김대중은 1980년 5월 광주항쟁을 선동한 혐의로 연행돼 내란을 음모했다는 혐의로 사형을 선고받았다가 가까스로 목숨을 부지했다. 여기에도 미국 정부의 입김이 닿은 듯하다. 김대중은 항소심에서 감형을 받고 1982년 미국으로 망명했다.

기념관에 전시된 김대중 전 대통령의 업적 중 대북 정책을 다룬 부분이 가장 시시했다. 일부는 김대중의 '햇볕정책'이 북한의 핵무장을 오히려 강화했다고 비난한다. 햇볕정책이라는 이름은 태양과 바람이 누가 더 강한지 겨루는 이솝 우화에서 유래했다. 바람은 강풍으로 나그네가 입고 있는 외투를 벗기려고 하지만 실패한다. 추위를 견디려고 외투를 더욱 강하게 여몄기 때문이다. 반면 태양은 따뜻한 햇볕으로 나그네의 외투를 벗겨내는 데 성공한다. 김대중 전 대통령의 햇볕정책은 북한 핵무기라는 외투를 벗겨내려고 했다.

햇볕정책은 효과가 있었을까? 회의적인 사람은 북한은 여전히 핵무기를 보유하고 있으니 김대중 전 대통령의 회유 정책은 실패했다고, 강경한 태도를 취했어야 한다고 주장한다. 이와 대조적으로 미국 정부가 북한과 외교에서 보다 적극적인 태도를 취했다면 상황이 달라졌을 것이라는 의견도 있다. 하지만 김대중 전 대통령이 그때 내린 선택과 판단이 오늘날 어떤 영향을 미쳤을지는 아무도 모르는 일이다.

작은 섬에서 보낸 유년기는 김대중 전 대통령이 정치적 지도자로 성장하는 데 중요한 역할을 했다. 김대중은 하의도에서 태어났지만 학구열이 높은 삼촌에게 특별 지도를 받아 열 살에 목포의 한 초등학교에 입학했다. 만약 어린 김대중이 하의도에서 공부에 관심을 보이지 않았더라면 군부 독재에 대항하는 투사가 아닌 농부나 어부로 성장했을지도 모른다.

목포로 나온 김대중 전 대통령은 당대 사회가 전라도에 가한 부당한 처우, 특히 일제강점기에 부를 축적한 권력자의 부정과 남한 군부 독재 세력의 억압을 직접 목격했다. 김대중은 남한 지도층과 타 지역 국민이 전라도를 낙후된 오지처럼 취급하고 있으며, 남서부가 발전하지 못하는 이유가 투자 부족이라는 사실을 깨달았다.

전라도와 나머지 한반도 지역, 특히 남동쪽에 이웃한 경상도 사이의 갈등은 고대 역사까지 거슬러 올라간다. 기원후 1세기부터 7세기까지 전라 지방은 백제에 속해 있었다. 북쪽으로는 고구려가, 동쪽으로는 신라가 자리했다. 신라가 백제를 포함해 한반도 전역을 통일할 때까지 삼국은 대립을 반복했다.

한국전쟁이 끝나고 지역감정은 더욱 심화됐다. 보수적인 성향이 강하다고 알려진 경상도는 불명예스러운 탄핵으로 임기를 마무리한 박근혜 전 대통령과 그의 아버지 고 박정희 전 대통령의 고향이다. 박정희 전 대통령은 경상도에서 전국으로 통하는 고속도로가 개통하는 등 고향이 경제 중심지로 부상하도록 힘을 실어 줬다. 그뿐 아니라 노태우, 전두환, 김영삼, 노무현, 문재인 전 대통령 모두 경상도 출신이다.

지역의 이익을 대변할 실세가 없는 전라도는 성장할 기회를 놓쳤다. 무시당하고, 소외되고, 조롱당하며 조용히 이를 갈았다. 한국과 관련된 기사와 책을 다수 집필한 미국 저널리스트 도널드 커크Donald Kirk는 그의 책 『김대중 신화Korea Betrayed: Kim Dae Jung and Sunshine』에 이런 글을 남겼다. "반대와 반란의 전통은 전라도의 잠재의식에 스며들었다. 한반도의 그 어느 지역도 전라도 섬들만큼 강한 투쟁 의식을 지니지 않는다." 완전히 터무니없는 말은 아닌 듯하다.

김대중 전 대통령은 2009년 사망하기 얼마 전 하의도를 방문했다. 고향에 돌아온 사진 속의 김대중은 쇠약하고 감상적인 모습이다. 김대중은 용감했다. 그는 한국 정치가 격동하는 시기에 자신의 목숨을 걸고 독재 세력에 맞서 싸웠다. 원한다면 얼마든지 목포에 머물면서 농작물을 수확하거나 그물을 끌어 올리며 여생을 보낼 수 있었을 것이다.

하지만 김대중은 힘든 길을 택했다.

김대중 전 대통령의 고향을 구석구석 돌아다니고 싶은 마음이 굴뚝같았다. 하지만 나는 절름발이었다. 어차피 걸을 수도 없으니 다음 목적지는 아주 먼 곳으로 정했다. 차가운 매실 주스 캔을 발목에 대고 가만히 앉아서 즐길 수 있는 기나긴 항해가 될 것이다. 한국 최남단, 서해 깊은 곳에 있는 섬으로 떠나자.

제15장

가거도: 고통의 항해

　나는 가거도행 여객선에서 시간 감각을 잃었다. 여유롭게 창가에 앉아 반짝이는 바다 위로 은빛 돌고래 떼처럼 오르내리는 부드러운 파도, 하늘과 바다가 맞닿는 먼 곳을 떠다니는 선박을 감상했다. 도시에서 대부분의 시간을 보내는 사람이 바다에 가면 상상이 해류보다 빠르게 흐르는 마법 같은 일이 벌어진다. 나는 한국 최서단으로 항해하는 용맹한 쌍동선 동양골드호에서 공상하고, 졸고, 독서하고, 내가 가장 좋아하는 음료인 달콤한 맥심 골드 커피를 엄청나게 마셔 댔다.

　육지에서 멀어질수록 마음이 편안해졌다. 나는 고단한 현대인의 삶에서 벗어나 바위에 소금기가 묻은 머나먼 섬으로 떠났다. 동아시아 사회는 워낙 긴밀하고 압박이 강하다. 그러니 힘든 일이 있으면 정신과 진료실 소파에 앉아 상담을 받는 것보다 서해 한가운데를 유유자적 항해하는 게 스트레스 완화에 더 큰 도움이 될 것이다. 빽빽하게 들어선 고층 건물과 북적이는 사람들에 가려 수평선이 보이지 않는 복잡한 도시에서 거의 20년을 살다가 동양골드호 주변으로 넓게 트인 공간을 둘러보고 있으니 정신이 아득해졌다.

전날 하의도에서 얼토당토않게 입은 부상 때문에 오디세이를 망칠 뻔했다. 휴식을 취하면서 얼음찜질을 하고 욕을 퍼부어대도 오른쪽 발목 붓기는 좀처럼 가라앉지 않았다. 근처 약국에서 약사의 추천을 받아 구매한 통증완화 스프레이는 강렬한 향으로 내 비강을 마비시켰을 뿐, 별다른 효과를 보지 못했다. 약사가 준 다른 약도 차도가 없기는 마찬가지였다.

그날 아침, 조심스럽게 침대에서 일어나 발목에 체중을 실어 봤다. 극심한 통증이 느껴졌다. 평소 내 발목이 커다란 몸을 지탱하느라 얼마나 고생했는지 새삼 고마운 마음이 들었다. 나는 아주 긴 항해를 떠나기로 했다. 짐을 최대한 간소하게 챙겨 꼭 필요할 때만 걷는다면 여행을 계속할 수 있을 것이다. 내가 머물던 호텔에서 목포여객터미널까지 거리가 100미터밖에 안 되더라도 택시를 타겠다고 마음먹었다. 탄소 발자국은 늘어나겠지만 어쩔 수 없었다.

가거도는 나에게 주어진 최선의 선택지였다. 아주 멀었기 때문이다. 서해 깊숙이 자리한 섬까지 가는 데 4시간, 목포로 돌아오는 데 4시간이 걸렸다. 욕창이 생길까 조금 걱정되긴 했지만 하루 종일 앉아 있는 편이 낫다고 생각했다.

예상치 못하게 다치는 바람에 이동에 차질이 생기기는 했지만 나는 주저 없이 가거도를 목적지 목록에 추가했다. 쉴 새 없이 바쁜 현대 한국 도시에서 아주 멀리 떨어져 있다는 점이 매력적으로 다가왔다. 강가에서 물을 마시는 소 떼를 보거나 빨래하는 아낙네의 다듬이질 소리와 숲속에 울려 퍼지는 가야금 소리를 들을 수 있을 것이라고는 기대조차 하지 않았다. 물론 눈앞에 그런 풍경이 펼쳐진다면 몹시 기쁘겠지만 시끌벅적한 도시에서 벗어날 수 있다는 것만으로 기뻤다. 오늘날 서울은 소음으로 가득 차 있다. 한국전쟁의 여파로 폐허가 된 지 고작 몇 십 년 만에 완벽하게 재건된 서울은 유럽식 카페, 유명 브랜드 옷을 말쑥하게 갖춰 입은 사업가, 폭격에 대비하라고 명령하는 소대장처럼 다급하게 휴대전화에 소리를 질러 대는 사람이 셀 수 없이 많은 동아시아 대표 도시로 거듭났다. 가거도는 바쁜 일상에 신선한 탈출구가 돼 줄 것이다.

나는 오전 8시 10분 목포를 출발해 가거도로 가는 여객선에 탔다. 티켓 가격은 편도 50달러로, 내가 지금껏 이용해 본 여객선 중 가장 비쌌다. 하지만 아깝다는 생각은 조금도 없었다. 괜히 몇 푼 아끼려다가 병원비가 더 많이 나올 것이다. 퉁퉁 부은 내 발목을 보고도 의료진을 부르는 선원은 없었다. 선장에게 축구 심판 경험이 있었다면 지체하지 않고 들것을 불렀을 것이다.

나는 자리에 앉아 팔걸이에 다리를 올려놓고 차가운 매실 주스 캔으로 발목을 찜질하며 선실을 둘러봤다. 동양골드호는 승객을 300명 이상 수용할 수 있는 대규모 여객선이다. 하지만 그날 배에 탄 사람은 기껏해야 서른 명 남짓이었다. 관광객은 나 하나뿐이었다. 나머지는 과일 상자와 각종 생필품을 챙겨 집으로 돌아가는 섬 주민 같아 보였다. 한국에서는 과일을 선물로 주고받는 일이 흔하다. 영국 사람은 병원에 입원해 호스를 매달고 있지 않은 이상 과일을 선물로 받을 것이라 기대하지 않는다. 그쯤에는 과일을 선물로 받아도 '포도 한 알 삼킬 힘조차 없다'고 생각하게 될 것이다.

반면 한국 사람은 시도 때도 없이 오렌지, 귤, 사과를 비롯한 각종 제철 과일을 담은 종이 상자를 실어 나른다. 동양골드호 승객도 예외는 아니었다. 일주일 동안 먹고도 남을 어마어마한 양의 과일이 배에 실려 있었다.

동양골드호는 부드러운 바람이 부는 잔잔한 바다 위를 미끄러지듯 항해했다. 부어라 마셔라 술을 마시는 사람도, 멀미를 유발하는 거센 파도도 없이 아주 순탄하게 나아갔다. 적어도 가거도로 가는 길에 경유하는 작은 섬 두 군데에 들르기 전까지는 그랬다. 그곳에서 상황이 흥미진진하게 변하기 시작했다.

경유지인 상태도와 하태도는 망망대해 한가운데 떠 있었다. 내가 지닌 지도에 표시되지 않을 만큼 작고 외딴섬이었다. 동양골드호는 상태도 항구에 정박할 수 없었다. 배에 비해 물이 너무 얕은 것 같았다. 모터보트 한 대가 굉음을 내며 여객선 가까이 다가왔다. 상태도에 하선하는 승객은 과일 상자를 들고 모터보트로 갈아타야 했다. 동양골드호에서 상태도까지 여정은 무척 '모험적'이었다. 모터보트가 동양골드호 지척에서 엔진을 끄자 나이를 가늠할 수 없는 베테랑 선원 두 명이 서핑을 하는 것처럼 아슬아슬하게 균형을 잡고 할머니, 과일 상자, 낚시꾼 두 명, 각종 낚시 장비를 모터보트로 옮겼다. 강인한 자만이 상태도 주민이 될 자격을 지닌다. 묘기를 부리는 것처럼 균형을 잡고 운반 작업을 수행하는 동안 불평을 하거나, 새치기를 하거나, 서두르는 사람은 단 한 명도 없었다. 여유라고는 없는 도시 생활과 비교됐다. 나는 서울 북쪽 처가로 가는 버스가 몇 분만 늦어도 온갖 짜증을 냈다.

모터보트가 상태도로 출발하기 전에 여객선이 먼저 시동을 걸었다. 할머니와 각종 과일 및 생필품을 가득 실은 모터보트는 우현에 서 있는 동양골드호를 가볍게 밀고 상태도로 떠났다. 동양골드호는 뱃머리를 돌려 하태도로 향했다. 몇 분 뒤, 하태도에 정박한 동양골드호에서 승객과 과일 상자, 커다란 그림 몇 점이 내려졌다. 하태도와 그림이라니, 전혀 예상하지 못한 조합이었다. 누군가 대대적으로 미술품을 거래한 게 분명하다. 어쩌면 하태도에 유명한 화가가 살고 있는지도 모른다. 영감이 마를 일은 없을 것 같다.

드디어 여객선이 다음 목적지인 가거도로 출발했지만 배에서 기계 결함이 발생하는 바람에 시간이 지체됐다. 하태도를 떠난 지 얼마 안 돼 고무 타는 냄새가 풍겼다. 곧 선실에 시커먼 연기가 가득 찼다. 불안에 휩싸인 선원들이 기관실로 달려갔다. 여객선이 운항을 멈춘 지 30분쯤 지났을까, 엔진에 시동이 걸리는 소리가 들리더니 다시 움직이기 시작했다.

5시간의 항해 끝에 마침내 가거도에 도착했다. 짙푸른 하늘을 날아다니는 갈매기가 연신 울어댔다. 나는 다른 승객이 다 하선하고 마지막에 배에서 내렸다. 이제 내 발목은 사후경직이 온 것처럼 심각하게 부어올라 뻣뻣하게 굳어 있었다. 경찰이 나를 맞이했다. 물론 내가 범죄를 저질러서 연행을 하러 온 건 아니다. 혼자 한국을 여행하는 외국인 환자가 한결 편히 경사로를 내려갈 수 있게 봉사 정신을 발휘했을 뿐이다.

"어쩌다 발이 이렇게 됐어요?" 경찰이 영어로 물었다. 아마 승무원이 미리 전화를 걸어 상황을 설명해 둔 것 같았다.

나는 자초지종을 설명했다.

"침 한 대 맞으셔야 될 것 같네요." 경찰이 조언했다. 놀랍지도 않았다. 한국에서는 근육이 뭉치거나, 인대가 늘어나거나, 관절이 접질리거나, 피부에 상처가 나거나, 어딘가 몸이 안 좋으면 한의원을 찾는다. 한사코 괜찮다고 거절해도 주변 사람에게 거의 연행되다시피 가장 가까운 한의원에 끌려갈 것이다. 저항은 무의미하다. 경험담이니 믿어도 좋다.

몇 년 전, 코감기를 심하게 앓은 적이 있다. 장모님은 나를 동네 한의원에 데리고 갔다. 진료실 의자에 앉아 치료를 기다리는데 간호사가 내 발과 의자 주변에 비닐을 깔았다. 그때까지만 해도 별 생각이 없었다. 환자 발이 더러워지지 않도록 배려해 주는구나 싶어 고마울 뿐이었다. 하지만 한의사가 기다란 침 두 개를 들고 나타났다. 사실 길다고 해 봐야 고작 2센티미터쯤 됐을 것이다. 어쨌든 나는 그제야 상황의 심각성을 파악했다. 설마 저 침을 내 몸에 꽂지는 않겠지? 말도 안 된다. 그럴 리가 없다. 그때, 한의사가 검지를 가볍게 튕기면서 내 오른쪽 콧구멍과 왼쪽 콧구멍에 침을 각각 한 대씩 찔러 넣었다. 빠르고 노련한 한의사가 분명했다. 나는 한의사가 서부티오 Subbuteo[7]에 재능이 있을 것 같다고 생각했다. 코피가 흐르기 시작했다.

---

7   손가락으로 작은 모형을 튕겨서 경기하는 축구 게임 —옮긴이

한의사 뒤에 서 있는 장모님을 쳐다봤다. 장모님은 잿빛으로 변한 내 얼굴을 살피며 입을 벙긋댔다. "아래쪽은 보지 마." 그 말만 하지 않았다면 아래를 내려다보는 일은 없었을 것이다. 나는 곧장 시선을 떨어뜨렸다. 내 발 주변에 피가 웅덩이처럼 고여 있었다. 한의사가 콧구멍을 찌르는 사이 간호사가 몰래 내 발가락 사이에 작은 침을 몇 개나 꽂아 놨다. 나는 내 코 아래 받쳐 놓은 신장 모양 그릇에 떨어지는 코피에 정신이 팔려 간호사가 하반신에 무슨 짓을 하는지 눈치채지 못했다. 바닥에 비닐을 깔아 둔 이유가 따로 있었다. 내 발이 아니라 바닥을 더럽히지 않기 위해서였다. 왜 진작 알아채지 못했을까 자책했다.

나는 무력하게 피를 흘리며 앉아 왼편을 바라봤다. 아줌마 두 명이 기다란 의자에 앉아 수다를 떨고 있었다. 물론 두 발 아래에 깔린 비닐에는 피가 흥건했다. 장모님은 유치원 졸업 사진을 찍는 아기를 달랠 때처럼 환하게 웃어 보였다. 나 또한 피를 흘리며 미소로 화답했다.

치료를 마치고 돌아오자 아진이 이야기하길, 장모님은 종종 한의원에서 친구들을 만나 함께 피를 뽑는다고 했다. 믿기 힘들겠지만 아예 말도 안 되는 치료법은 아니다. 과거 중국에서는 부상을 입은 부위에 바늘로 미세한 상처를 내서 피를 냈다. 인도에는 각종 질병으로 고통받는 환자의 피를 뽑는 야외 진료소가 있다. 이뿐 아니라 현대 의학이 등장하기 전, 아직 위생 관념이 정립되지 않았을 때 유럽에서는 정맥을 잘라 피를 흘리게 하는 사혈법이 크게 유행했다.

나도 얼마 전에 알게 됐는데, 오늘날에도 고혈압 등 일부 증상을 치료하는 데 사혈법이 사용된다고 한다. 영국 공중보건국 National Health Service은 혈액에 철이 침착되는 유전 질환인 혈색소침착증에 정맥절제술을 추천한다. 시술에 따르는 고통이나 불편함은 수혈과 비슷한 정도로 심각하지 않다.

다행히 가거도에는 한의원이 없었다. 경찰은 항구에서 멀리 떨어진 마을까지 나를 태워 줬다. 그리고 가볍게 산책하기 좋은 등산로와 낚시터, 식당, 숙소를 소개했다. 내 발목이 제 기능을 조금이라도 할 수 있는 상태였다면 아주 즐거운 여행이 됐을 것 같다. 나는 가만히 앉아 노란 해가 비치는 언덕을 지켜봤다. 가거도의 산에 올라 꼭대기에서 내려다보는 풍경을 상상했다. 다음에는 꼭 정상에 올라야지, 굳게 다짐했다. 하지만 저렇게 경사가 가파른 산을 오르내리려면 아주 튼튼한 당나귀가 있어야 할 것이다.

한 시간 뒤면 동양골드호가 다시 목포로 출항한다. 내가 절뚝대며 배에 오르자 승무원들이 안쓰럽다는 표정으로 나를 쳐다봤다. 얼핏 봐도 내 발목은 상태가 많이 안 좋았다. 목포로 돌아가는 네 시간 반 동안 나는 수평선처럼 잔잔한 마음으로 멍하니 바다를 응시했다.

그날 한국 최서단 섬에서 고작 한 시간을 보내기 위해 장장 9시간이 넘게 배를 탔지만 괜한 짓을 했다고 생각하지는 않는다. 중요한 건 목적지가 아니라 여정이다. 게다가 발목이 호박만 하게 부었는데 뭘 할 수 있겠는가?

목포 호텔 프런트에 근무하던 직원들은 내가 다시 돌아와서 놀란 것 같았다. 나는 가거도에 갔지만 다친 발목 때문에 섬을 제대로 둘러보지 못하고 돌아왔다고 이야기했다.

"한의원에 가세요." 호텔 직원들이 한 목소리로 추천했다. 어림도 없지, 무슨 일이 있어도 한의원에는 절대 안 갈 거야. 나는 생각했다.

IV : 늦여름

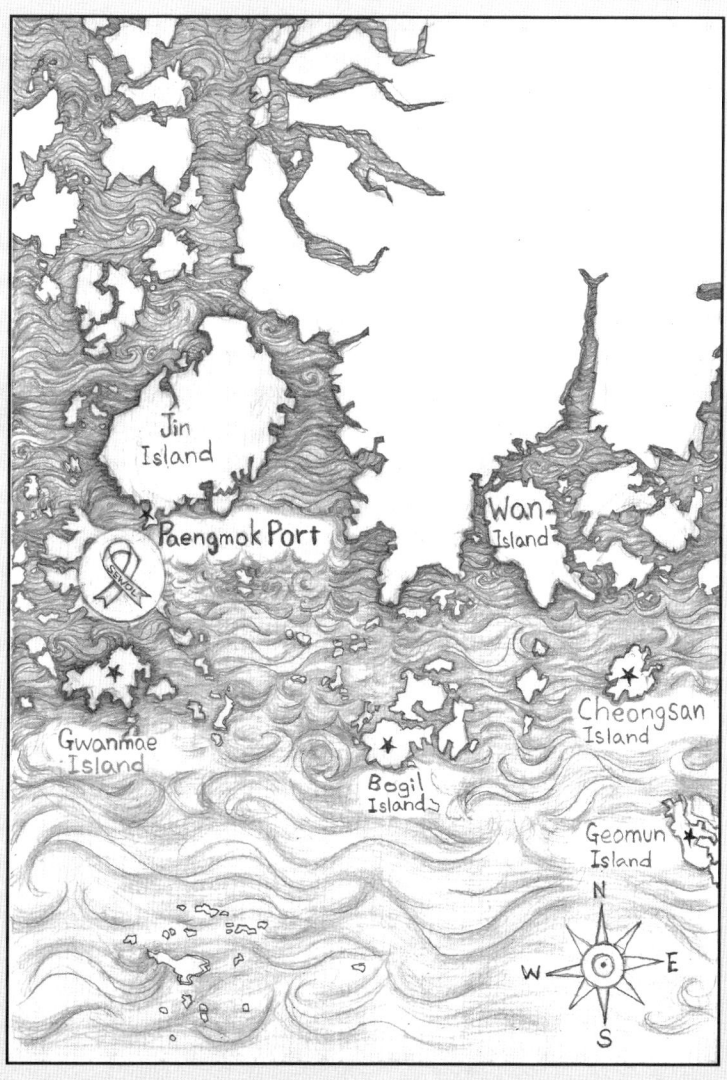

제16장

관매도: 세월의 비극

어디선가 관매도가 한국에서 가장 아름다운 섬이라는 글을 읽었다. 하지만 한국에서 가장 아름답다는 섬이 한둘이 아니었기에 큰 감명은 받지 않았다. 내가 관매도에 가 봐야겠다고 결심한 계기는 비극적인 사건에 있다. 2014년 4월 16일, 제주도로 수학여행을 가는 고등학생을 태운 여객선이 빠르게 침몰하며 수많은 생명이 목숨을 잃었다. 나는 관매도를 방문하는 내내 허무하게 떠난 아이들이 생각나 괴로워했다.

  길고 무더운 여름이 끝나갈 무렵이 되자 발목도 거의 나았고 홍콩에서 일도 얼추 마무리됐다. 나는 인천국제공항에서 버스를 타고 금빛으로 물든 광활한 농지와 셀 수 없이 많은 농장을 지나 한국 남서쪽 끝으로 향했다. 전라도 사람은 투자가 부족해 지역이 개발되지 않았다고 불평한다. 하지만 개발이 덜 된 덕분에 맑은 공기와 금빛 들판, 아름다운 시골 풍경을 즐길 수 있다.

  버스는 다리를 건너 진도로 들어갔다. 읍내에서 팽목항으로 가는 버스를 타려면 두 시간을 기다려야 했다. 나는 피부가 벗겨질 것 같은 뜨거운 햇볕을 맞으며 근처를 돌아다녔다. 원래는 진도에 올 계획이 없었다. '육로로 접근이 불가하다'는 오디세이의 여행 원칙에 위배됐기 때문이다. 원칙적으로 따지자면 진도는 섬이 맞지만 고속도로가 연결되면서 섬이 지니는 특유의 매력을 상실했다. 나는 버스가 다리를 건너 진도에 진입했다는 사실조차 눈치채지 못했다. 육지와 도로가 연결되며 '섬 말살'이 또 한 건 일어났다.

나는 버스를 기다리는 동안 터미널 밖으로 나와 마을을 구경했다. 가을 볕이 어찌나 뜨거웠던지 안경테가 달아올라 귀를 녹일 것 같다고 생각했다. 마을 할아버지들이 내리쬐는 햇볕에 아랑곳 않고 맑은 운하 옆 벚꽃 나무 그늘 아래에 모여 바둑을 두고 있었다. 서양에서 '고Go'라고 불리는 보드게임인 바둑은 텔레비전 중계 채널이 따로 있을 정도로 한국에서 큰 인기를 누린다. 바둑은 지독하게 복잡해 인공지능조차 학습이 불가능하다고 여겨졌지만 2016년 컴퓨터 프로그램이 한국 바둑 기사 이세돌을 이기면서 인식이 바뀌었다. 당시 이세돌은 바둑 세계랭킹 1위를 차지하고 있었다. 벚꽃 나무 그늘 아래 옹기종기 모인 할아버지들은 눈조차 깜빡이지 않고 바둑판을 두고 마주 앉아 고뇌하는 두 선수를 지켜봤다.

나는 코리안 오디세이의 여행 중 진도터미널 근처에서 외국인을 가장 많이 목격했다. 여기에는 인천공항 식당도 포함된다. 다른 사람은 어떤지 모르겠지만 나에게는 무척 놀라웠다. 진도에 들어오기 전까지만 해도 나는 여객선, 버스, 호텔을 이용하는 유일한 외국인이라는 자랑스러운 타이틀을 유지하고 있었다. 하지만 진도터미널 주변을 산책하면서 인근 공장에서 일하는 스리랑카인 다섯 명을 만났다. 이외에 내가 말을 걸자 부리나케 달아나던 러시아 남성 두 명, 나에게 버스에서 짐을 내려 달라고 당당하게 요구하며 은근히 추파를 던지던 카자흐스탄 여성 한 명(주눅이 들어 순순히 요구를 들어줬다), 커다란 여행 가방을 끌고 매표소로 가던 베트남 엄마와 아이들을 만났다.

이 작은 마을의 국제적인 면모에 입을 다물 수 없었다. 아마 각자 사정이 있을 것이다. 나는 그 중 카자흐스탄 여성의 이야기가 가장 흥미롭다는 데 돈을 걸 수도 있다. 사실은 지갑에 있는 돈을 전부 내고서라도 이야기를 듣고 싶었다.

　스리랑카인 한 명과는 페이스북 친구를 맺었다. 그는 진도에서 5년째 일하는 중이었고, 한국어를 꽤 잘했으며, 자신의 직업에 만족한다고 이야기했다. 그래도 살기가 쉽지 않을 것이다. 별안간 버스 기사가 우리 대화에 끼어들었다. 스리랑카인이 내려둔 짐이 걸리적거려 짜증이 난 눈치였다. 남아시아에서 온 노동자가 고립된 한국 시골 마을에서 언제나 따뜻하게 환영받을 것이라고는 생각하지 않았다.

　대화를 나누는 사이 버스 시간이 다 됐다. 나는 한낮의 햇볕에 잘 익은 몸으로 팽목항으로 가는 버스에 올랐다. 버스가 심하게 흔들려 뼈에서 덜그럭 소리가 나는 것 같았다. 팽목항에 도착했을 때는 이미 시간이 너무 늦어 숙소를 구하기 힘들었다. 나는 숙소를 잘못 골랐다. 내가 묵은 민박은 끔찍했다. 벽에는 누가 코코아를 담은 머그잔을 들고 가다가 넘어진 것처럼 보이는 갈색 얼룩이 남아 있었다. 모기가 귓가를 맴돌다가 발을 깨물었다. 텔레비전과 선풍기 배선은 금방이라도 터질 것 같은 소음을 냈다. 숙소 근처에 있는 식당에는 마음보가 고약한 노인이 내뿜은 뿌연 담배 연기가 가득했다.

　나는 담배 연기 한가운데서 힘겹게 저녁을 먹고 밖으로 나와 숨을 돌렸다. 희미해지는 저녁 빛 아래 할머니들이 대나무 정자에 다리를 꼬고 앉아 도란도란 이야기를 나누고 있었다. 정자 뒤로 한국 전통 개 품종인 진돗개가 보였다. 가엾은 녀석은 똥이 잔뜩 쌓인 우리에 갇혀 있었다. 내가 가까이 다가가자 마르고 지저분한 진돗개는 무섭게 짖어 댔다. 진돗개 품종은 충성스럽고 영리하기로 유명하다. 하지만 이 녀석은 비참하고 외로웠다.

　나는 비극적인 세월호 사건에 관한 글을 읽고 영상을 시청하며 나머지 저녁을 보냈다. 뉴스 기사, 블로그 게시물, 공식 보고서, 완성도가 높은 온라인 다큐멘터리를 보고 또 봤다. 그날의 이야기는 이렇게 시작된다. 2014년 4월 15일 늦은 저녁, 세월호가 인천을 떠나 제주도로 향했다. 안개 때문에 출항이 지연됐다. 당시 배에는 승객 443명과 승무원 33명이 타고 있었다. 승객 443명 중 325명이 서울 남서쪽에 자리한 도시 안산 단원고등학교에 재학 중인 고등학생이었다. 아이들은 제주도로 수학여행을 떠나고 있었다.

 다음 날 아침, 세월호는 맑은 하늘에 부는 상쾌한 바람을 맞으며 맹골수도에 진입했다. 맹골수도는 다도해상국립공원에서 가장 위험한 바닷길로 손꼽힐 만큼 악명이 높다. 해류가 매우 빠른데다가 흐름을 전혀 예측할 수 없어 경험 많고 노련한 승무원조차 어려움을 겪는다.

 세월호가 맹골수도에 진입한 이후 상황이 어떻게 진행되었는지는 불분명하다. 다양한 주장이 있지만 오전 8시 45분에서 8시 50분 사이 선장이 함교를 비운 동안 삼등 항해사와 조타수가 해류를 피해 한 차례 급회전한 후 배가 좌현으로 기울어지자 균형을 잡기 위해 우현으로 방향을 틀었다는 데에는 이견이 거의 없다. 부적절하게 적치된 화물과 개조 과정에서 증가한 무게 탓에 세월호는 중심을 잃었다. 감독 당국은 여객선을 검사했지만 세월호가 개조를 거치며 무게중심이 위쪽으로 이동했다는 사실을 발견하지 못했다. 이후 사건 조사 과정에서 사건 당시 세월호 선사인 청해진해운에 근무하던 직원이 과적 문제를 인지하고 있었지만 처벌이 두려워 입을 열지 않았다고 밝혀졌다. 결국 세월호 사태는 감독 당국의 부주의와 청해진해운의 부실한 안전 의식이 낳은 비극적 인재라고 할 수 있다. 여객선이 전복되면서 300명 이상이 사망했다. 그리고 사망자의 250명이 단원고등학교 학생이었다.

 당시 함께 수학여행 길에 오른 단원고등학교 교감 강민규는 전복된 배에서 구조돼 생존했지만 수많은 학생을 잃었다는 상실감에 시달렸다. 교감은 충격을 이기지 못하고 사건 이틀 뒤 스스로 목숨을 끊었다. 언론 보도에 따르면 윤리 교사였던 강민규는 혼자 살아남았다는 죄책감에 시달린다며,

아이들의 죽음에 책임을 지고 싶다는 유서를 남겼다고 한다. 제주도 수학여행은 교감의 의견이었다.

세월호 선장 이준석의 행동이 알려지자 사회는 분노했다. 수백 명의 아이들이 세월호에 남아 안내를 기다리는 동안 이준석이 속옷 차림으로 배를 버리고 탈출하는 모습이 사진에 포착됐다. 승무원은 승객에게 선실에 머물며 구조를 기다리라고 방송을 내보냈다. 이후 이준석은 징역 36년형을 받았다. 선장은 그때 대피하지 않으면 익사할 것을 알면서 승객을 버리고 혼자 달아나는 부끄러운 짓을 저질렀다.

이해할 수 없는 정황은 이뿐만이 아니다. 사건을 조사하면서 구조 작업이 진행되는 동안 민간 부문 자원봉사자가 현장에서 쫓겨났다는 사실이 밝혀졌다. 게다가 가라앉는 세월호에서 빠져나온 많은 생존자가 이미 현장에 출동한 해안경비대가 아닌 이후 도착한 어선에 의해 구조됐다. 여기에서 합리적인 의문 한 가지가 제기된다. 해안경비대는 왜 승객을 돕지 않았나? 일부 승객은 저체온증으로 사망했다. 이는 여객선이 전복된 이후 에어 포켓을 발견했지만 구출되지 못했음을 의미한다. 정리하자면 경제 선진국이자 첨단 기술 보유국인 한국은 이런 사고에 대처할 능력을 갖추지 못했다.

소설에서나 일어날 것 같은 일은 계속됐다. 청해진해운 회장은 세월호가 전복되고 며칠 후 홀연히 사라져 들판 한가운데서 반 백골 상태로 발견됐다. 정확한 사인은 알 수 없지만 자살로 추정된다. 박근혜 전 대통령은 비극적인 사건이 일어나고 몇 시간이 지난 후에야 공식 석상에 모습을 드러냈다. 박근혜가 뒤늦게 나타난 이유를 두고 여러 소문이 떠돌았는데, 아침에 미용 시술을 받고 회복하고 있었다는 설 또한 그 중 하나이다.

이것만으로도 충분히 마음이 아팠지만 인터넷에서 찾은 영상 기록을 보고는 정말 가슴이 찢어지는 것 같았다. 여객선에 탄 아이들은 여객선이 침몰하는 상황에 선실 안팎을 드나들며 서로를 촬영했다. 사태를 제대로 파악하지 못해 혼란스러운 것 같았지만 놀라거나 무서워하는 기색은 조금도 보이지 않았다. 대부분은 아이들의 신뢰, 용기, 예절을 담고 있었다. 심지어 유머가 돋보이는 영상도 보였다. 영상 속 아이는 영화《타이타닉Titanic》주제가를 부른다. 생존하지 못할 것이라고는 상상조차 하지 못한 게 분명하다. 아이들은 훌륭한 젊은이에게 필요한 덕목을 두루 갖추고 있었다. 올바르고, 똑똑하고, 유쾌했다. 안타깝게도 이 아이들은 무책임한 여객선 관계자와 과적을 못 본 척 넘어간 해운 산업 종사자의 욕심 때문에 너무 어린 나이에 세상을 떠났다.

그날 나는 뜬눈으로 밤을 지새웠다.

다음 날 아침, 담배 연기 가득한 식당에서 아침 일찍 식사를 하고 세월호 추모비를 보러 갔다. 오염된 산업 부지, 버려진 중장비, 지역 특산물 사진을 대충 찍어 만든 광고판을 지났다. 나는 이 지역이 원래 이렇게 낙후됐는지, 아니면 세월호 참사 이후 생기를 잃었는지 궁금했다. 팽목항은 미망인의 상복에 둘러싸인 것 같은 분위기였다.

추모비는 매표소 반대편에 세워져 있었다. 마음이 아려 왔다. 부두를 따라 전국 각지의 어린이들이 색칠한 도자기 타일이 깔려 있었다. 슬픔에 잠긴 얼굴, 바다에 가라앉은 여객선을 띄우는 형형색색의 풍선, 눈물을 흘리며 희생자를 하늘나라로 데려가는 천사, 이유는 알 수 없지만 짙은 파란색 공룡이 그려진 타일이 감정을 자극했다.

여느 나라와 마찬가지로 바닷바람에 휘날리는 샛노란 리본은 희망을 상징한다. 예를 들어 1979년 주 테헤란 미국대사관에서 인질 사건이 벌어지자 미국인은 인질을 위로하기 위해 노란 리본을 달았다. 노란 리본은 많은 사람이 피할 수 있었던 사고로 목숨을 잃었으며 정부에 책임이 있다는 사실을 상기한다.

한글로 쓴 추모 글귀 대부분이었지만 간혹 영어도 보였다. 내용은 비슷했다. 잊지 않겠다는 것이다. 정부의 미흡한 대응에 많은 생명이 허무하게 희생당했다는 생각에 분노가 치밀었다. 할머니 몇 명이 농담을 하면서 추모 현장을 돌아다녔다. 추모비를 배경으로 웃으면서 사진을 찍기도 했다. 처음에는 할머니들이 너무 무신경한 것 같아 인상이 찌푸려졌다. 하지만 곧 생각이 바뀌었다. 이곳에서 우리가 어떻게 행동해야 할까? 울부짖으면서 이를 갈아야 할까? 슬픔과 분노는 이미 넘쳤다. 그곳에 방문하는 것만으로 세월호에 대한 기억은 되살아난다. 웃으면서 하는 추모 또한 존중받아야 한다. 어쨌든 할머니의 밝은 웃음소리 덕분에 무거운 마음이 한결 가벼워졌다.

관매도로 가는 여객선은 오전 9시에 팽목항에 도착했다. 나는 배에 올라 짐을 풀고 앉을 만한 자리를 찾았다. 그때, 이전까지 항해를 하면서 한 번도 본 적 없던 광경을 목격했다. 젊은 엄마가 선실 앞 구명조끼가 보관된 장소로 아이 둘을 데리고 갔다. 엄마는 아이들에게 혹시 대피해야 하는 상황이 생기면 구명조끼를 머리 위로 착용하고 잠금장치를 조이라고 알려 줬다.

또한 여객선 여기저기 손이 닿기 쉬운 곳에 눈에 잘 띄는 밝은 색깔의 구조 장비가 비치돼 있었다. 비상 상황 시 대피 절차를 각각 한국어와 영어로 안내하는 표지판도 보였다. 진심으로 희생자를 추모한다면 같은 사고가 반복되지 않도록 노력해야 할 것이다.

수첩을 펼쳐 그날의 기록을 간단히 남기고 갑판으로 올라갔다. 할아버지·할머니가 편안하게 갑판을 돌아다니며 사진을 찍고, 농담을 하고, 마른 오징어를 나눠 먹고 있었다. 나는 짙푸른 하늘 아래 싱그러운 초록색 산등성이와 여객선을 쫓아 날아다니는 갈매기 떼를 마음 편히 감상하고 싶었다. 하지만 바다를 떠다니는 시신과 뒤집힌 선체 아래 질식하는 아이들의 모습을 좀처럼 떨쳐낼 수 없었다. 팽목항 근처 바다는 무덤이었다. 보통은 비석이나 십자가 등이 죽은 이가 묻힌 위치를 표시하지만 이곳에는 아무 것도 없었다. 바다와 바람, 파도뿐이었다.

여객선이 육지에서 남서쪽으로 약 18킬로미터 떨어진 관매도에 정박했다. 나는 그제야 암울한 생각을 머릿속에서 떨쳐낼 수 있었다. 넓은 모래사장과 부드러운 초록빛 언덕이 눈앞에 펼쳐졌다. 어린 자녀와 함께 여행 온 부모가 얕은 바다에서 물장구를 쳤다. 달아오르는 아침 햇볕에 도로가 반짝였다.

매표소에 배낭을 맡기고 지도를 한 손에 든 채 등산로를 찾아 나섰다. 며칠 동안 쉬었지만 지난 여행에서 다친 발목이 여전히 시큰거렸다. 그래도 발목을 단단히 잡아 주는 부츠를 신었으니 괜찮을 것이다. 나는 울퉁불퉁한 산길을 등반할 준비가 돼 있었다. 혹시 몰라 냄새가 고약한 통증 완화 스프레이도 챙겨 뒀다.

항구를 나와 왼쪽으로 돌아서니 작은 숲이 나왔다. 머리 위에는 소나무가 높이 솟아 있었고, 발밑에는 솔잎이 폭신하게 깔려 있었다. 나는 캠핑을 하러 관매도를 찾은 여행객 몇 명과 영어로 대화를 나눴다. 그들은 무척 재치 있었다. 한국전력공사에서 일하는 박 씨는 나를 텐트로 안내했다. "여기가 내 집이에요." 박 씨는 연세대학교 경영학과를 졸업했다. 반면 박 씨보다 늙어 보이지만 사실 어린 친구는 헬싱키에서 경영학을 공부했다. 이유는 모르겠지만 이 이야기를 하면서 우리는 웃음을 터뜨렸다. 박 씨와 친구는 벌써 며칠 째 관매도에 머무르고 있는데 무척 만족스럽다고 했다. 따뜻한 푸른 바다에서 헤엄을 치고, 맛있는 음식을 석쇠에 마음껏 구워 먹고, 나무 사이를 뛰노는 아이들을 구경하고, 며칠 동안 일을 쉴 수 있다. 한국 사람은 공부를 하든, 일을 하든 지나치게 열심이다. 그러니 쉴 시간이 있을 때 충분히 웃고 즐기며 에너지를 축적해 둬야 한다.

박 씨와 친구는 근처에 해송림이라는 아주 오래된 소나무 숲이 있으니 꼭 가보라고 신신당부했다. 나는 최선을 다했지만 어중간하게 사람에게 길들여진 염소 떼밖에 못 찾았다. 염소 떼 가까이 다가가서 사진 몇 장을 찍는 데 성공했지만 날카로운 뿔이 난 녀석을 보니 겁이 났다. 얼마 전에 삔 발목이 다 낫지도 않았는데 무릎을 부러뜨리고 싶지는 않았다.

나는 계속해서 깊은 숲속으로 걸음을 옮겼다. 얼마쯤 지나자 빨갛고 파란 지붕을 얹은 하얀 집이 옹기종기 모여 있는 장산평마을이 나타났다. 한식에 두루 사용되는 식재료인 다시마와 빨간 고추가 햇볕에 바짝 마르고 있었다. 아기자기한 마을 너머로 노란색과 갈색이 섞인 들판과 안개 낀 산등성이 펼쳐졌다.

그때, 바로 옆 풀숲에서 부스럭거리는 소리가 나더니 커다란 짐승이 튀어나왔다. 순식간에 사라져 제대로 보지는 못 했지만 고양잇과처럼 보였다. 멧돼지라기에는 너무 작고 설치류라기에는 너무 컸다. 들개였다면 내가 영역을 침범했을 때부터 짖어 댔을 것이다. 고양잇과 짐승이 분명했다. 혹시 다시 모습을 드러낼까 기다려 봤지만 바람이 잔디를 스칠 뿐이었다.

아무래도 살쾡이였던 것 같다. 살쾡이는 무리를 짓지 않고 혼자 생활하는 동물로 폭풍이 거센 섬 날씨를 견디는 데 적합한 두꺼운 털을 지녔다. 하지만 나중에 살쾡이가 주로 밤에 먹잇감을 찾아 사냥을 하기에 해가 지기 전에 살쾡이를 포착하기는 무척 힘들다는 글을 읽었다. 한국에서 가장 살쾡이가 많이 서식하는 지역은 비무장지대라고 한다. 곳곳에 철조망이 쳐지고 지뢰가 숨겨진 비무장지대는 야생 동물의 천국이다. 현재 반달가슴곰, 재두루미, 사향노루, 희귀종으로 분류되는 염소, 독수리를 비롯해 5,000여 종의 동식물이 비무장지대에 서식한다고 알려져 있다.

살쾡이가 남서쪽으로 머나먼 바다 한복판 섬에 터를 잡은 걸까? 나는 사람들을 붙잡고 풀숲에서 고양이를 닮은 짐승이 뛰쳐나왔다고 이야기했지만 다들 처음 들어본다는 표정을 지을 뿐이었다. 살쾡이는 '멸종위기에 처한 야생동식물종의 국제 거래에 관한 협약'에 의해 보호받고 있다. 그때 그 살쾡이를 잡아서 가죽을 벗겼으면 꽤 큰돈을 만질 수 있었을 텐데!

산을 가로질러 섬 서쪽까지 걸어가는 데는 한 시간이면 충분했다. 나는 마실길이라는 이름이 붙은 길을 따라 걷기로 했다. 마실은 한가로운 산책을 일컫는 옛말이다. 마실길 입구에 코스를 도는 데 걸리는 시간과 하이킹에 필요한 장비, 위험을 안내하는 표지판이 걸려 있었다. 높이가 30미터 이상인 바위 절벽에서 추락할 수 있으니 가장자리에 가까이 다가가지 말라는 경고가 눈에 띄었다. 그제야 내가 너무 준비 없이 산행에 나섰다는 생각이 들었다. 나는 선크림을 바르지도, 챙 넓은 모자를 쓰지도 않았다. 명확한 목적지도 없었고 물도 챙기지 않았으며 발목은 여전히 욱신거렸다. 나의 행방을 아는 사람은 해송림으로 가는 길에 만난 유쾌한 캠퍼 두 명뿐이었다.

어쨌든 나는 출발했다. 천천히, 조심스럽게 걸음을 뗐다. 보온 담요처럼 주변을 감싼 열기도 감당하기 힘들었지만 시력에 비하면 큰 문제가 못됐다. 앞에서도 한번 말했지만 나는 다초점 안경을 끼고 있었기에 흔들리는 돌을 피하거나 바위 틈새에 다리가 끼는 사고를 방지하려면 고개를 아래로 꺾어서 똑바로 발밑을 쳐다봐야 했다. 땅만 보고 걸으니 앞이 보일 리 없었다. 나지막한 나뭇가지에 가슴을 찔리고 솔잎에 얼굴이 긁혔다. 경치를 감상하려면 잠시 멈춰 서서 머리를 들고 렌즈에 초점을 맞춰야 했다. 그리고 다시 고개를 숙여서 하이킹을 계속했다. 선사시대에 날지 못하는 새가 먹이를 찾아 헤맬 때 꼭 나 같은 모습이었을 것이다.

걷다 보니 길에 그늘이 드리워져 마침내 뜨거운 햇볕에서 벗어날 수 있었다. 절벽 아래 바다는 고요하고 우아하면서 반짝이는 생기가 넘쳤다. 이렇게 아름다운 바다에서 세월호가 전복됐다니, 상상이 안 됐다.

산을 반쯤 올랐을 무렵 갈증이 나기 시작했다. 상쾌한 바람이 불어도 기분이 좋아지지 않았다. 북쪽에서 폭풍우가 몰려오면서 차가운 빗방울로 수평선을 어둡게 물들이고 있었다. 얼마 뒤 나는 신성한 장면을 목격했다. 예수가 강림하는 것처럼 구름이 걷히고 빛 한 줄기가 바다를 비췄다.

나는 북쪽으로 조금 더 걸어 올라가서 섬의 중심쯤 왔을 때 동쪽으로 방향을 틀었다. 옷은 이미 땀으로 흠뻑 젖었다. 정신이 혼미해지기 시작했다. 피부가 커피 원두처럼 까맣게 그을렸다. 항구 매표소에서 배낭을 찾으면서 물건 몇 가지를 사고 담요를 빌렸다. 근처에 떠돌이 여행객을 위한 텐트 몇 개가 세워져 있었다. 그날 밤 내 보금자리가 되어 줄 텐트도 보였다.

겨우 해가 지기 시작한 이른 시간이었지만 나는 텐트에 기어 들어가 벌레 퇴치 스프레이를 뿌리고 바람에 소나무가 흔들리는 소리와 부드럽게 밀려드는 파도 소리를 자장가 삼아 깊은 잠에 빠져들었다.

제17장

보길도 : 시인의 섬

한반도 최남서단에 위치한 완도의 항구 마을은 섬의 남서쪽 끄트머리에 있었다. 한반도 남서쪽의 남서쪽 끝까지 여행할 수 있다는 사실이 놀라웠다. 땅끝에 다다랐다고 생각할 때쯤 지도에 또 다른 땅이 나타난다.

버스는 몇 킬로에 걸쳐 이어진 울퉁불퉁한 시골길을 달렸다. 시골길을 따라 한반도 남서쪽 바다에 도착하면 수많은 섬과 그 사이를 잇는 복잡한 뱃길이 펼쳐진다. 시간만 허락한다면 몇 년이고 찬란한 군도를 탐험할 수 있을 것 같았다. 창조론이 사실이라면 전지전능한 조물주는 한반도 남서쪽 구석의 다도해를 만드는 데 상당한 시간과 정성을 쏟은 게 분명하다.

낚시꾼의 단골 섬인 완도는 신라 바다를 평정한 영웅 장보고(787-846)와 밀접한 관계가 있다. 나는 텔레비전 드라마 〈해신〉을 통해 장보고를 알게 됐다. 몇 년 동안 한국 사극을 보면서 한국어를 공부했는데, 당시 산업용 발전기만큼 강력한 제세동기를 가져와도 죽어가는 내 한국어를 살릴 수 없을 정도로 언어 능력이 나날이 퇴화되고 있었다. 이대로 손 놓고 있다가는 그나마 남은 한국어 실력도 사라지겠다는 생각에 한국 대표 텔레비전 채널인 KBS와 MBC에 매달렸다. 억지로 완결까지 버틴 형편없는 드라마에 비하면 〈해신〉은 걸작이나 마찬가지였다. 〈해신〉을 보면서 내 한국어 실력이 향상됐는지는 잘 모르겠다. 대사가 무척 짧은 데다가 전투 장면이 대부분이었기 때문이다. 하지만 적어도 장보고의 놀라운 삶은 제대로 공부했다. 이런 이유로 나는 완도 여행 첫째 날 장보고기념관에 가기로 했다.

장보고기념관까지 가는 길이 쉽지는 않았다. 기념관은 도시 외곽 끝자락에 있어 택시를 탈 수밖에 없었다. 무섭게 올라가는 미터기 요금을 보고 있자니 여행 내내 힘들게 아껴 온 경비가 한 번에 사라지는 것 같아 마음이 아팠다.

기념관에 전시된 내용에 따르면 장보고는 828년 청해진을 설치했다. 푸른 바다에 세워진 기지, 즉 청해진은 장보고가 한반도 주변 바다 해상권을 장악하는 데 중요한 역할을 했다. 당시 신라는 당나라와 해상 무역을 방해하는 해적 때문에 골머리를 앓고 있었다. 장보고는 해적을 소탕하고 무역을 활성화하기로 마음먹었다.

신라 후기 한반도에서 태어난 장보고는 더 나은 삶을 찾아 일찍이 당나라로 건너갔다. 군대에서 두각을 드러내 소장자리까지 오른 장보고는 이후 신라 남부 항구와 오늘날 스다오에 해당하는 산둥반도 남동쪽 해안, 일본 후쿠오카 하카타의 상업 지구를 연결하는 항로를 개척했다. 당시 도자기는 수익성이 무척 높은 수출입품 중 하나로 해적에게 자기 꽃병과 그릇을 약탈당하는 사건이 빈번하게 일어났다. 장보고가 당나라에서 보인 활약상, 그중에서도 산둥반도에 진출한 신라 상인을 위한 노력은 앞서 소개한 일본 승려 엔닌의 기록에 상세하게 남아 있다. 장보고는 고향을 떠나 온 신라 상인에게 숙소를 제공하고 사원을 건설했다.

당나라에서 부를 쌓은 장보고는 한반도 남부 해안으로 돌아와 청해진을 설치하고 주변 영토를 다스렸다. 하지만 장보고가 지닌 권력과 군사력은 왕권을 위협할 수 있을 만큼 강력했고 자신의 딸을 왕비 자리에 앉히려는 노력은 왕실의 의심을 샀다. 기록에 따르면 장보고는 평민에게 기득권을 빼앗길까 두려워한 반대 세력에 암살당했다고 한다.

장보고기념관에서 조금만 가면 과거 청해진이 설치된 섬이 나온다. 간조 때에는 기념관에서 청해진까지 걸어갈 수 있는데, 물때를 잘못 맞췄더라도 바다 위에 놓인 장도목교를 건너 언제든 유적지에 접근 가능하다. 30분만 시간을 내면 청해진 유적을 여유롭게 둘러보고 머나먼 바다를 바라보며 1,000여 년 전 이곳에서 장보고가 어떤 삶을 살았는지 상상할 수 있다.

얼마 전, 청해진이라는 이름이 더럽혀지는 사건이 일어났다. 청해진은 신라의 자부심이었던 장보고의 충심과 헌신을 상징한다. 하지만 청해진은 2014년 4월 가라앉은 세월호를 운영하던 선사의 이름이기도 하다. 현재 청해진해운은 폐업했다.

장보고기념관 탐험을 마치고 다음 행선지로 발걸음을 돌렸다. 전쟁, 해적, 군사 기지는 이제 뒤로 하고 한국의 가장 저명한 고전 시인 윤선도(1587-1671)의 시구를 찾아 보길도로 떠났다.

보길도는 완도 해안에서 살짝 떨어진 노화도에 인접해 있다. 뱃삯이 5달러도 안 되는 30분짜리 항해를 위해 여객선에 오른 사람보다 차가 많았다. 승객 중에는 젊은 필리핀 사람도 몇 명 있었는데, 배가 항구를 출발할 때부터 도착할 때까지 휴대전화만 들여다보고 있었다. 내 나름 소통을 시도해 봤지만 다들 대화를 꺼려 어떤 일을 하는지조차 알아내지 못했다. 노화도는 전복과 홍합 등 해산물 산지로 유명하니 아마 어업에 종사하지 않을까 추측한다.

나는 배에서 내리자마자 택시에 탔다. 내가 택시를 잡지는 않았다. 기사가 나를 끌고 가서 택시에 태웠다. 나는 꾸물대다가 (또) 버스를 놓쳤다. 좀처럼 경험에서 교훈을 얻지 못하는 사람도 있다. 택시 기사와 나는 10분이 넘도록 말을 섞지 않았다. 기사는 귀에 이어폰을 꽂고 통화에 심취해 있었다. 미터기를 꺼 두고 달리는 탓에 목적지도, 요금도 알 수 없었다.

하지만 나는 본능적으로 이 기사를 믿었다. 조수석에 억지로 구겨져 있는 목발이 믿음을 주는 데 일조했다. 나는 기사가 장애인이라고 짐작했다. 시골길을 질주하는 내내 목발이 조수석에서 튕겨 나올까 봐 불안했다. 급브레이크를 밟으면 목발이 칼 던지기 곡예를 할 때처럼 뒷좌석으로 날아올 것 같았다. 통화를 하는 목소리도 심각하고 급박하게 들렸다. 나는 뒷자리에 앉아 저 목발이 사실 북한 미사일 부품이며 내가 아주 위험한 간첩 공작에 관여됐을지도 모른다는 상상의 나래를 펼쳤다.

택시는 한적한 농경지를 지나 허름한 초가집 앞에 멈춰 섰다. 나는 기사를 도와 조수석에서 목발을 꺼내 벽에 세워뒀다. 할머니 한 명이 집에서 나오더니 기사에게 고맙다고 인사했다. 내 미사일 이론은 거짓으로 판명 났다. 택시 기사는 할머니의 거동을 보조해 줄 도구를 운반할 뿐이었다.

할머니와 기사가 이야기를 나누는 동안 나는 경치를 감상했다. 고즈넉한 시골길에 벌이 무리를 지어 날아다녔고 나비가 국화 주변에서 춤을 췄다. 걸음을 옮길 때마다 발아래에 깔린 초록색 클로버가 푹신하게 밟혔다. 땅이 스프링처럼 내 발을 튕겨내는 것 같았다. 들판은 짙은 녹색과 빛이 바랜 노란색으로 뒤덮여 있었다.

마침내 할머니와 대화를 마무리한 기사가 다시 운전석에 앉았다. 뒷자리에 타서 길을 물으려는데 스스로를 김 씨라고 소개한 기사가 백미러를 통해 흘끗 나를 쳐다보면서 먼저 말을 걸었다.

"보길도에는 왜 왔어요?" 기사가 천천히 속도를 올리며 물었다. 나를 의심하는 기색이 역력했다.

"섬이 참 예쁘다고 들어서요." 내가 대답했다. 너무 진부하게 들렸다. "그리고, 음, 한국의 섬을 주제로 책을 쓰고 있어요." 더 수상했다. "아, 17세기에 보길도에서 살던 시인에 관심이 있어서요."

택시가 끽 소리를 내며 멈춰 섰다. 양 옆으로 흙먼지가 피어올랐다. 김 씨가 뒷좌석을 향해 몸을 돌리며 질문했다.

"시인 누구요?" 어떤 대답을 원하는지 짐작하기 힘든 말투였다.

"음, 윤선도라고……. 조선 시인이요."

기사가 눈을 가늘게 떴다.

"윤선도를 알아요?"

"어, 네."

기사는 비장한 표정으로 고개를 끄덕이며 말했다. "잘 됐군, 잘 됐어. 내가 윤선도를 아주 잘 알아요. 내가 데려가 줄게요." 윤선도는 이미 350년도 더 전에 죽었지만 기사는 마치 윤선도와 차를 한잔 하러 갈 것처럼 이야기했다.

한국에서는 시를 아주 높이 평가한다. 시는 엘리트주의를 조장하는 도구도, 철없는 소녀의 유흥거리도, 야생화가 흐드러진 들판에 풍성한 셔츠를 입고 누워 노니는 청년의 허영을 채우는 수단도 아니다. 어떤 배경을 지니고 있든 시와 시인은 존경받는다.

기사는 몇 분 더 택시를 몰고 가더니 주차장에 차를 세우고 나를 뒷좌석에서 끌어내 박물관으로 데려갔다. 기사는 나에게 보여줄 곳이 두 군데 있다고 말했다. 첫 번째는 세연정이고, 두 번째는 세연지였다. 두 장소 모두 윤선도와 관련이 있었다.

차에서 내리면서 그제야 김 씨 성을 가진 택시 기사를 가이드로 고용하게 되었다는 사실을 깨달았다. 비용이나 일정에 관한 논의는 전혀 없었다. 미터기는 여전히 꺼져 있었다. 여행을 할 때 택시 기사가 미터기를 꺼 두면 곤란한 일이 생기곤 한다. 하루를 마무리하면서 요금을 두고 실랑이를 벌이면 투어가 아무리 만족스러웠어도 나쁜 기억으로 남는다. 그러니 언제나 여행을 시작하기 전에 미리 요금을 협상해야 한다. 명심하라. 사전 협상은 여행의 기본이다.

하지만 보길도에서 만난 택시 기사와는 따로 협상을 할 필요가 없어 보였다. 기사는 운이 나빠 버스를 놓친 관광객을 상대로 돈을 벌려는 게 아니었다. 낯선 외국인이 윤선도를 알고 있다니 무척 반가웠을 뿐이다. 오늘날에는 불신을 기반으로 하는 여행이 지나치게 많다. 어떤 관광객은 모든 사람이 자신을 속이려 한다고 믿는다. 실제로 내 친구 한 명은 여행하면서 바가지 쓰지 않기를 최우선에 둔다. 친구는 의심의 눈초리로 현지인을 바라보며 모든 금전 거래를 대립으로 취급한다.

택시 기사와 나는 티켓을 사서 작은 박물관 겸 미술관에 들어갔다. 기사는 나를 멈춰 세우더니 일장 연설을 늘어놨다. 수업을 따라가기 벅찼다. 내 한국어 실력은 나쁘지 않았지만 뛰어나지도 않았다. 기사가 사용하는 고급 어휘를 이해하기에는 부족했다.

어쨌든 내가 이해한 내용을 요약하자면 다음과 같다. 1587년 한성에서 태어난 윤선도는 자녀가 없던 삼촌에게 입양돼 남서쪽 도시 해남으로 갔다. 부유한 상류층이었던 삼촌은 대를 이을 아들이 필요했다. 어린 윤선도는 유교에서 강조하는 덕목인 효심, 정의, 예절을 배우고 더 나아가 그림, 음악, 시조를 익혔다. 당시에 예술적 소양은 성리학을 공부하는 청년이 갖춰야 할 필수 덕목이었다.

윤선도는 학문에 두각을 나타냈다. 기록에 따르면 윤선도는 관리를 채용하는 시험에서 전국 1위를 차지했다. 하지만 조선 왕실의 정책에 반대했다는 이유로 유배당하면서 조선 왕실에서 쌓은 화려한 이력은 수포로 돌아갔다. 당시 조선 왕은 1600년대 초부터 현재 중국 북부 지방으로 영토를 확장하며 명나라를 위협한 만주족에 화평을 청했지만 윤선도는 이에 거부감을 드러냈다.

14세기 중반부터 중국을 지배한 명나라의 문화와 언어는 한반도에 큰 영향을 미쳤다. 조선 양반은 청나라를 건설한 만주족을 명나라를 침범한 약탈자로 여겼다. 이에 만주족은 패권을 확립하기 위해 1627년과 1637년 조선을 침략하고 항복을 받아낸 후 조선에 조공을 요구했다.

윤선도는 만주족의 요구에 굴복해 고개를 조아릴 수밖에 없는 한낱 조선 문인이었다. 1637년, 윤선도는 유배지였던 제주도로 쫓겨났다. 벌써 몇 번째 유배였다(앞에서 이야기했듯 조선 시대에 나랏일을 하던 관리는 수시로 유배당했다). 하지만 더 이상의 유배는 없었다.

윤선도가 탄 배는 제주도로 가는 길에 풍랑을 만나 잠시 보길도에 정박했다. 윤선도는 보길도 풍경을 보자마자 마음을 빼앗겼다. 아름다운 보길도에 매료된 윤선도는 다시 제주행 배에 오르지 않았다. 복잡한 정치와 음모는 뒤로 하고 시조를 쓰고 자연 경관을 감상하며 보길도에서 여생을 보냈다. 다른 사람이라면 관직을 박탈당해 슬퍼했겠지만 윤선도는 자유를 되찾을 수 있어 기뻤다. 윤선도는 고즈넉한 곳에 자유롭게 은신처를 짓고 자연과 조화를 이루며 시조를 지으며 살았다.

첫 번째 강의가 끝났다. 기사는 나를 데리고 박물관 밖 정원에 세워신 세연정과 세연지로 향했다. 전통 건축물에 관한 지식이 부족한 사람, 특히 나 같은 막눈에게 나무로 된 바닥, 짚이나 기와를 얹어 만든 경사진 지붕, 알록달록하게 색칠한 처마, 땅에 닿지 않게 높인 마루로 이루어진 한국 전각은 전부 비슷해 보인다. 하지만 윤선도의 정원은 상상력을 자극했다. 한낮의 따가운 햇볕이 내리쬐고 부드러운 바람이 솔잎을 간지럽히는 정원 한가운데에서 기사가 두 번째 강의를 시작했다.

윤선도의 정원에는 원리와 원칙, 정신 수양을 중요하게 여기는 유교 사상을 고스란히 담고 있다. 한국 전통 정원은 자연과 조화를 추구한다. 수레바퀴나 데이지 화환 장식, 바비큐 그릴을 위한 장소가 아니다. 정원을 구성하는 모든 요소는 유교 사상과 관련이 있다. 연못은 정신을 맑게 한다. 사시사철 푸른 소나무는 변하지 않는 충심을 의미한다. 대나무는 매화, 난초, 국화와 함께 중국 회화와 문학에 등장하는 '사군자' 중 하나로, 유교 사회에서는 강인한 정신과 미덕을 상징한다. 대나무는 가혹한 운명의 화살과 돌멩이를 견딜 정도로 유연하고 강하다. 바위는 그냥 바위일 뿐, 별다른 의미는 없는 것 같다.

나는 기왕이면 아무렇게나 길게 자란 잔디에 버려진 폐허와 비밀 통로가 난 정원을 갖고 싶다. 하지만 유교식 정원에 마음을 안정시키는 효과가 있다는 사실을 부정하지는 않겠다.

우리는 햇볕을 피해 세연정에 잠시 머물렀다. 세연정은 완전히 복원돼 원재료는 조금도 남지 않았다. 테세우스의 배[8]가 생각났다. 이 정원을 윤선도의 정원이라고 해도 될까? 윤선도가 보길도에 머물던 당시 정원을 채우던 요소는 거의 남지 않았다. 하지만 나는 곧 형이상학적 고뇌를 뒤로 밀어 두고 여유를 즐겼다. 윤선도가 같은 마룻바닥에 앉아 같은 경치를 감상하지는 않았겠지만 택시 기사가 선사한 열정적인 강의 덕분에 시인의 정신은 언제나 함께했다.

세연정에 앉아 있자니 평화로운 은신처에서 윤선도의 삶을 담은 책 『보길도지』에 묘사된 장면이 생생히 떠올랐다. 『보길도지』는 윤선도가 사망하고 수 년 후 먼 친척에 의해 쓰인 책으로, 서늘한 저녁 공기에 잔잔한 음악과 시냇물 소리가 맴도는 가운데 등불을 밝힌 작은 배가 연못을 떠다니는 풍경을 그리고 있다. 다소 미화되기는 했지만 아름다운 묘사라고 생각한다. 현실에서는 모기와 날벌레가 등불에 날아들어 윤선도를 귀찮게 굴었을 것이다. 어쨌든 나는 그늘진 전각 그늘 아래에 앉아 명상을 하는 짧은 시간 동안 윤선도의 정원에 경이로움을 느꼈다.

---

8 그리스 신화에 등장하는 역설로 배의 모든 부품이 교체됐더라도 원래의 배라고 할 수 있는지 질문한다. —옮긴이

"윤선도는 술을 좋아했어요." 기사가 아련하게 이야기했다. "저녁에 정원에 나와 연못 옆에서 춤을 즐기고 시조를 읊는 걸 가장 좋아했지요." 나는 기사가 연못가에 앉아 밤새 노래와 시조를 들으며 술을 마시고 춤을 추는 삶을 윤선도 못지않게 좋아할 것이라 확신했다. 하지만 윤선도와 달리 기사는 돈을 벌어야 했다.

기사가 다른 방문객 몇 명과 이야기를 나누는 동안 잠시 휴식을 취했다. 방문객은 기사의 강의를 듣고 궁금한 점을 질문했다. 기사는 학생을 데리고 현장 학습을 나온 교수처럼 능숙하게 대처했다. 정말 대단한 사람이다. 여유롭게 정원을 거닐다가 그늘을 발견했다. 나는 후다닥 배낭에서 윤선도가 지은 가장 유명한 시조인 「오우가」를 꺼냈다. 윤선도의 정원에서 윤선도가 쓴 시조를 읊을 기회를 놓칠 수는 없었다.

시조는 이렇게 시작된다.

내 벗이 몇인가 헤아려 보니
물과 돌과 소나무와 대나무로다
동쪽 산에 달이 떠오르니 더욱 반갑구나
두어라
이 다섯밖에 또 더하여 무엇하리

표면적으로 윤선도의 「오우가」는 자연을 벗 삼은 평화로운 삶을 이야기하지만 그 이면에는 그 시대의 복잡한 정치적 상황과 자신의 불안정한 지위를 걱정하는 마음이 담겨 있다. 윤선도는 물, 돌, 소나무, 대나무 네 가지 자연물을 친구에 빗대었다. 윤선도가 쓴 시조에 따르면 구름은 검어지고 바람은 불었다 멈추기를 반복하지만 물은 '깨끗하고 멈추지 않는다.' 꽃은 아름답지만 쉽게 지고 풀은 노랗게 변한다. 반면 돌은 '변하지 않는다.' 사시사철 푸른 소나무는 혹독한 겨울 거센 눈서리 속에서도 굳건하게 자리를 지킨다. 대나무는 속이 비었지만 사계절 내내 곧게 서 있다. 비움이 힘이 된다는 발상이 무척 흥미로웠다. 내면에 잠재된 무의식이 지닌 힘을 강조하는 불교 사상과 비슷하다고 생각했다. 윤선도가 이야기하는 공허함은 보이지도 나눠지도 않는 사상의 순수함과 같다.

다섯 번째 벗은 달
작은 달이 높게 떠서 만물을 다 비추니
이렇게 어두운 밤, 너 만한 광명이 또 있느냐
보고도 말이 없으니
내 벗인가 하노라

우리는 윤선도가 달을 통해 왕실에 남은 이들의 행실을 꾸짖고 있음을 어렵지 않게 추측할 수 있다. 친구는 의리를 지키고 서로를 이해해야 한다. 어두운 시절에는 늘 주의를 기울이며 말을 아끼되 앞길을 비춰 줘야 한다. 윤선도는 다섯 번째 벗으로 해를 꼽을 수도 있었을 것이다. 하지만 해는 압도적인 빛을 내뿜으며 강렬하게 불타오른다. 보고도 말없이 어둠을 비추는 달이야말로 이상적인 친구라고 할 수 있다. 짐작해 보건데 윤선도가 관직에서 바쁘게 나랏일을 처리하는 동안 함께 근무한 동료 중 물, 돌, 소나무, 대나무, 달만큼 우직하게 곁을 지켜준 사람은 한 명도 없었던 듯하다.

내가 한참 윤선도의 시조를 평론하고 있을 때, 택시 기사가 불쑥 끼어들었다. "갑시다."

정원에 조금 더 머물고 싶었지만 가이드의 말을 따라야 했다.

우리는 풀벌레 소리가 울려 퍼지는 푸릇푸릇한 한여름의 들판을 지나 윤선도가 1630년대 후반부터 1671년 세상을 떠날 때까지 거주한 낙서재로 향했다. 세연정이 윤선도의 놀이터였다면 낙서재는 집이었다. 산으로 둘러싸인 낙서재는 '독서를 즐기는 집'이라는 뜻을 지닌다. 왠지 모르게 아늑한 느낌이다. 윤선도는 낙서재가 있는 동네에 부용동, 즉 '반쯤 피어난 연꽃의 마을'이라는 이름을 붙였다.

나는 낙서재가 윤선도의 서재인지 집인지 알 수 없었다. 아마 둘 다인 것 같았다. 도서관에 살 수 있다니! 밤새 문학을 탐닉하는 북비앤비가 있는데 에어비앤비가 다 무슨 소용인가.

현재 보길도에 세워진 낙서재는 윤선도가 지은 건물이 아니다. 『보길도지』기록에 따르면 윤선도 사후에 다시 건축됐다고 한다. 대부분의 한옥과 마찬가지로 낙서재 지붕은 멀리 보이는 산등성이처럼 유려한 곡선을 이룬다. 한여름 장마철에 내린 빗물을 흘러내리도록 가파르게 기울어진 한옥 지붕은 겨울에 두껍게 쌓이는 눈을 견딜 만큼 튼튼하다.

계곡 너머에는 동천석실이 있다. 동천석실은 윤선도가 낮 동안 차를 마시고 글을 쓰기 위해 지은 작은 전각이다. 전각 바깥에는 도르래 같은 시설을 설치해 서예 도구나 음식을 손쉽게 실어 날랐다. 윤선도는 이곳에서 그의 대표작 「어부사시사」를 지었다. 기존 형식에서 벗어나 40개의 단가로 구성된 놀랍도록 긴 연시조 「어부사시사」는 봄부터 겨울까지 사계절을 소개한다. 한 단가는 세 줄로 이루어진다. 첫 번째 줄은 주제를, 두 번째 줄은 '전환'을, 세 번째 줄은 결론을 제시한다. 윤선도 이전에는 누구도 이렇게 긴 연시조를 쓰지 않았다.

「어부사시사」는 복잡하고 성가신 사회에서 벗어나 은둔하는 삶을 담고 있다. 시조의 화자는 아침 일찍 탁주 몇 병을 들고 물가로 나가 해가 질 때까지 하루 종일 낚시를 하고 술을 마시며 즐기다 달을 벗 삼아 집으로 돌아온다.

화자는 강에 작은 배를 띄우고 분홍 복숭아 꽃잎 사이로 노를 저으며 이렇게 묻는다. "바쁘고 혼란스러운 인간사에 치어 살고 싶은 이가 어디에 있겠는가?" 아름다운 낙원이자 물질적인 요소를 초월한 동화 속 세상에 살고 있으니 떠날 이유가 없다. 화자는 물고기를 낚고 술을 마시며 나룻배 위에서 여생을 보내고자 한다.

하지만 밤이 되고 폭풍우가 몰아치고 배신에 대한 두려움을 표시하며 불안한 분위기가 조성된다. "다만 한 가지 근심이 있다면 간신이 들을까 두렵구나." 그렇지만 화자는 곧 걱정을 떨쳐내고 자연이 자신을 지켜 줄 것이라 믿는다. "험한 구름 미워 마라, 인간의 잘못을 가린다.", "파도 소리 싫어 마라, 속세의 소음을 덮는다."는 시구가 이를 보여준다.

낙서재 터를 둘러보던 기사는 나에게 동천석실에 올라가 보지 않겠냐고 제안했지만 경사를 보니 힘겨운 등반이 될 것 같았다. 게다가 암벽을 타기에는 내 발목이 아직 충분히 회복되지 않았다.

"괜찮아요, 다음에 가면 되죠." 내가 거절하자 기사는 괜찮다고 이야기했지만 실망한 기색이 역력했다. 발목을 다치지 않았더라도 배 시간을 맞추려면 슬슬 항구로 출발해야 했다. 애초에 저녁에 돌아갈 생각을 하고 완도 호텔에 짐을 모두 두고 왔다.

노화도 항구로 돌아가는 길에 기사는 자신이 살아온 삶에 대해 이야기해 줬다. 1980년대 광주항쟁 당시 고등학생이었던 기사는 항쟁에 연루됐거나 부정적인 영향을 받은 것 같았다. 정확히는 모르겠지만 뭔가에 쫓기듯 보길도로 이사한 듯한 느낌을 받았다. 기사는 한국에서는 비교적 늦은 나이인 30대 중반에 아이를 가졌다. 보길도에 들어오기 전 6년 동안의 세월에 관해서는 말을 아꼈다.

"왜 보길도에 정착했어요?" 작별인사를 나누며 기사에게 물었다.

"보자마자 사랑에 빠졌지."

윤선도와 같았다.

나는 극구 사양하는 기사의 손에 돈을 쥐여 줬다. 그날 하루 열과 성을 다해 보길도를 안내해 준 기사에게 꼭 보답하고 싶었다. 나는 기사와 함께 한 반나절 동안 다음 행선지를 결정했다. 그곳에서 축축한 일요일 서울 시내 영화관에서 처음 접한 한국의 문화와 예술을 다시 한번 경험했다.

제18장

청산도: 판소리의 꿈

나는 한 영화를 보고 청산도에 꼭 가 봐야겠다고 생각했다. 내가 아진과 결혼하기 전, 비가 내리는 어느 일요일 오후에 서울 시내를 거닌 적이 있다. 대체로 울적하던 나날이었다. 살짝 향수병이 왔던 것 같기도 하다. 외로웠을 것이다. 게다가 나는 지독한 숙취에 시달리고 있었다.

내가 배회하던 동네는 그다지 흥미롭지 않았다. 우비를 입고 길가에 옹기종기 모여 서류 가방, 빗, 나무, 효자손 등을 파는 행상처럼 특색 없는 건물이 길게 늘어서 있었다. 세상이 온통 무채색이었다. 추적추적 내리는 늦겨울의 가랑비가 닿는 곳은 모두 회색빛으로 물들었다.

빗줄기가 점점 굵어져 가까운 카페에 들어갔다. 커피는 주변 동네만큼 싱거웠다. 카페에 흐르는 음악은 치과 대기실에 더 잘 어울릴 것 같았다. 책을 들고나온다는 걸 깜빡하는 바람에 읽을거리라고는 한국어로 된 신문밖에 없었다. 그때는 한글을 겨우 더듬더듬 읽었다. 사실은 지금도 그렇다. 나는 한국어 신문을 들고 씨름하는 대신 우중충한 하늘에서 쏟아지는 빗줄기를 구경했다. 태블릿과 스마트폰이 개발되기 전에는 반나절이고 한나절이고 창문 밖을 바라보며 시간을 보낼 수 있었다. 한가함이 삶의 일부였다. 아주 길고 우울한 일요일에 아무것도 하지 않고 보낼 여유가 있던 시절이었다. 회색 서울 시내에서 끔찍한 숙취에 시달리며 다른 유흥거리 없이 진흙탕처럼 탁한 커피 한 잔을 앞에 두고 혼자 시간을 때우는 경험은 유쾌하지 않았지만 기억에는 또렷하게 남았다. 이상하게 들리겠지만 나는 비, 외로움, 전날 밤에 마신 소주가 남긴 부작용을 오롯이 즐겼다.

비가 멎었다. 길 건너에 무언가가 내 시선을 끌었다. 영화관 건물 벽에 현재 상영 중인 영화를 홍보하는 커다란 포스터가 붙어 있었다. 직접 손으로 그린 것 같았다. 영화 제작비가 남아돌았는지, 복고 느낌을 살리려고 일부러 사진 대신 그림을 쓴 건지 알 수 없었다. 하지만 흥미를 끄는 데는 성공했다. 포스터는 이미 지난 과거의 향수를 불러일으켰다. 나는 르놀트Renault 대위의 계략에 빠진 험프리 보가트Humphrey Bogart가 트렌치코트와 중절모를 걸치고 잉그리드 버그만Ingrid Bergman과 뺨을 맞대고 있는 포스터가 옆에 걸려 있을 지도 모른다고 잠시 생각했다.[9]

포스터에는 한국 전통 의복인 한복을 입은 채 수심에 잠긴 여성과 남성이 그려져 있었다. 생전 처음 보는 영화였다. 배우가 누구인지, 어떤 이야기인지, 장르는 무엇인지, 새로 개봉한 영화인지 옛날 영화를 재개봉하는 건지도 몰랐다. 하지만 포스터가 호기심을 자극했다. 한시가 바쁘게 현대화를 추구하는 서울에서 시간을 거슬러 올라간 듯 손으로 그린 영화 포스터는 무척 생소했다. 과거를 담은 영화를 한 편 보고 나면 기분이 나아질 것 같았다. 커피 향을 첨가한 갈색 물을 미련 없이 쏟아 버리고 카페에서 나와 매표소로 달려갔다. 마침 15분 후에 영화가 시작됐다.

---

9   1942년 영화 《카사블랑카Casablanca》를 묘사한다. ―옮긴이

"《서편제》한 장이요." 나는 커피 향조차 나지 않는 갈색 물을 또 한 컵 구매해서 텅 빈 상영관에 들어가 내 자리를 찾아 앉았다.

광고가 나오는 동안 나는 (1) 영화에 자막이 없을 것이고, (2) 영화에 사용되는 고급 어휘를 내가 알아들을 리가 없으며, (3) 줄거리를 완벽히 이해하지 못할 것이라고 확신했다. 나의 예언은 정확히 적중했다. 하지만 여러 악조건에도 불구하고 나는 영화에 완전히 매료됐다. 전라남도 청산도에서 촬영된 영화의 이야기를 요약하면 다음과 같다. 일제강점기 말, 빠르게 근대화되는 혼란한 사회 속에 음악가 유봉은 한국의 얼을 꿋꿋이 이어나간다. 유봉은 판소리를 했다. 블루스에 비견되는 한국의 전통 예술 판소리는 노래와 말, 북, 춤을 통해 유명한 민담을 전한다. 판소리는 그 중요성을 인정받아 국가무형문화재 제5호로 지정됐다.

유봉의 딸 송화는 판소리에 재능을 보인다. 하지만 유봉은 송화가 뛰어난 소리꾼이 되기에는 한이 부족하다고 생각한다. 앞서도 언급했지만 한은 한국인만이 지닌 민족의 고유한 정서로 정확히 어떤 감정인지 꼬집어 설명하기 어렵다. 드디어 한이 무엇인지 이해했다고 이야기하면 한국인은 이렇게 대답할 것이다. "아니, 그런 감정이랑 좀 달라." 한에는 슬픔, 우울, 비통함, 억울함, 후회가 담겨 있다.

판소리에 집착한 유봉은 시간이 지날수록 괴팍하게 행동한다. 이에 질린 아들 동호는 집을 나간다. 혹시 딸이 아들과 같은 선택을 할까 두려워진 유봉은 송화가 억지로 한을 깨우치게 만든다. 송화의 음식에 몰래 약초를 섞어 눈을 멀게 한 것이다. 아버지가 주는 음식을 먹은 송화는 결국 시력을 잃는다. 송화는 한겨울 살을 에는 듯 추운 날씨에 텅 빈 숲에 들어가 울부짖으며 노래를 부른다. 진짜 판소리를 하려면 고통을 경험해야 하기 때문이다. 유봉은 눈을 감기 전 자신이 송화에게 약초를 먹여 시력을 빼앗았노라고 고백한다. 유봉이 죽고 몇 년 후, 송화는 길가 주막에서 동호를 만나 함께 판소리

공연을 펼친다. 송화와 동호는 힘겨운 삶을 살며 한을 쌓았지만 두 사람이 함께 만든 소리는 지난날의 고통을 초월한다. 가족 전체가 예술과 판소리를 위해 모든 것을 희생한다.

《서편제》에는 이런 장면이 있다. 어느 무더운 여름날, 아버지와 어린 자녀 둘이 끝없이 펼쳐진 전라남도 시골길을 따라 걷고 있다. 자욱하게 핀 먼지 속에 아버지는 아이들의 기운을 북돋기 위해 조용히 노래를 부르기 시작한다. 아리랑을 변주한 노래인 '진도아리랑'이다. 아리랑은 김치만큼이나 전통적인 한국 문화로 이루어지지 않은 짝사랑을 슬퍼한다는 주제를 노래하는데, 헤아릴 수 없이 다양한 변주곡이 존재한다. 아리랑은 민족주의적 감성이 아닌 사랑하는 사람을 잃은 인간의 소박한 감성으로 한국인을 한데 통합한다. 2008년, 평양에서 뉴욕필하모닉의 아리랑 연주가 울려 퍼졌다. 대북 국제 관계에 길이 남을 역사적인 순간이었다.

유봉이 즉흥적으로 소리를 뽑자 송화도 마음껏 노래를 부르기 시작한다. 두 사람은 주거니 받거니 노래를 부르고 동호는 북을 친다. 가락이 점점 커지고 분위기가 고조된다. 세 사람은 자리에 멈춰 서 빙빙 돌며 즐겁게 춤을 춘다. 그렇게 판소리로 한마음이 된 가족은 카메라 앵글 밖으로 나가고 화면에는 메마른 전라남도 풍경만 남는다.

남매가 재회하는 마지막 장면은 무척 특이하고 특별하다. 송화와 동호는 판소리로 다시 만나 아버지의 꿈을 이룬다. 그들이 소리를 하면서 보여 준 열정은 쉽게 이해하기 어렵다. 동호는 집을 뛰쳐나가고 몇 년 만에 송화를 만났지만 앞이 안 보이는 송화에게 자신의 정체를 스스로 드러내지도, 어떻게 살았는지 설명하지도 않는다. 두 사람이 소리를 끝내고 다시 만날 날을 기약하지 않은 채 헤어진다. 이 영화에 해피엔딩은 없다. 송화와 동호는 한을 경험했다는 위안만을 서로에게 남기고 사라진다.

나에게는 판소리의 모든 측면이 낯설게만 느껴졌다. 가수는 설익은 밥이 끓는 것 같은 소리를 냈다. 음의 높낮이가 어떤 식으로 전개되는지 전혀 이해가 안 됐다. 북은 이 세상 어디에서도 들어본 적 없는 장단을 선보였다. 해괴하기로 유명한 재즈 카페 라이브 연주도 이렇게까지 난해하지는 않았다.

하지만 그 일요일 오후, 나는 텅 빈 상영관에 혼자 앉아 눈을 깜빡이는 것조차 잊은 채 영화에 빠져들었다. 혹독한 겨울을 그린 장면에서는 몸을 떨었고, 따뜻한 여름 풍경에 미소 지었다. 대나무로 만든 피리인 대금이 내는 구슬픈 음악과 배우의 연기에 완전히 압도됐다. 송화가 빨간 겉옷을 입은 정체 모를 소녀를 따라 눈을 헤치고 나아가는 수수께끼 같은 장면으로 영화는 막을 내렸다. 나는 그 자리에 굳은 채 한참을 앉아 있었다. 숨이 가쁘고 머리가 띵했다. 전날 밤 진을 들이켜지 않고 그런 감정을 느끼기는 참 오랜만이었다.

임권택이 감독하고 유봉 역을 맡은 김명곤이 각본을 쓴 《서편제》는 사회적, 정치적, 문화적 측면에서 심오한 의미를 지닐 뿐 아니라 영화에 모호함과 갈등을 녹였다. 영화학도 1학년들은 이 영화를 공부하면서 '헤게모니'라든가 '담론'과 같은 단어를 수도 없이 사용하게 될 것이다. 문화적 민족적 정체성의 탐구, 현대화와 전통 가치의 갈등, 식민주의, 젠더 관계, 물질적 가치와 미학적 가치의 대치 등 사회 과학 연구의 주요한 논점이 모두 영화 한 편에 녹아 있다. 학문적인 관점을 차치하더라도 아직 《서편제》를 보지 않은 사람이 있다면 꼭 한번 시청하길 강력하게 추천한다. 무엇이 한국을 움직이게 만드는지 조금이라도 엿보고 싶다면 《서편제》를 보라.

지금까지 내가 이번 오디세이에서 청산도에 꼭 방문해야 하는 이유를 열심히 설명했다.

***

완도항에서 청산도까지 가는 여객선은 한국인 관광객으로 가득했다. 대부분은 걷기 위해 청산도를 찾았다. 청산도는 2007년 아시아 최초의 슬로우시티로 선정됐다. '천천히' 산책을 즐기려고 청산도를 찾은 방문객은 슬로우시티라는 이름에 걸맞지 않게 무리를 지어 바쁘게 여기저기를 뛰어다니며 족히 수백 장은 넘는 사진을 찍고 서둘러 다음 목적지로 이동하길 반복한다. 역설적이게도 청산도가 슬로우시티로 선정된 이후 섬을 찾는 사람이 급증해 과거의 여유로움이 다소 퇴색됐다.

나는 부두를 가득 채운 수많은 여행객 사이를 겨우 빠져나갔다. 무엇 하나 '천천히' 움직이는 게 없었다. 완도로 돌아가는 배를 기다리는 줄이 길게 늘어서 있었다. 관광 안내 센터는 티켓을 구매하려는 관광객으로 북적였다. 아내는 남편에게 짜증스러운 잔소리를 퍼붓고, 부모는 아이들을 닦달하고, 아이들은 서로 소리를 질러 댔다. 그리고 모두가 할아버지에게 열변을 토했다.

대부분이 언제, 어디서, 무엇을 먹을 것인지 점심 메뉴를 주제로 열띤 토론을 벌이고 있었다. 한국 사람은 식사를 하기 전 반드시 기나긴 논의를 거친다. 누구도 "대충 때우자"는 말을 입 밖에 내지 않는다. 그렇게 단순한 문제가 아니다. 가격이 문제가 되는 경우는 드물다. 주요 쟁점은 요리의 종류다. 면을 먹고 싶다면 어떤 면을 먹고 싶은가—잡채를 먹을 것인가? 매콤하고 차가운 비빔냉면을 먹을 것인가? 기본에 충실한 국수를 먹을 것인가? 면이 두꺼운 우동을 먹을 것인가? 이도 저도 아니면 간단히 신라면을 끓여 먹을 것인가? 한국 사람은 모두 음식에 조예가 깊다. 음식의 재료는 물론 조리법, 영양소까지 꿰고 있다.

나는 버스와 택시를 지나쳐 손에 지도를 들고 걸었다. 내가 가장 좋아하는 한국 영화에서 주인공이 진도아리랑을 부른 장소를 직접 걸어 볼 예정이었다. 항구 외곽에서 간호사와 생물 교사 부부를 만났다. 두 사람이 같이 여행을 온 게 얼마 만이라고 했더라……. 제대로 알아듣지 못했지만 꽤 오래된 것 같았다. 우리는 서편제길을 찾아 남쪽으로 향하고 있었다. 하지만 나는 두 사람의 오붓한 여행을 방해하고 싶지 않았다.

"먼저 가세요." 내가 권했다. "같이 가요." 나는 오랜만에 느긋한 주말을 함께하는 부부가 섬에서 우연히 만난 외국인을 안내하느라 소중한 시간을 버리지 않길 바랐다. 고맙게도 친절한 부부는 함께 가자고 손을 내밀었다. 덕분에 아주 오래도록 기억에 남을 만한 하루를 보냈다. 생물 교사가 특히 인상 깊었다. 그는 우리가 지나치는 꽃, 나무, 곤충의 이름을 하나하나 알려줬지만 메모를 하지 않은 탓에 하나도 기억이 나지 않는다. 게다가 교사는 내 수준에 맞춰서 쉬운 단어로 천천히 말을 걸어 줬다. 가끔 내 한국어 실력을 과대평가하고 온갖 어려운 관용구를 섞어 속사포처럼 말을 하는 사람이 있는데, 나는 웃으며 고개를 끄덕이지만 사실 알아듣는 내용은 절반도 안 된다.

부부가 길을 안내했다. 두 사람은 서편제길에 가기 전 땅끝마을에 들르고 싶다고 했다. 나는 온갖 동식물의 이름을 익히고 한 걸음 뒤에 잊어버리길 반복하면서 즐겁게 두 사람을 따라갔다. 간호사는 자신의 직업과 아이들의 학업에 관해 이야기했다.

지금까지 한국의 섬을 여행하면서 만난 사람은 대부분 왜 가족을 두고 혼자 한국까지 와서 여행을 하는지 의아해했다. 하지만 청산도에서 만난 간호사와 생물 교사는 혼자 여행하는 사람에 훨씬 관대한 태도를 보여줬다. 내 오디세이 계획을 듣고 "정말 흥미롭네요! 재미있겠어요."라고 말해 준 사람은 이 둘뿐이었다. 보통은 이해할 수 없다는 듯 얼굴을 찡그리고 급하게 떠나야 할 것처럼 손목시계를 들여다본다.

우리는 땅끝마을 전망대 나무 정자에 앉아 잠시 쉬었다. 바위에 파도가 철썩이는 풍경이 내려다보였다. 나는 몇 시간이고 자리에 앉아 바위에 부딪혀 부서지는 파도를 바라볼 수 있었지만 아무래도 부부 사이에 낀 것 같은 기분을 떨칠 수 없었다. 사진을 찍고 아이들에게 메시지를 보내는 간호사와 생물 교사에게 작별 인사를 건네며 연락처를 주고받았다. 나는 슬그머니 빠져나와 걸음을 재촉했다. 《서편제》 촬영지를 알리는 표지판이 나타났다. 유봉이 송화, 동호와 함께 노래를 부르던 바로 그곳이 눈앞에 펼쳐졌다.

계단식으로 경사진 들판 사이로 유봉이 아이들을 데리고 걷던 서편제 길이 굽이굽이 나 있었다. 나는 우스꽝스럽게 진도아리랑을 부르는 영상을 찍어 아내에게 보냈다. 아내는 노래는 나쁘지 않은데 내 모양새가 우습다고 이야기했다. 틀린 말은 아니었다.

불어오는 바닷바람에 누르스름한 잔디가 춤을 췄다. 따뜻한 햇볕이 대지를 데웠다. 먼지 냄새가 코끝에 맴돌았다. 《서편제》를 보지 않았거나 한국에 오래 머물지 않은 사람은 굳이 청산도까지 와서 허허벌판에 서 있는 이유를 이해하기 어려울 것이다.

하지만 한번 이해시켜보도록 하겠다.

《서편제》는 물질적인 값어치가 아닌 저항 정신, 역경을 딛고 거머쥔 승리, 성공에 대한 집착, 예술을 향한 믿음이 삶의 본질을 포착한다는 메시지를 담고 있다. 물론 딸이 한국 전통 음악을 표현할 능력이 부족하다고 눈을 멀게 한 아버지의 행동을 정당화할 수는 없다. 이에 반대하는 사람은 없을 것이라고 생각한다. 하지만 그 은유는 대담하고 직설적이다. 조선은 1880년대부터 더 크고, 강력하고, 부유한 나라에 시달려 왔다. 외세의 억압을 받기 전에도 국민의 대다수를 차지하는 천민 계층이 소수의 양반을 섬기고, 여성이 천대받고, 계층 간의 이동이 거의 불가능한 엄격한 사회 체제는 나라를 서서히 침체해 왔다. 이후 서구 제국주의 국가의 선동으로 성립된 일본의 식민 지배와 1950년부터 1953년까지 지속된 한국전쟁은 한반도를 폐허로 만들었다. 1950년대와 1960년대에 한국은 빈곤국으로 분류됐다. 미국과 일본의 원조가 황폐해진 경제를 일으키는 데 도움이 된 것은 사실이지만 쓰러진 나라를 일으키기 위해 한국 국민이 보여 준 희생은 그야말로 놀랍다고 밖에 할 수 없다. 나는 1990년대 초반 서울에 머무를 당시 한국의 문화와 기술, 음식이 전 세계로 수출될 것이라고는 상상조차 못했다. 축구에 비유하자면 월드컵 결승 전반에 4골을 먹은 팀이 후반에 5골을 넣어 역전승하는 것과 같다. 한국은 평화롭고 겸허하게 깊은 어둠에 빠진 나라를 빛으로 끌어냈다. 도대체 무엇이 이들을 움직이게 했을까?

송화는 자신의 눈을 멀게 한 아버지를 원망하지 않는다. 동호도 마찬가지다. 악당도 구원자도 되지 못한 유봉은 평범한 사람으로 살다가 평범한 사람으로 죽는다. 구원받기 위해서는 절망의 구렁텅이에 빠져야 하기에 고통을 피할 수는 없다. 예술 없는 삶은 생명을 유지하기 위한 활동에 불과하다. 낭만이 사라진 세상에 어떤 가치도 특색도 지니지 못한 채 그저 존재할 뿐이다. 송화와 동호는 해피엔딩을 맞이하지 못했지만 음악에서 삶의 의미를 찾았다.

나는 보리밭을 맴도는 우울한 대금 소리를 상상하며 뜨거운 햇볕 아래 흙먼지가 날리는 길에 가만히 서서 이런저런 생각을 곱씹었다. 비 내리던 일요일 오후, 서울 시내의 카페에서 끔찍한 숙취에 시달리던 순간이 떠올랐다.

제19장

거문도: 해가 지지 않는 섬

나는 영국군 묘지 방문을 목적으로 거문도로 향했다. 이미 짐작했겠지만 거문도 영군군 묘지에는 영국 수군이 안치돼 있다. 하지만 오늘날 영국에서 19세기 후반 엉국세국 해군이 거문도를 점령했다는 사실을 아는 사람은 거의 없다.

    19세기 중반 영국 해군 현지조사팀이 해밀턴항이라는 이름을 붙였던 거문도에 입도하려면 여수에서 여객선을 타야 했다. 나는 보길도와 청산도 여행의 전초기지로 삼았던 완도에서 여수로 가는 버스에 올랐다. 구불구불한 남해 해안선은 다시 한번 나를 매료했다. 완도에서 여수까지 직선거리는 얼마 안 된다. 아마 비행기를 타면 금방일 것이다. 하지만 버스는 찌는 듯한 한여름 오후 남해안을 따라 굽이굽이 달려 늦은 밤에야 여수에 도착했다.

    분주한 항구 도시 여수는 전라남도 외곽에 자리하고 있다. 1990년대 중반 처음 여수를 방문했을 당시 여수는 도시라고 표현하기 민망할 정도로 한적한 바닷가 시골 마을에 불과했다. 내가 알고 지내던 외국인은 매주 금요일

같은 술집에서 만나 술을 마셨고, 고향이 그립지 않은 척 토요일을 보냈다. 그리고 일요일······. 다들 일요일을 어떻게 보냈는지 모르겠다. 일요일에 관해서는 누구도 입을 열지 않았다.

나는 여수에서 보신탕, 즉 개고기 수프를 처음이자 마지막으로 먹어 봤다. 그때를 생각하면 아직도 속이 메슥거린다. 언젠가 개고기가 성욕을 증진한다는 이야기를 들은 적이 있다. 지독한 개고기 냄새를 풍기며 끓아떨어진 남자와 같은 침대에 누운 아내, 여자 친구, 남자 친구, 하룻밤 잠자리 상대가 안쓰럽게 느껴졌다.

나는 여수항 근처 호텔에 방을 잡았다. 청산도에서 무더위 속에 몇 시간을 걸었으니 거의 기절하듯 푹 잘 수 있을 것이라고 생각했다. 하지만 새벽 5시 30분쯤 고양이 울음 같은 소음과 무거운 물건이 땅에 끌리는 시끄러운 소리를 듣고 잠에서 깼다. 처음에는 대천 드라마호텔에서 존재감을 뽐내던 커플이 옆방을 예약했나 생각했다. 드라마호텔에서 들은 것과 똑같은 소리가 났다. 다만 이번에는 어떤 기구를 사용하는 것 같았다.

하지만 가만히 들어 보니 옆방이 아니라 밖에서 나는 소리였다. 창문은 1센티미터 정도 열렸다. 아무리 눈알을 굴려도 겨우 1센티미터 남짓한 틈 사이로 바깥에 무슨 일이 벌어지고 있는지 확인할 수는 없었다. 나는 참견하기 좋아하는 성격을 버리지 못하고 대충 옷을 걸친 뒤 밖으로 나갔다. 그러면 그렇지, 할머니들이었다. 이른 아침 맑은 공기를 마시며 주말 시장 노점을 차리고 있었다. 헐렁한 꽃무늬 바지를 입고 머리에 형형색색 스카프를 두른 할머니들은 활기차게 농담을 주고받았다. 채소, 과일, 마늘, 생각 등을 산더미처럼 쌓아 놓은 상자 옆에 쪼그려 앉아 상품을 정리했다. 할머니의 행렬이 두 블록 넘게 이어졌다. 수다를 떠는 소리가 도시 반대편까지 들릴 것 같았다. 70대 중반은 족히 넘긴 노인에게 새벽같이 일어나 장에 내다 팔 물건을 실어 나를 체력이 있다니 그저 놀라웠다. 몸에 좋은 음식을 섭취하고 술과 담배를 멀리하면서 꾸준히 건강을 관리한 게 틀림없다. 나 같은 사람은 상상할 수 없는 축복받은 체질 또한 한 몫 했을 것이다.

거문도 여행은 이번이 두 번째였다. 처음 거문도를 방문한 날, 한국은 기록에 남을 만한 혹독한 겨울을 나고 있었다. 남해 다도해상국립공원에는 겨울 햇빛이 날카롭게 내리쬤지만 나머지 지역에는 폭설이 내려 가슴께까지 눈이 쌓였다. 그날 내가 탑승한 거문도행 여객선 선장을 못 믿어 전전긍긍한 기억이 난다. 선장은 줄무늬 바지에 하얀 조끼를 입고 항해 내내 조타실에 얼굴을 찌푸리고 앉아 종이컵에 담긴 커피를 홀짝이면서 선원들과 고스톱을 쳤다. 기억하는지 모르겠지만 외연도 민박을 운영하던 아줌마도 고스톱을 치고 놀았다.

아무튼 그때 거문도로 들어가는 여객선에 근무하던 선원들은 안전에 큰 관심이 없었다. 커다란 망원경에서 한시도 눈을 떼지 않고 수평선을 살피거나 열 살짜리 어린 아이가 망대에 올라 물에 잠긴 바위가 없나 살필 것이라고는 기대조차 않았다. 하지만 조금만 방심해도 배가 소용돌이에 휩쓸려 항로를 이탈할 것 같은 외중에, 선원들은 해류가 충돌하면서 수시로 물 색깔이 변화하는 수로를 지날 때에도 지나치게 느긋해 보였다.

반면 두 번째 여행에 탑승한 여객선 선원은 친절하고 전문적인 모습을 보여줬으며 고스톱에는 손도 대지 않았다. 1995년 건조된 줄리아아쿠아호 곳곳에 구명조끼 착용 방법, 부력 장치 및 구명정 작동 방법을 설명하는 포스터가 붙어 있었고 구명장치에는 각각 한국어와 영어 안내문이 적혀 있었다. 세월호 사고 이후 안전 의식이 크게 높아진 것 같았다.

거문도까지 배에서 보낸 두 시간 반은 지금까지 내가 코리안 오디세이를 진행하면서 경험한 항해 중 가장 시끌벅적한 시간이었다. 여성 무리가 2층 바닥 선실 대부분을 차지하고 항해 내내 짧은 연설을 선보이고 박수를 치길 반복했다. 차례대로 발언 기회를 가지는 것 같았다. 한 사람이 말을 끝낼 때마다 열정적인 박수갈채가 쏟아졌다. 그날 아침 호텔 앞에 노점을 차리는 할머니들 때문에 잠을 제대로 못 자서 그런지 슬슬 짜증이 나려고 했다. 나는 결국 갑판으로 나가 배에 부딪히는 파도를 감상했다.

거문도에 도착하기까지 30분쯤 남았을 때 배가 위험 구간에 진입했다. 수면 아래 해류가 거칠게 꿈틀대며 소용돌이를 일으켰다. 파도가 바위에 부딪혀 거품이 일어났다. 여객선이 바위 사이를 조심스럽게 빠져나갔다. 선원은 신경을 곤두세웠다. 겉보기에 선장은 허름한 김제 모텔에서 만난 아저씨와 별 다를 것 없어 보였지만 솜씨 좋게 거친 물살을 헤치고 거문도항 앞 잔잔한 바다로 여객선을 몰고 나갔다.

나는 얼마 전 새로 지어진 여객터미널에서 나와 지난 여행 때 머물렀던 일본식 숙소로 향했다. 예전과 같이 극성맞은 아줌마가 여전히 숙소를 운영하고 있었다. 아줌마는 나를 기억한다며 호들갑을 떨었지만 진심인지는 모르겠다. 내가 인상이 강한 편은 아니기 때문이다. 객실 분위기는 군산의 일본식 여관과 비슷했다. 벽에는 어두운 나무 기둥이 세워져 있었고 바닥에는 부드러운 다다미가 깔려 있었다. 전체적으로 깔끔하고 간소했다. 항구 방향으로 난 창문 너머로 자그마한 어선을 손보는 어부, 갓 잡아 올려 짭짤한 바닷바람에 건조되는 오징어 수 십 마리, 인도 옆 빨간 고추를 널어놓은 비닐 매트가 보였다.

숙소 옆 카페에서 간단하게 점심을 챙겨 먹고 기울기 시작하는 여름 햇빛 아래 영국군 묘지로 향했다. 섬이 크지 않아 금방 묘지를 찾을 수 있었다. 고도가 높아질수록 멋진 경치가 눈앞에 펼쳐졌다. 나는 정도의 차이는 있지만 어딘가 허물어진 작은 오두막 몇 채와 앙상한 고양이 몇 마리, 여객선에서 시끄럽게 연설을 하던 여자 몇 명을 지나쳤다.

알고 보니 여수시는 가정폭력 및 성폭력 피해를 입은 여성에게 상담 서비스를 제공하고 있었다. 이뿐 아니라 남성을 대상으로 성매매의 폐해를 교육했는데, 왜 하필 거문도에서 사회적 악폐 근절 운동을 벌이는지 이해할 수 없었다. 섬 어디에서도 성매매의 흔적이 발견되지 않았다. 홍등가는 오히려 육지 항구 주변에 조성돼 있었다. 혹시 오해할까 덧붙이는데, 내가 홍등가를 찾으려던 게 아니고 오히려 못 보고 지나치기가 더 힘들 정도로 공공연히 영업을 한다. 이발소, 마사지 숍, 노래방 등 종류도 다양하다. 적어도 내 기억으로는 거문도에서 비슷한 업소를 본 적이 없다.

어쨌든 매춘 반대 운동을 목적으로 여객선에 탄 여성 무리의 주장에 따르면 거문도에 성매매가 성행하고 있다. 나는 역사, 시조, 전통 예술 및 문화를 비롯한 고차원적인 활동을 기대하고 거문도에 왔다. 싸구려 호텔 방에서 순식간에 해치우는 성욕 해소는 생각조차 해 본 적이 없다. 하지만 성매매 반대 운동을 펼치는 여성 무리의 생각은 달랐다. 그들은 성매매가 우리 사회, 도덕관념, 건강에 미치는 부정적인 영향을 구구절절 경고한 전단지 한 움큼을 내 손에 억지로 쥐여 줬다.

나는 영국군 묘지로 걸음을 재촉했다. 섬에서 운영하는 주말농장에 양배추와 양파가 자라고 있었다. 대나무가 바닷바람에 사정없이 흔들렸다. 곧 산꼭대기에 도착했다. 소나무가 조금 더 자랐다는 점을 빼면 전에 방문했을 때와 조금도 달라지지 않았다. 무시무시한 태풍에 묘가 훼손되거나 유실됐다면 마음이 안 좋았을 것이다. 전 세계 어디를 가도 이렇게 아름다운 묘지를 찾기는 힘들다. 머나먼 타국에서 목숨을 잃은 영국군은 보석처럼 반짝이는 거문도 해안을 내려다보며 영면에 들었다.

묘지에는 1886년 3월 알바트로스함에 승선한 수병 두 명이 폭발 사고에 휘말려 사망했다는 글귀가 적힌 비석과 1903년 목숨을 잃은 알비온함 승무원 알렉스 우드Alex Wood의 죽음을 기리는 나무 십자가가 설치돼 있었다. 세 사람 외에 영국군 7명의 시신이 이곳에 안치돼 있지만 비석이 손상돼 신원을 파악할 수 없었다. 영국 외교관은 거문도에 묻힌 영국군을 추모하기 위해 정기적으로 묘지를 방문한다. 그뿐 아니라 스티븐 로일Stephen Royle과 같은 학자와 평소 관심을 가지고 지켜보는 거문도 주민 덕분에 영국군 묘지는 비교적 깔끔하게 유지되고 있다. 나는 영국의 거문도 점령을 상세히 다룬 로일의 저서 『1885년부터 1887년까지 해밀턴항을 둘러싼 영국과 한국의 관계 Anglo-Korean Relations and the Port Hamilton Affair, 1885-1887』를 배낭에서 꺼냈다. 그리고 묘비 옆 부드러운 잔디에 앉아 따뜻한 햇볕을 쬐며 책을 읽었다.

영국에게 거문도 점령은 한반도에서 러시아를 몰아낼 묘책으로 여겨졌다. 19세기 후반 영국과 러시아 사이에 '그레이트 게임'이 발발했다. 당시 영국은 러시아의 팽창주의가 인도를 비롯한 아시아 식민지 패권을 위협하고 중국 등 교역국과 무역을 방해할까 우려했다. 반면 중앙아시아를 사수하고 동쪽 영토에 영향력을 강화하려던 러시아는 영국이 국경을 침범할까 신경을 곤두세웠다.

영국은 한반도에 마수를 뻗는 러시아를 쫓아내기 위해 동북아시아의 요충지인 거문도를 점령하고 함대에 군수품 및 식료품을 보급했다. 거문도 점령이 실제로 러시아의 남하를 멈추는 데 영향을 미쳤는지는 불분명하다. 사실 러시아가 한반도 남쪽 바다 침공을 계획했다는 구체적인 증거는 부족하다. 영국군은 조선 영토를 점거한 지 2년 만에 철수를 결정하고 닻을 올렸다.

영국의 거문도 점령은 불법이었으며 도덕적으로 비난받아 마땅하다. 기록된 내용으로 짐작하건대 영국 정부가 조금만 더 대담했더라면 영국군의 해밀턴항 점령이 10년은 앞당겨졌을 것이다.

1885년부터 1887년까지 영국의 거문도 점령은 19세기 말 동아시아를 놓고 벌어진 국제 갈등과 안보 문제의 일부일 뿐이다. 대규모 학살은 없었다. 약탈도, 폭력도 없었다. 스티븐 로일의 기록에 따르면 영국군은 거문도에 체류하는 동안 신사적인 태도를 유지했다. 로일의 책에는 성매매와 관련된 안타까운 일화를 찾아볼 수 있다. 18살짜리 영국 해병 피터 와드Peter Ward는 유곽으로 가는 길에 운 나쁘게 사망했다. 영국군 소유 보트를 타고 해안으로 노를 저어 가던 피터는 보트가 뒤집히며 바다에 빠졌다. 그날 유흥비로 쓰려고 주머니에 잔뜩 챙긴 은화 무게 때문이었는지 피터는 헤엄쳐 나오지 못하고 익사했다. 악폐 근절 운동을 위해 거문도행 여객선에 오른 여성 무리가 1880년대 중반 거문도에 있었다면 이 젊은 해군은 목숨을 건졌을지도 모른다.

해가 지면서 그림자가 길어지기 시작했다. 나는 책을 덮고 사진을 몇 장 찍었다. 거문도에 안치된 영국군에게 작별을 고하고 부드럽게 속삭이는 대나무 숲을 지나 항구로 돌아갔다.

지구 반대편에서 날아온 비보에 고국에 남은 어머니 아버지, 형제자매, 친구와 이웃은 눈물을 흘렸을 것이다. 사랑하는 가족과 친구가 낯선 거문도에 안치됐다니, 그저 멍하지 않았을까. 하지만 오늘날 그렇듯 그때도 거문도와 남해에 대해 아는 사람은 거의 없었다.

이역만리 타향에서 숨을 거둔 영국군에게 거문도는 외로운 곳이다. 안타깝지만 어쩔 수 없다.

V : 가을

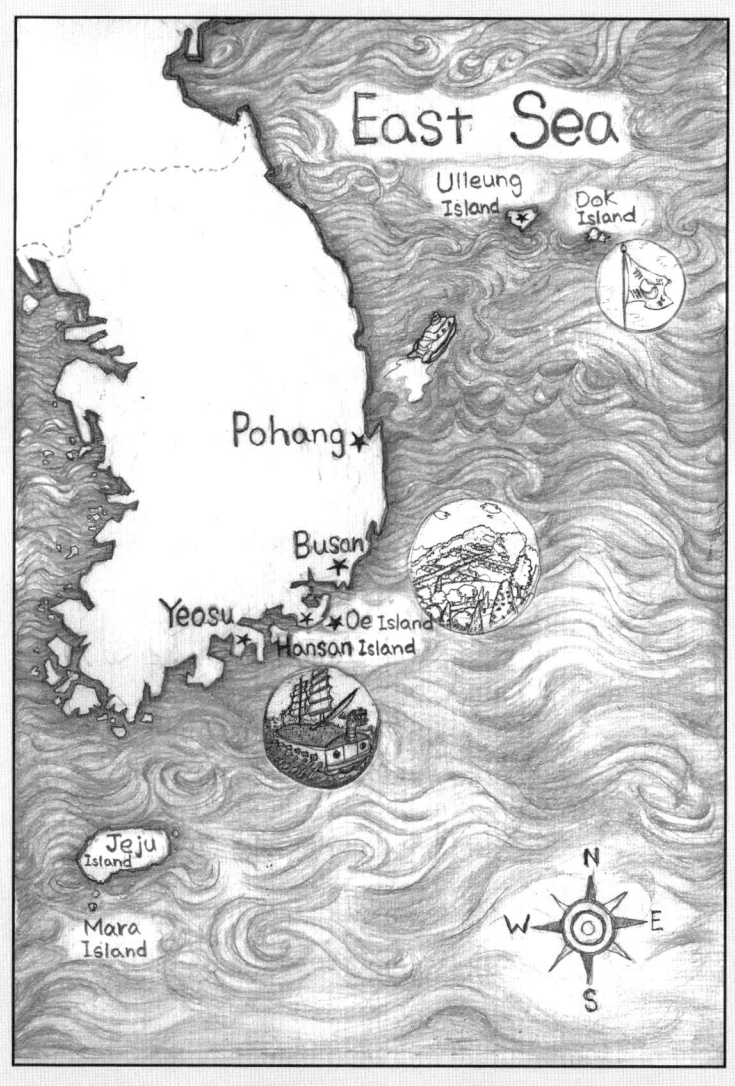

제20장

한산도: 위대한 전투

죽어가는 장정이 울부짖는다. 대포가 나무 선체에 날아와 부딪치고 선장은 목에 핏대를 세우며 명령을 내린다. 돛대가 불타오른다. 화약 냄새가 매캐하다. 수면에 연기가 피어오른다. 날카로운 단검이 숨통을 끊는다.

나는 여객선 뱃머리 아래 거품이 부글부글 이는 바다를 가만히 내려다봤다. 경상남도 남해안 통영만을 가로질러 한산도로 가는 길이었다. 400년 전 이곳에서 벌어진 전투 장면이 머릿속에 생생히 그려졌다. 나는 마치 전투에 참여한 군인이 된 것처럼 이리저리 몸을 비틀고, 침을 흘리고, 혼잣말을 중얼댔다.

정신을 차리고 민망함에 주변을 둘러봤지만 나에게 눈길을 주는 사람은 단 한 명도 없었다. 여객선이 역사상 가장 위대한 해전이 치러진 장소를 지나치고 있다는 사실에 몰입한 승객은 나 하나뿐인 것 같았다.

1592년 8월, 한산도로 향하는 길목에서 벌어진 전투에서 조선 해군이 승리를 거두며 임진왜란의 승세가 조선으로 기울었다. 조선의 전설적인 명

한산도: 위대한 전투

장 이순신이 지휘하던 해군이 패배했다면 전쟁의 결과가 바뀌었을지도 모른다. 일본의 무장이자 정치가인 도요토미 히데요시(1537-1598)는 조선을 굴복시키고 명나라 점령하겠다는 야심을 실현하기 위해 1952년 한반도를 침략했다. 도요토미 히데요시는 당시 수도였던 한양을 수복하고 여러 전투에서 승리했다. 금방이라도 조선이 손에 넘어올 듯했을 것이다. 하지만 와키사카 야스하루(1554-1626)가 이끄는 해군이 이순신 장군에 패배하면서 일본의 보급선이 약화됐다. 이 전투는 일본을 한반도에서 격퇴하는 데 큰 영향을 미쳤다.

이순신 장군이 활약한 해전의 배경이 된 장소를 정확히 나타내는 표식이 없어 아쉬웠다. 바다에는 파도만이 철썩였다. 나는 어떻게든 전투 위치를 알려야 한다고 생각했다. 해당 지점을 지날 때 선장이 경적을 울리면 어떨까? 관광공사에서 커다란 부표를 띄워도 좋지 않을까?

나는 거문도 여행이 끝나고 잠깐 집에 다녀왔다. 방랑하는 음유시인을 자처하고 있지만 어쨌든 생계를 꾸리려면 처리해야 될 업무가 있었기 때문이다. 세나가 나는 푹푹 찌는 홍콩의 여름을 좋아한다. 어두운 하늘에 비바람이 몰아치는 6월과 7월은 아무리 밝은 사람이라도 부정적으로 변할 만큼 우울하다. 8월이 되면 맑고 푸른 하늘이 펼쳐지지만 뇌가 녹아버릴 정도의 더위가 몰려온다. 물론 한국의 여름 또한 못지않게 무시무시하지만 홍콩만큼 끈적이지는 않는다. 홍콩에서는 여름 동안 땀에 절어 있지 않으면 비에 젖어 있어야 한다.

코리안 오디세이 중간에 주어진 휴가를 틈타 딸을 꾀어낼 계획을 세웠다. 다음 방학 때 보리가 한국으로 넘어오면 오디세이를 함께 마무리 지을 수 있을 것이다. 거액의 보상을 제시할 준비가 돼 있었다. 하지만 나는 말을 다 마치기도 전에 거절당했다.

"싫어." 보리는 단호했다.

"엄청 재미있을 걸." 나는 포기하지 않고 보리를 회유했다. "옛날 기억 안 나? 환상의 콤비였잖아. 이번에 다시 한번 뭉쳐 보자고."

"난 11살이야. 옛날은 없어. 환상의 콤비도 아니었고."

그래서 나는 가을 오디세이의 첫 목적지인 한산도에 들어가기 위해 혼자 버스를 타고 통영으로 향했다. 서울에서 통영까지는 꼬박 한나절이 걸렸다. 버스 밖으로 영화에 나올 것 같은 시골 마을이 보였다. 저 멀리 산등성이가 따뜻한 가을 햇볕 아래 일렁였다. 하얗고 파란 들꽃이 길가를 화려하게 수놓았다.

통영은 이번이 처음이었다. 버스터미널에 내려 택시를 기다리는데 미끈한 SUV 몇 대가 부드러운 배기음을 내며 지나갔다. 터미널 주변에 고급 아파트가 즐비했다. 거리를 다니는 사람들은 다들 말쑥하게 옷을 차려입고 있었다. 남서쪽 해안과는 대조적이었다. 하루가 다르게 인구가 감소하고 산업이 쇠퇴하는 외딴섬으로 승객을 실어 나르던 허름한 배가 생각났다. 전라도 사람들의 주장이 옳았다. 한반도 남서부와 남동부 지역 기반 시설과 경제에 투자되는 자금 규모는 확연히 달랐다.

관광 산업이 주요 수입원 중 하나인 게 분명했다. 이순신 장군에 조금이라도 관심이 있는 사람이라면 통영을 싫어할 수 없다. 매년 8월 통영에서는 이순신 장군의 해전 승리를 기념하는 축제가 열린다. 또, 통영에서 여객선을 타고 조금만 가면 이순신 장군이 임진왜란 당시 작전본부로 사용하던 한산도를 여행할 수 있다.

나는 해안 근처 호텔에 짐을 풀고 간단히 식사를 해결한 후 이순신 장군과 관련된 장소를 찾아다녔다. 호텔 근처, 위대한 해군 사령관의 업적을 기리는 작은 공원에는 금방이라도 전투에 나설 것 같은 동상이 세워져 있었다. 공원을 통과해 해안을 따라 걷다 보면 마을 한복판 부둣가에 다다른다. 이순신 장군이 해전을 승리로 이끄는 데 중요한 역할을 했다는 전투선이 정박돼 있었다. 붉게 물들기 시작한 하늘을 배경으로 위풍당당하게 서 있는 전투선은 위협적인 자태를 뽐냈다.

'거북선'이다. 몇몇 사학자는 거북선이 한산도대첩을 승리로 이끈 주역이라고 주장한다. 거북이 등딱지 같은 철갑 때문에 거북선이라는 이름이 붙은 조선의 전투선을 격파하기는 쉽지 않다. 거북선은 두 가지 면에서 일본 수군의 전력을 능가했다. 첫째, 소나무를 주재료로 사용해 전투선 무게가 줄었을 뿐 아니라 조종이 쉬워졌다. 심지어 소나무 판자를 잇는 못 또한 쇠가 아닌 떡갈나무와 자작나무로 만들어져 더욱 가벼웠다. 가벼우면서도 튼튼한 거북선에는 더 많은 대포가 실렸다. 거북선은 바다 위를 떠다니는 커다란 화포나 마찬가지였다.

둘째, 거북선은 애초에 일본군의 전략을 파훼하기 위해 고안됐다. 일본 수군은 포격전이 아닌 백병전을 선호했기에 배를 타고 바다로 나가 적군의 전투함을 습격하는 작전을 펼쳤다. 하지만 일본 수군이 쏟아지는 공격 세례를 뚫고 거북선에 올라가더라도 지붕에 빼곡히 박힌 뾰족한 철심을 피해가며 단단한 판을 깨부수고 그 아래 자리 잡은 조선 수군을 공격하기는 어려웠다.

낮에는 부두에 정박된 거북선에 들어가 내부를 둘러볼 수 있다. 하지만 내가 갔을 때는 시간이 너무 늦어 멀찍이 서서 외관만 구경할 수밖에 없었다. 거북선은 반짝이는 도시의 불빛 아래 고고히 떠 있었다.

거북선 감상을 마치고 부두를 벗어나 간단히 식사를 하면서 책을 읽을 수 있는 식당이나 술집을 찾았다. 통영의 유명한 먹거리인 충무김밥을 먹기로 했다. 나는 깔끔하게 차려진 충무김밥 한 접시를 앞에 두고 임진왜란이 조선에 어떤 영향을 미쳤는지 알아보기 시작했다. 사학자가 이야기하길, 일본은 한반도에서 후퇴하며 막대한 경제적 피해를 입혔으며 이후 조선 왕실은 전과 같은 권력을 되찾지 못했다. 왕권이 약화되자 파벌이 생겼고 분열은 곧 정치적, 사회적 침체로 이어졌다. 이뿐 아니라 일본의 침략은 조선의 문화를 파괴했다. 도요토미 히데요시의 군대는 책, 두루마리, 그림, 종교 유물, 탑 등을 약탈하는 데 그치지 않고 도자기 장인을 일본으로 끌고 갔다. 임진왜란이 끝나면서 일본에 끌려간 조선인 도예가의 후손 중 일부는 아직까지 일본에 남아 도자기를 빚고 있다.

구국의 영웅 이순신은 1545년 태어났다. 군인으로 승승장구하던 이순신은 1587년 파벌 싸움에 밀려 좌천됐지만 1591년 정치적 흐름이 변화하며 권력을 되찾고 전라좌도 수군절도사로 임명돼 전라좌수영에 부임했다. 엄청나게 영광스러운 직책은 아니었다. 이순신은 전라좌수영에서 일본이 한반도 남해안을 위협하지 않는지 감시하는 역할을 맡았다.

제목에서 짐작할 수 있듯 샘 홀리Sam Hawley의 역작 『임진왜란Imjin War』은 임진왜란의 전개와 전투 양상을 상세하게 묘사한다. 나는 홀리의 책에서 이순신 장군이 '학익진'이라는 전술을 펼쳐 한산도 앞바다에서 벌어진 전투에서 승리했다는 정보를 얻었다. 비교적 단순한 전술이었지만 일본군은 정신을 못 차리고 참패했다. 전투 과정을 간단히 설명하면 다음과 같다. 당시 거제도와 통영을 잇는 견내량해협에는 일본 수군 전투함 60여 척이 정박해 있었다. 이순신은 배 6척을 보내 적을 급습하고 후퇴하는 척하며 일본군을 유인했다. 함정에 빠진 일본 수군은 닻을 올리고 재빨리 추격에 돌입했다. 미끼가 된 병사가 유독 용감했던지, 아니면 운 나쁘게 제비뽑기에 당첨됐는지 모르겠지만 어쨌든 이순신 장군이 파견한 함선은 무사히 일본군을 유인하는 데 성공했다. 일본 전투선이 한산도 앞바다에 이르자 이순신 장군은 급습을 명령했다. 조선 수군은 학이 날개를 펼친 형태로 전투선을 가로로 넓게 펼쳐 적을 포위했다. 기록에 따르면 한산도대첩에서 조선 수군 19명이 전사하고 약 100명이 부상을 입었으며 배는 단 한 척도 잃지 않았다. 반면 일본은 군사 약 9,000명과 함선 47척을 잃었다. 전력에 엄청난 손실이었음은 말할 필요도 없다.

이순신 장군의 업적을 무시할 생각은 조금도 없다. 연평도 여행에서 잠깐 언급했지만 나에게 군사적 감각이라곤 조금도 없다. 어린 시절 나는 영국 남서부 콴탁힐Quantock Hills에서 열린 캠프에 참가해 전쟁놀이를 한 적이 있다. 어떻게든 우위를 점하려고 갖은 애를 썼지만 울창한 숲을 헤매다 길을 잃고 빽빽한 가시덤불에 갇혀 놀이가 끝날 때까지 집합 장소에 복귀조차 못했다. 그때 스쿨버스가 그대로 떠나 버렸다면 나는 아직까지 상대팀 깃발을 찾아 콴탁힐을 헤매고 있을 것이다.

하지만 아무래도 조선이 한산도대첩에 승리할 수 있었던 요인은 이순신 장군의 번뜩이는 학익진이 아닌 일본군의 어리석음 덕분이었다는 생각을 떨쳐낼 수 없다. 인정할 건 인정하자. 약한 척 적을 속여 방심하게 만든 다음 습격한다니, 이순신 장군이 펼친 전술은 진부할 정도로 오래됐다.

3세기 중국 삼국시대로 거슬러 올라가는 고전 전술서 『36계 병법』에는 "호랑이를 조롱해 산에서 나오게 하라"는 내용이 있다. 즉, 전투에서 승리하려면 먼저 적군을 유리한 환경에서 끌어내야 한다. 일본 사무라이 학교에서는 이런 기본적인 병법조차 가르치지 않는단 말인가? 이러나저러나 이순신 장군은 대승을 거뒀고 오늘날까지도 전 세계 곳곳의 사관학교와 해군 사학자가 이순신 장군의 전술을 연구한다.

여객선은 해전이 벌어진 만을 지나 곧 한산도에 도착했다. 나는 첫 번째 항구에 내려 제승당으로 향했다. 임진왜란 당시 이순신 장군은 이곳을 본거지로 삼아 일본군을 섬멸했다. 나는 항구 오른쪽으로 난 해안을 따라 걸었다. 하선한 승객은 나 하나뿐이었다. 착각인 걸 알지만 섬을 독차지한 것 같았다.

항구에서 제승당까지는 걸어서 10분 정도 걸렸다. 나는 제승당에 가는 길에 잠시 멈춰 한국인이 '삼림욕'이라 부르는 행위를 즐겼다. 아주 적절한 표현이라고 생각한다. 나무가 우거진 숲 한가운데 놓인 벤치에 앉아 있으니 심신이 정화되는 느낌이었다. 동백나무, 적송, 목련나무가 산책로를 따라 늘어서 있었다. 달콤한 꽃향기가 코끝을 간질였다. 짙은 초록빛 이파리를 보니 눈이 시원해졌다. 한산도 삼림지대는 몹시 아름다웠다. 내가 조선 수군이었다면 나라를 위해 목숨을 바쳐도 좋다고 생각했을 것이다.

제승당은 신성한 장소다. 실제로 제승당에는 몸가짐을 바르게 하고 소란을 피우지 말라는 안내문이 붙어 있다. 교회처럼 평화로운 제승당에 단체 관광객은 어울리지 않는다. 그렇게 생각한 순간, 항구 근처에서 왁자지껄한 소리가 들렸다. 웅성대는 소음이 점차 커졌다. 단체 관광객이 다가오고 있었다! 갑자기 어디서 나타났을까? 당일치기 관광객은 아니었다. 적어도 내가 타고 온 여객선에는 단체 관광객이 없었다.

나는 벤치에서 벌떡 일어나 서둘러 제승당으로 걸음을 옮겼다. 발밑에 소복이 깔린 솔잎이 푹신했다. 입장료 1달러를 지불하고 무릎에 무리가 가지 않는 한에서 허겁지겁 계단을 뛰어올라 제승당의 고요한 분위기에 빠져들었다.

지금 나는 홍콩 아파트에서 글을 쓰고 있다. 만약 나에게 1분 동안 전 세계 어디든 한 군데를 골라 순간 이동할 수 있는 능력이 생긴다면 고민할 필요도 없이 제승당으로 갈 것이다. 아직까지 제승당에 감돌던 신성함을 잊을 수 없다. 속세를 벗어난 것 같은 고양감이 느껴졌다. 근처 개울에 흐르는 맑은 물소리, 소나무 사이를 스치는 부드러운 바람 소리가 귓가에 맴돌았다. 머나먼 곳에서 한산도대첩에 참가한 수군의 함성이 들리는 듯했다. 제승당 지붕의 유려한 곡선은 뭐라 설명할 수 없는 안정감을 줬다. 곡선은 동적인 동시에 정적이었다. 제승당은 딱딱하게 각진 건축물에서 찾을 수 없는 우아함을 지닌다.

이제 몇 분만 지나면 단체 관광객이 들이닥칠 것이다. 나는 최대한 서둘러 제승당을 돌아보기로 했다. 제승당 한복판에 자리한 충무사에서는 매년 이순신 장군을 기리는 제사가 치러진다. 내부에는 이순신의 초상화와 향초를 피울 수 있는 제단이 마련돼 있다. 충무사는 1970년대 중반에 세워졌다. 당시 한산도를 방문한 박정희 전 대통령은 황량한 제승당을 보고 한국의 얼이 담긴 상징적인 장소를 이대로 두어서는 안 된다며 당장 보수 공사를 시작하라고 지시했다. 엉망진창이 된 제승당이 민족 정체성을 훼손한다고 느꼈던 것 같다. 박정희에게 금방이라도 허물어질 것 같은 문화재는 국위 선양을 방해하는 장애물이었다.

충무사 근처에는 이순신 장군이 활쏘기를 연습하던 한산정이 있다. 조선시대에 활은 유교에 정진하는 선비가 갖춰야 할 덕목으로 여겨졌다. 오늘날까지도 한국은 양궁 강국의 자리를 굳건히 지키고 있다. 대한양궁협회 트로피 장식장이 아직 무너지지 않은 게 신기할 지경이다. 훌륭한 양궁 선수가 되려면 강인한 정신, 자신감, 침착함, 흔들리지 않는 집중력이 필요하다. 나에게는 찾아볼 수 없는 자질이다. 내가 활에 화살을 얹을 때마다 아내가 딸을 감싸는 데는 다 이유가 있다. 하지만 무엇도, 정말 이 세상 무엇도 과녁을 앞에 둔 한국 양궁 선수의 집중력을 깨뜨리지 못한다. 성큼 다가온 단체 관광객 또한 예외는 아니다.

제승당에는 이순신 장군이 수군을 이끌고 조선 앞바다를 침범한 일본군을 격파하는 장면을 그린 벽화가 전시돼 있었다. 치열한 전투가 생생하게 그려진 벽화를 감상하려는데 단체 관광객이 들이닥쳤다. 급한 마음에 그림을 제대로 보지 못하고 나온 게 아직까지 후회된다.

내 예상과 달리 단체 관광객의 정체는 옷에 이름표를 달고 꽃무늬 바지와 선 캡을 걸친 채 깃발을 든 가이드를 쫓아다니는 중년 무리가 아니라 근처 대학교에서 답사를 나온 역사학도였다. 대학생들은 수루에 모여 바다를 바라보며 사학자의 설명을 경청했다. 웃고 떠들며 필기를 하는 모습에 생기가 넘쳤다. 질서를 지키며 예의 바르게 행동하는 모습이 참 보기 좋았다.

하지만 무엇보다 신발을 찾는 능력이 가장 인상 깊었다. 대학생 무리는 사학자의 강의를 듣기 위해 수루에 올라가기 전 신발을 가지런히 벗어 두었고, 전부 엇비슷하게 생긴 하얀색 운동화가 수루 앞에 산을 이뤘다. 강의가 끝나고 수루에서 내려온 학생들은 순식간에 각자의 신발을 찾아 신었다. 어떤 혼란도 없었다. 언제 어디서나 재빨리 자신의 신발을 찾는 재능은 한국의 위대한 미스터리 중 하나로 남았다.

눈썰미 좋게 신발을 다시 갖춰 신은 대학생 친구들은 단체 사진을 찍고 다음 목적지로 떠나기 전 나에게 강의 교재로 사용하는 책을 선물로 줬다. 나는 다시 바람에 흔들리는 소나무 사이에 홀로 남아 반짝이는 바다를 내려다봤다.

대학생들은 수루 나무 기둥에 새겨진 시조를 주의 깊게 살펴봤다. 이순신 장군이 한산도대첩 전날 지었다고 알려진 시조 내용은 다음과 같다.

한산섬 달 밝은 밤에
수루에 혼자 앉아
큰 칼 옆에 차고
깊은 시름 하는 차에
어디서 일성호가는 남의 애를 끊나니

사실 시조의 원작자가 이순신 장군이 맞는지, 또 시조가 지어진 시점이 한산도대첩 전날이 맞는지는 확실히 알려지지 않았다. 하지만 나는 전투를 앞둔 조선의 무장이 직접 시조를 썼다고 믿고 싶다.

피리 소리는 곧 닥칠 전투의 긴박감을 나타낸다. 이순신 장군은 달을 바라보며 조선의 미래를 걱정한다. 아직 옆에 찬 칼을 뽑아들지 않았지만 다음 날이면 전쟁의 참상을 마주해야 한다.

이 시조에서 이순신 장군은 혼자 수루에 올라 보초를 섰다. 전투 전날 밤 장군 혼자 보초를 서다니 이상하다고 생각한 독자도 있을 것이다. 물론 이는 이순신의 애국심과 단호한 성정을 보여주는 문학적 허용이다.

중요한 전투를 앞두고 붓을 들어 시조를 써 내려가는 장군은 유교 사회가 바라는 이상적인 남성의 모습이라고 할 수 있다. 편안하게 앉아 남성미를 뽐내는 서양 군인의 이미지와는 딴판이다. 제1차 세계대전 당시 윌프레드 오웬Wilfred Owen과 시그프리트 사순Siegfried Sassoon이 쓴 시는 주로 전쟁의 끔찍한 민낯과 사랑하는 사람을 전장에 내보내는 경험에 초점을 맞췄다. 반면 이순신은 다가올 전쟁에 대한 불안과 주어진 의무를 다하지 못할지도 모른다는 두려움을 이야기한다. 셰익스피어처럼 거창한 전쟁 문학은 아니지만 이순신의 시조는 다가올 전투를 기다리는 장군의 복잡한 심정을 솔직하고 담고 있다는 점에서 중요한 의미를 지닌다.

나는 한산도에 들어오면서 이순신 장군이 전쟁 중 남긴 기록인 『난중일기』를 챙겼다. 『난중일기』는 이순신이 어떤 인물이었는지 잘 보여준다. 엄격한 지도자였던 이순신은 명령에 따르지 않거나 기대에 부응하지 못하는 부하를 주지하지 않고 처벌했다. 한편으로는 불면증과 악몽에 시달리며 복잡한 감정에 휩싸이는 약한 모습을 보여주기도 했다. 전투 중 전사한 병사의 이름을 보고 불같이 화를 낼 때도, 고향을 그리워하며 눈물을 흘릴 때도 있었다. 이순신은 이런 글을 남겼다. "춤추는 파도 위로 가을바람이 불어오니 외로운 가슴이 고향을 그리워한다." 절체절명의 위기를 마주한 조국을 수호해야 한다는 책임감이 이순신 장군의 어깨를 짓눌렀다. 일본에 바다를 내어주면 조선은 역사 속으로 사라질지도 모른다.

1597년 10월, 이순신 장군은 명량에서 단 13척의 배로 일본 함대를 대파하는 기적을 보여줬다. 1597년 일본은 한반도를 통과해 조선 북쪽에 자리한 명나라를 침범하겠다는 야욕을 드러냈다. 하지만 일본군이 북상하려면 한반도 서해안 항로를 확보해 군수품 및 식량을 안정적으로 보급해야 했다.

명량해협은 진도와 한반도 남서부를 잇는 좁은 해협으로, 나는 진도에서 배를 타고 관매도로 들어가면서 명량해협 근처를 지난 적이 있다. 부끄럽게도 그때는 내가 역사적인 해전이 일어난 바다를 코앞에 두고 있다고는 생각조차 못 했다.

　　이순신 장군은 일본 수군과 전투에서 명량해협의 조류를 이용했다. 조류가 조선 수군에 유리하게 흐를 때 일본 수군을 해협에 끌어들여 움직임을 제한하는 작전이었다. 일본군은 몰랐겠지만 명량해협은 물살이 거칠기로 악명이 높았다.

　　거칠기만 하면 다행이었을 것이다. 명량해협의 조류는 최대 속도가 20킬로미터에 달할 정도로 빠른데다가 3시간마다 북쪽에서 서쪽으로 흐름이 변화했다가 돌아오길 반복한다. 전투가 시작됐다. 조선 수군은 명량해협 북쪽에 자리를 잡고 기다렸다. 전력으로만 따지면 승리는 불가능에 가까웠다. 하지만 이순신 장군은 "살고자 하면 죽을 것이고, 죽고자 하면 살 것이다."라며 군사의 사기를 진작했다. 목숨을 부지하려 애쓰는 병사보다 죽을 각오로 싸우는 병사가 오히려 더 오래 살아남을 것이라는 뜻이었다. 게다가 아무리 몸을 사려도 겨우 13척으로 200척이 넘는 적선을 상대해야 했으니 결국에는 모두 죽을 가능성이 컸다. 자, 죽을 때 죽더라도 일단 덤벼 보자!

　　조선 수군의 계책에 말려든 일본군은 비좁은 명량해협을 지나 북쪽으로 향했다. 하지만 막 교전을 시작하려는 순간 조류의 방향이 변했다. 일본군이 급작스럽게 바뀐 조류에 배를 제대로 통제하지 못하고 주춤한 틈을 타 조선군이 공격을 시작했다. 일본은 처참하게 무너졌다. 조수의 변화에 대응하지 못해 패배하다니 믿기지 않는다. 게다가 일본군이 한반도 남쪽 바다를 처음 경험해 본 것도 아니다. 명량해협은 처음이었다면 굳이 위험을 무릅쓰고 조선 수군을 따라가 교전을 벌이지 말았어야 했다. 일본 수군 지휘관은 이순신 장군이 뛰어난 전략가라는 사실을 미리 알고 있었다. 나는 아직도 일본이 왜 기를 쓰고 전투를 강행했는지 모르겠다. 싸움을 미루면 안 되는 중요한 이유라도 있었던 걸까?

이순신 장군은 명량해전이 끝나고 얼마 안 돼 전사했다. 사건은 1598년 12월, 임진왜란의 마지막 해전인 노량해전에서 벌어졌다. 크게 뒤처지는 전력에도 불구하고 팽팽한 싸움을 이어나가던 이순신 장군의 수군은 한반도 남해안 여수와 거제도 사이에 자리한 좁은 노량해협에 적선을 가두고 맹렬한 공격을 퍼부었다.

전투가 절정에 달했을 때 이순신 장군이 유탄에 맞았다. 이순신은 자신의 죽음을 알리지 말라고 명령했다. 지휘관을 잃은 병사의 사기가 꺾어질까 걱정한 까닭이다. 조선 수군은 지휘관이 전사하는 비극을 겪었지만 이번에도 승리했다. 노량해전에 참전한 일본군 전투선 500척 중 절반 이상이 격파됐다. 보급선이 무너지면서 동아시아를 정복하겠다는 일본의 계획은 20세기 초반으로 미뤄졌다.

나는 제승당에서 나와 숲길을 통과해 항구로 돌아가 통영으로 가는 마지막 배를 탔다. 여객선은 한산도대첩의 배경이었던 바다를 지나갔다. 1592년 이순신 장군이 이끄는 조선 수군과 같은 방향을 바라보고 있었다.

이순신 장군이 학익진을 펼쳤던 장소를 통과할 때 일본 수군에 참혹한 패배를 선사한 견내량해협 풍경이 눈에 들어왔다. 이순신 장군은 적군이 함정에 줄지어 들어오는 장면을 바라보며 흡족한 미소를 지었을 것이다.

"잡았다!"

제21장

마라도: 남해의 수호자

마라도는 내 오디세이의 하이라이트가 됐어야 했다. 하지만 나는 한반도 최남단을 허둥지둥 떠나왔다. 자그마한 바위섬에 그토록 많은 쓰레기가 버려져 있다니, 기분이 좋지 않았다. 한국을 대표하는 섬 중 하나라는 명성에 금이 가는 풍경이었다. 다른 날은 어떨지 모르지만 적어도 내가 방문한 날에는 그랬다.

제주도에서 배를 타고 몇 킬로미터만 가면 마라도에 도착한다. 제주도는 휴가를 보내러 온 국내외 관광객으로 늘 북적댄다. 구태여 이 책에서 설명하지 않더라도 쉽게 정보를 찾아볼 수 있으니 따로 분량을 할애하지는 않았다. 제주도는 접근성이 지나치게 높다. 비행기든 여객선이든 제주도를 방문하기는 쉽다. 물론 많은 사람이 찾는 데는 이유가 있다. 제주도에 가면 5,000여 년 전 화산 폭발로 형성된 한라산을 등반하고, 쭈뼛쭈뼛 입장권을 끊고 성 박물관에 들어가 온갖 흥미로운 전시를 관람하고, 한라산국립공원 북쪽에 있는 '신비의 도로'에 가서 중력을 거스르고 오르막길을 오르는 구슬을 구경하고, 맨몸으로 바다에 들어가 전복, 문어, 각종 해산물을 채집하는 해녀를 만날 수 있다. 터무니없이 긴 시간 동안 숨을 참고 깊은 바다를 헤엄치는 신비로운 해녀를 취재한 기사가 수십 편은 더 될 것이다.

하지만 나는 1제곱킬로미터 남짓한 면적에 약 60여 가구, 120여 명이 모여 사는 작은 섬 마라도에 매료됐다. 한반도의 남쪽 관문인 마라도에서 서쪽으로 향하면 중국 본토 장쑤성에, 동쪽으로 향하면 일본 후쿠오카에, 남쪽으로 향하면 아열대에 속하는 류큐 제도와 폭풍우가 몰아치는 필리핀해를 지나 오늘날 인도네시아에 속하는 반다해의 전설적인 향신료 섬에 다다른다. 마라도를 기준으로 펼쳐진 바다는 상상력을 자극했다.

마라도로 가는 여객선이 제주도 남쪽 해안의 모슬포항을 출발했다. 햇빛이 눈부시게 반짝였고 하늘은 눈이 시리게 푸르렀다. 그림 같이 펼쳐진 바다에서는 금방이라도 삼지창을 든 포세이돈, 아름다운 인어, 억센 비늘이 뒤덮인 바다 괴물이 튀어나올 것 같았다.

나는 무척 들떠 있었다. 한국의 무수한 섬을 찾아 떠나온 나의 대장정이 마침내 마무리 단계에 접어들었다는 생각에 감격스러웠다. 나는 수백 해리를 항해하며 한국에서 가장 외진 바다에 떠 있는 섬들을 탐험했다. 할머니를 버리고 혼자 택시를 탄 대가로 지독한 감기에 걸리고 발목을 접질렸지만 포기하지 않고 여기까지 왔다.

하지만 눈앞에 펼쳐진 마라도에는 쓰레기가 가득했다. 설레던 마음이 싸늘하게 식었다.

승객은 배에서 내리자마자 서둘러 남쪽 해안으로 향했다. 관광객이 마라도에 머물 수 있는 시간은 두 시간뿐이었다. 섬을 보호하기 위해 관광객은 반드시 지정된 여객선을 타고 제주도로 돌아가야 했다. 재빨리 움직이지 않으면 주요 명소를 모두 돌아볼 수 없다. 한반도 최남단을 찍고 성당과 등대를 구경한 후 식사까지 하려면 일분일초가 급했다.

드넓은 초원과 바위 사이로 나지막한 건물 몇 채가 올라간 마라도는 평평했다. 우선 나무가 별로 없다는 점에 놀랐고, 무지막지하게 거센 바람을 이겨내고 풀과 야생화가 자랄 수 있다는 사실에 다시 한번 놀랐다. 꼭 기상학자가 아니라도 마라도가 생물이 살기에 아주 적합한 기후는 아니라는 결론을 내리기는 어렵지 않았다.

서두르지 않으면 두 시간 내내 단체 관광객 사이에 끼어 섬을 돌아봐야 할 것 같았다. 나는 관광객을 앞지르고 마라도 최남단으로 걸음을 재촉했다. 무성하게 자란 풀이 푹신하게 밟혔다. 보라색 국화와 노란색 애기괭이밥이 귀엽게 존재감을 뽐냈다. 자그마한 나비들이 꽃과 꽃 사이를 날아다니며 소중한 에너지원이 되어 줄 달콤한 꿀을 모았다. 꽃잎 위에 가만히 앉아 따사로운 햇살을 즐기는 나비도 보였다. 날개가 자그마했다. 태국에 서식하는 손바닥만 한 나비였다면 거센 바람에 날개가 찢어졌을 것이다.

그때 쓰레기 더미를 포착했다. 좋지 않은 시력에도 여기저기 흩어진 비닐 포장재와 스티로폼이 눈에 띄었다. 나는 습관처럼 쓰레기를 주우려고 허리를 굽혔다. 내가 사는 경치 좋은 홍콩 언덕 위에도 아무렇게나 버려둔 담배꽁초, 플라스틱 병, 비닐 포장재를 흔히 볼 수 있다. 라마섬은 나들이 명소로 주말이면 늘 북적이는데 쓰레기를 풀숲이나 길바닥이 아닌 쓰레기통에 버려야 한다는 기본적인 도덕관념을 모르는 사람이 많은 것 같다.

쓰레기를 줍기 시작한 지 얼마 안 돼 내 바지 주머니가 터질 듯 부풀었다.

곧 난장판을 벌인 범인이 밝혀졌다. 십 대 청소년이었다. 섬 어디를 가도 학교에서 시키니까 어쩔 수 없이 현장학습을 온 학생들이 바글바글했다. 두피에서 각질이 벗겨지는 것처럼 아이들이 지나간 자리에 쓰레기가 떨어졌다. 아이들은 휴대전화 화면을 멍하니 응시하면서 쓰레기를 버렸다. 인솔 책임을 지니는 교사는 아이들이 쓰레기를 버리든 말든 관심조차 없어 보였다.

그리스 합창단이 그 장면을 목격했더라면 "오! 아름답구나, 반짝이는 바다에 고고히 떠 있는 한국의 눈부신 섬이여."라고 아름다움을 칭송하기는 커녕 미성숙한 청소년의 비윤리적 행동을 신랄하게 비난했을 것이다. "오! 지저분하구나, 지구를 썩게 만드는 아이스크림 포장지와 플라스틱 물병이 가득한 쓰레기 섬이여."

나는 성가신 학생 무리를 지나쳐 남쪽 해변으로 향했다. 마라도에는 이상하게 생긴 성당이 있다. 자그마한 성당 건물은 트롤과 요정의 보금자리처럼 생긴 1층짜리 건물과 높이가 7미터에 이르는 돔 형태 탑으로 이루어졌다. 군데군데 작은 창문이 난 분홍색 탑 꼭대기에는 앙증맞은 십자가가 세워져 있다. 성당다운 경건함은 없었지만 굉장히 특이하긴 했다.

입구를 지키는 아름다운 성모상을 지나쳐 성당 안으로 들어갔다. 장식이 무척 아기자기했다. 하얀 천을 덮어 장식한 화려한 테이블 위에 방명록이 놓여 있었다. 빳빳한 종이에 "아름다운 성당", "내면의 평화", "마음의 조화", "편안한 안식처", "하나님의 가호가 함께하길" 등과 같은 글귀가 빼곡했다.

마라도 성당의 작은 예배당은 지금까지 한국의 섬, 특히 서해안에 자리한 섬을 여행하면서 본 교회와 분위기가 완전히 달랐다. 서해에서 만난 교회는 이른 새벽 생계를 위해 배를 타고 바다로 나가는 어부와 노년에 접어든 교인을 위해 해가 뜨기도 전에 예배를 드리는 경건한 장소였다. 목사는 노래와 설교로 공동체 단결을 도모했다. 하지만 마라도 성당은 뭐랄까, 종교적인 공간보다는 관광지에 가깝게 느껴졌다.

나는 성당을 나와 한국 최남단으로 알려진 장소로 이동했다. 웅장하게 펼쳐진 검은 바위 절벽을 배경으로 사진을 찍는 관광객이 이미 가득했다. 커다란 파도가 밀려와 바위에 부딪혀 부서지길 반복했다. 물에 빠진 사람이 마지막 힘을 쥐어짜내 수면 위로 손을 내뻗는 듯한 절박함이 묻어났다. 새 떼가 내 주변에 내려앉아 몰래 학교를 빠진 아이를 찾아다니는 신경질적인 학부모처럼 머리와 꼬리를 흔들다가 순식간에 날아가 버렸다.

최근 이루어진 연구 결과에 따르면 마라도에는 조류 42종, 354마리가 서식하고 있다. 일부는 서식지 파괴, 환경오염, 기후 변화 때문에 멸종 위기에 처했다. 몰래 알을 훔쳐가는 인간 또한 멸종 원인으로 꼽힌다. 어청도 여행에서 보여줬듯 나는 새에 대해 잘 모른다. 하지만 내 눈앞에 우아하게 내려앉은 새가 왜가리라는 것 정도는 구별할 줄 알았다. 이후 정확한 정보 전달을 위해 급하게 찍어서 초점이 흔들린 사진을 찬찬히 살피고 조류 백과사전을 뒤져 봤다. 흑로였다. 송골매로 추정되는 새도 목격했는데 너무 빨리 날아가 버려 내 흐린 눈으로는 제대로 정체를 파악할 수 없었다.

그날 내가 작성한 메모에는 "조류 공부 더 열심히 하기"라고 적혀 있다.

옆에서 열심히 사진을 찍던 관광객이 자리를 떠났다. 곧 소셜 미디어에서 저들이 찍은 사진을 확인할 수 있을 것이다. 나는 카메라만 들이대다 떠나는 사람들이 굳이 마라도까지 여행을 오는 이유가 궁금했다. 방문해 본 여행지 목록을 채우고 으스대려는 걸까? 하지만 으스대기에는 너무 순탄한 여정이었다. 한반도 최남단에 이르기까지 과정은 순탄하다 못해 평온했다. 아침을 든든하게 챙겨 먹고 여객선을 타고 마라도에 내려 조금 열심히 걷자 오전 11시가 채 되기 전에 최남단에 도착했다.

마라도가 지닌 가장 큰 매력은 위치가 아닐까 한다. 인간은 본능적으로 땅 끝에 매료된다. 해안에 모여 일출과 일몰을 바라보고, 자갈 깔린 해변에 의자를 놓고 앉아 멍하니 하늘을 올려다본다. 과거 인간이 땅 끝에 끌리는 이유는 무지 때문이었다. 넓고 깊은 바다에 무엇이 도사리고 있는지 밝혀지기 전, 인간에게 땅 끝은 마지막 안전지대나 마찬가지였다. 실제로 얼마 전까지만 해도 지도 가장자리는 비워져 있거나 무시무시한 괴물이 그려져 있었다. 누구도 땅 끝 너머 어떤 세상이 펼쳐지는지 알 수 없었던 탓이다. 지도 제작자와 탐험가는 미지의 세계에 용이 존재할 것이라며 공포에 떨었다.

이렇듯 땅 끝에서 우리는 알려진 것과 알려지지 않은 것에 대해 명상한다. 저 뒤에는 무엇이 있을까? 너머에는? 아래에는? 나는 누군가 어떤 공간을 이해하려면 가장자리에 방문해 봐야 한다고 생각한다. 평생 중부 내륙 지방을 벗어나지 못 한 사람은 조국의 범위를 알지 못할 것이다.

    한국 사람이 마라도를 찾는 이유가 여기에 있다. 마라도는 한반도 가장 아래, 외세의 공격에 취약한 위치에 있다. 해적과 일본 수군은 기나긴 역사 동안 호시탐탐 한반도 남해안을 노려 왔다. 그리고 나라를 지키려면 남해안을 지켜야 했다. 국민은 북쪽으로, 남쪽으로, 동쪽으로, 서쪽으로 국경선을 찾아 국토가 안전히 수호되고 있음을 직접 확인하면서 자부심을 느끼고 이런 경험이 모여 강력한 국가 정체성을 형성한다.

    이 작은 섬에 종교적인 장소가 네 군데나 있는 것 또한 우연이 아니다. 마라도에는 성당, 교회, 절벽 가장자리에 세워진 절 외에 토속신앙을 상징하는 바위가 있다. 마라도 주민은 섬이 안전하게 수호되길 기원하며 이 바위에 제사를 지낸다. 인구가 채 100명도 안 되는 작은 섬에 종교적 색채를 띠는 장소가 네 군데나 필요하지는 않다. 마라도에 모인 다채로운 종교는 한국이 지니는 영적 정체성을 나타낸다.

    나는 최남단을 나타내는 비석 사진을 몇 장 찍고 등대로 가는 길에 흥미로운 표지를 발견했다. 마라도가 대한민국 최남단 자리를 놓고 소코트라 암초와 경쟁했다는 내용이 적혀 있었다. 마라도에서 남쪽으로 150킬로미터 떨어진 소코트라 암초를 한국에서는 이어도라고, 중국에서는 수얀암초라고 부른다. 소코트라 암초는 1900년 영국 상선 소코트라호를 타고 항해하던 선원들에 의해 처음 기록됐다. 몇 년이 지나고 영국군이 돌아와 암초를 조사했지만 전략적, 상업적 가치가 없다고 여겨 따로 소유권을 주장하지 않았다. 이후 한국을 식민지로 삼은 일본이 소코트라 암초에 인공 구조물을 설치하려고 했지만 1941년 태평양 전쟁이 발발하며 계획이 무산됐다. 마침내 한국전쟁 동안 한국이 최초로 소코트라 암초의 소유권을 주장했다.

암초는 수면에서 약 5미터 아래에 가라앉아 있지만 어쨌든 한국은 소코트라 암초를 영토에 편입했다. 사실 굳이 따지자면 소코트라 암초는 한국 영토가 될 수 없다. 국제해상법에 따르면 바다에 가라앉은 바위에 주권을 주장할 수 없다. 하지만 수몰된 암초 주변 바다를 영해로 편입할 수는 있다.

한국과 중국이 유전이나 천연가스, 어장 등 경제적 이익 때문에 소코트라 암초에 관심을 가진다고 착각하기 쉽지만 그렇지 않다. 한국과 중국은 소코트라 암초에서 전략적 가치를 찾는다. 어느 날 중국이 암초를 차지하고 군사 기지로 탈바꿈한다 해도 한국은 크게 놀라지 않을 것이다. 반대로 한국이 소코트라 암초에 군사 기지를 세워도 그다지 충격적인 소식은 아닐 것이다.

한국은 소코트라 암초 주변 바다에 해양과학기지를 설치했다. 이곳에 접근하려면 헬리콥터를 이용해야만 한다. 현재 소코트라 암초를 둘러싼 외교 분쟁은 심각하지 않지만 미래는 알 수 없다. 한국 학자는 지금 당장은 소코트라 암초가 지닌 가치가 크지 않아 보이더라도 기술이 발전하고 정치적 상황이 변화하면 언제든 지정학적 요충지가 될 수 있다고 예측한다.

어느새 제주도로 돌아가야 할 시간이 됐다. 나는 항구에 일찍 도착해서 아무렇게나 쓰레기를 버리던 아이들 근처에 앉았다가 이내 소란스러움을 견디지 못하고 일어났다. 맞추다 만 거대한 퍼즐 조각처럼 섬 전체에 널려 있는 현무암 바위 사이로 자리를 옮겨 17세기 제주도에 표류된 네덜란드 선원 헨드릭 하멜Hendrik Hamel(1630–1692)의 일기를 꺼내 들었다. 서양인 최초로 조선의 생활을 기록한 『하멜표류기』에는 마라도에 관한 언급이 없지만 하멜이 타고 온 스페르베르호는 분명 마라도 근처 바다를 지나쳤을 것이다. 스페르베르호는 나가사키로 향하고 있었다. 어느 깊은 밤, 갑자기 태풍이 몰아쳤다.

하멜은 이렇게 기록했다. "바다가 무섭게 요동쳤다. 배가 격렬하게 흔들리면서 선체에 물이 들이닥쳤다." 바람이 어찌나 강하게 불었던지 바로 옆에 있는 선원의 목소리조차 들리지 않았다. 바닷물이 차오르는 속도가 퍼내는 속도보다 빨랐다.

어느 순간 저 멀리 육지가 나타났다. 하지만 거친 풍랑에 휩쓸린 배는 이미 통제가 불가능했다. 선원들은 뾰족한 암석 사이에 갇혀 허둥지둥했다. 28명이 선실에 갇히거나 갑판에서 떨어져 익사했다. 나머지 36명은 "부상을 입고 발가벗겨지긴 했지만" 안전하게 육지에 다다랐다.

하멜이 남긴 기록에 따르면 제주 원주민은 조난당한 네덜란드 선원을 따뜻하게 맞이해주었다. 물과 음식을 제공했을 뿐 아니라 배가 난파되고 며칠이 지난 뒤에는 함께 술을 마셨다. 예의 바른 조선인은 네덜란드 선원의 가죽과 다리미를 훔친 도둑을 잡아다가 발바닥을 때리는 형벌을 내렸다.

"낯선 땅의 이교도가 우리를 어떻게 보살폈는지 알려진다면 많은 기독교인이 부끄러움을 느낄 것이다." 하멜은 조선인이 보여준 환대가 무척 인상 깊었나 보다.

스페르베르호의 생존자는 13년 동안 조선 땅에 머물렀다. 조선의 고립주의 정책 때문에 표류된 서양인은 한반도를 떠날 수 없었다. 마침내 하멜을 포함한 네덜란드 선원 몇 명이 일본으로 탈출하는 데 성공했다. 나머지는 조선에 남았다. 아마 한반도에 남기로 결정한 네덜란드인은 현지인과 가정을 꾸린 듯하다. 어느날 유전자 검사가 상용화되면 네덜란드의 피가 흐르는 한국 사람이 성큼 나와 이렇게 이야기할 지도 모른다. "그래요, 제게는 네덜란드의 피가 흐릅니다. 지금껏 온 몸에 털이 북슬북슬한 아버지가 대마초에 유독 관대한 이유가 무엇인지 궁금했는데 이제야 알 것 같습니다."

모슬포항으로 가는 여객선이 시야에 들어왔다. 나는 현장학습을 나온 학생 무리 뒤에 줄을 서면서 한국이 짧은 시간 안에 참 많이 국제화됐다고 생각했다. 이제 한국에 거주하는 외국인은 원한다면 언제든 떠날 수 있다. 한국 사람이 진심으로 외국인을 사회의 일원으로 받아들이는지는 알 수 없지만 환영하는 것만은 분명하다. 내 딸은 서울에서 유아기를 보내는 동안 늘 따뜻한 시선을 받았다. 몇년만 더 일찍 태어났어도 상황이 달랐을 것이다. 시간이 흐르고 완벽한 한국인도, 완벽한 서양인도 아닌 딸아이가 성인이 됐을 때 경직된 한국 사회에서 어떻게 자리를 잡을지 궁금하다.

　결과가 어떻게 되든 무척 흥미로울 것 같다. 다음 목적지에서 알 수 있듯, 한국에 외부 문화가 유입되면서 굉장히 묘한 결실이 맺어지곤 한다.

제22장

외도: 남해에 핀 프랑스 꽃

 폭풍우가 몰아치는 거친 바다에 파도가 몰아칠 때마다 배가 사정없이 흔들렸다. 기우뚱 선체가 흔들리면서 하얀 포말이 갑판을 덮쳤다. 배에 타고 있는 승객들은 미친 듯이 흔들리는 흔들의자에 묶인 마리오네트 인형처럼 비틀거렸다. 이쯤이면 내가 무슨 말을 하고 싶은지 대충 이해했을 것이다. 바다가 거칠었다.

 세차게 내리치는 비를 맞으며 힘겹게 장승포항을 떠난 여객선을 타고 있자니 현대판 노아의 방주에 오른 것 같았다. 나는 거제도에서 약 5킬로미터 떨어진 외도로 향하고 있었다. 원칙적으로 거제도는 섬이지만 도로와 다리를 통해 육지와 이어져 있어 섬으로서 정체성은 영원히 소실됐다.

 나의 목적지는 외도보타니아였다. 세상에는 배를 타야만 접근이 가능한 식물원이 몇 군데 있는데, 외도보타니아 또한 배를 타지 않으면 방문할 수 없다. 솔직히 말하면 아직까지도 나는 외도가 지금껏 여행한 한국의 섬 중에서 가장 흥미로운 섬인지 가장 무미건조한 섬인지 모르겠다. 하지만 현대 한국 사회에서 보기 어려운 독특함을 지닌 장소라는 점 하나만으로도 충분히 신선했다. 통일성을 중시하는 한국 문화 속에 힘겹게 꽃을 피운 외도보타니아는 존중받아 마땅하다.

18세기 프랑스 정원사가 루이스 캐럴Lewis Carroll 소설을 읽고 상상력을 마음껏 발휘해 한국 로맨틱코미디 드라마의 배경을 제작했다고 상상해 보라. 외도 풍경이 눈앞에 펼쳐질 것이다.

외도보타니아 식물원의 역사는 이렇게 시작됐다. 1960년대 후반, 서울에서 낚시를 하러 거제에 내려온 교사 두 명이 풍랑을 만났다. 윤선도가 보길도를 보고 첫눈에 반했듯, 부부는 외도 절벽과 만 사이로 피신처를 찾아 헤매다가 섬의 아름다움에 매료됐다. 두 사람은 "어떤 사람도 섬일 수 없다."[10]는 이야기를 꺼낼 틈도 없이 그들이 머물렀던 숙소를 매입했다.

육지에서 온 교사가 숙소를 사들였다는 소문이 돌자 외도에 거주하던 주민 모두가 집을 팔겠다고 나섰다. 내가 부동산 전문가는 아니지만 갑자기 많은 사람이 보금자리를 팔고 떠나고 싶어 할 때는 한번쯤 의심을 해 봐야 한다. 장밋빛 인생을 즐기는 사람들이 탈출을 꿈꿀 리는 없다. 생각해 보라. 지금 당장 여러분 눈앞에 노예로 부림당하던 이스라엘 민족을 이끌고 이집트를 탈출하는 모세가 있다면 다음 휴가를 이집트로 떠나고 싶지는 않을 것이다. 하지만 젊은 시절 수학을 가르치던 이창호와 초등학교 선생님이었던 최호숙은 민물을 구하기 힘들고, 상하수도 시설이 열악하고, 경작지가 부족하고, 날씨가 거칠면 배가 뜨지 않는다는 하자에도 불구하고 부동산 쇼핑을 계속했다. 얼마 안 돼 부부는 섬 전체를 사들였다. 아마 당시 부동산 시세가 최저점을 찍었나 보다.

변덕스러운 날씨 때문에 섬을 가꾸기가 쉽지 않았을 텐데, 부부는 외도

---

10 영국 시인 존 돈John Donne의 시구를 인용했다. —옮긴이

를 작은 유럽으로 완벽히 바꿔놓았다. 언덕 경사면을 깎아 숨겨진 정원과 전망대, 예배당, 등대, 분수를 만들고 식물 수백여 종을 심었다. 마침내 정성스레 가꾼 식물원을 대중에 공개했지만 결과는 처참했다. 아마 소중히 가꾼 정원의 대문을 걸어 잠그고 영원히 개방하지 말아야겠다고 생각할 정도로 제멋대로 행동한 방문객이 있었던 것 같다.

재정난 때문이었는지, 아름다운 정원을 자랑하고 싶은 마음 때문이었는지 몇 년 뒤 부부는 다시 문을 열었다. 대신 이번에는 정해진 시간이 지나면 배를 타고 돌아가야 한다는 관람 규정을 적용했다. 그리고 식물원 안에서는 담배를 피우거나, 쓰레기를 버리거나, 화단에 들어가거나, 언덕에서 미끄럼을 탈 수 없음을 명확히 공지했다. 두 번째 외도 개방은 순조롭게 이루어져 1990년대 중반부터 식물원은 원활히 운영되고 있다.

나는 외도로 떠나는 아침까지도 의심을 버리지 못했다. 호텔 식당에서 아침을 먹는데 쏟아지는 빗물이 창문을 무섭게 두드려 댔다. 도저히 배가 출항할 것 같지 않았다. 당장 객실에 돌아가 침대에 눕고 싶었다. '아름다운 열대 낙원', '멋진 섬', '죽기 전에 꼭 가 봐야 할 곳' 등 진부한 광고 문구가 적힌 안내 책자는 오히려 흥미를 떨어뜨렸다. 나는 허풍스러운 마케팅을 좋아하지 않는다. 그중에서도 '멋지다'는 표현이 가장 싫다. 비에 젖은 외도에 세워진 동상과 나무를 봐도 아무런 감정이 들지 않을 게 분명했다.

사실 나는 그날 아침 비 때문에 여객선 운항이 취소될 것이라 생각했다. 그동안 한국을 여행하면서 이보다 훨씬 온화한 날씨에도 배가 항구에 정박돼 꼼짝 않는 경우를 많이 경험했다. 하지만 외도행 여객선이 출발하는 항구는 호텔에서 걸어서 몇 분 거리였고, 나는 혹시나 하는 마음에 터미널로 향했다. 비바람에 우산이 뒤집히고 신발이 완전히 젖었다. 매표소 로비에는 폭우에 대비해 단단히 무장한 승객이 느긋하게 배를 기다리고 있었다. 마침내 출발 시간이 다가왔다. 여객선에 시동이 걸리고 승무원이 승객을 배에 태우기 시작했다. 놀란 사람은 나 하나뿐인 것 같았다.

　승객이 선실에 들어와 모두 자리에 앉자 갑판장이 구명조끼 착용 방법 및 비상 탈출 위치를 안내했다. 닻을 올라가고 여객선이 항구를 빠져나갔다. 승선 및 출항 절차가 어찌나 빠르게 진행됐던지 매표소에 우산을 두고 왔다는 사실조차 까맣게 잊었다.

　나의 코리안 오디세이에서 가장 역동적인 항해였다. 다른 사람은 어땠을지 모르겠지만 나는 무척 즐거웠다. 배가 반쯤 바다를 건넜을 때 선장이 거친 바다를 온전히 경험해 보라며 갑판 출입을 허락했다. 거친 바람을 맞으며 속절없이 휘청거리던 승객은 세월의 풍파와 새똥의 흔적이 고스란히 남은 내도의 절벽을 사진으로 남기려고 갖은 애를 썼다. 나도 사진을 몇 장 찍기는 했지만 전부 다 초점이 나갔거나 바람에 휘날린 겉옷이 피사체를 가리고 있었다. 어쨌든 현장의 흥미진진함만은 생생하게 담겼다. 그 난리 속에 갑판 너머로 떨어진 사람이 한 명도 없다는 사실이 아직 믿기지 않는다.

　승객은 여객선에서 내리자마자 섬을 가로지르는 구불구불한 오솔길을 따라 흩어졌다. 외도는 온통 초록빛이었다. 공기가 놀랍도록 상쾌했다. 비가 내리니 '산림욕'이라는 표현이 더욱 와 닿았다. 흩뿌리는 빗속에 무성히 자란 덤불은 선사시대를 떠올리게 했다. 당장이라도 산등성이 너머에서 브라키오사우루스가 나타날 것 같았다. 오래된 야자나무가 쥐라기 공원 같은 분위기를 더했다. 야자나무 잎사귀는 순식간에 식물원을 초토화할 수 있을 만큼 거대한 공룡의 배를 불릴 정도로 컸다.

　나는 30분 동안 오솔길을 따라 정처 없이 떠돌았다. 하지만 면적이 약 31제곱킬로미터쯤 되는 식물원을 전부 돌아보려면 느긋하게 산책을 하고 있을 여유가 없었다. 정원 구석구석을 꾸민 다양한 식물에 입이 벌어졌다. 정원 가꾸기에 대한 지식이 거의 전무한 나조차 식물군 대부분이 한국 재래종이 아니라는 사실을 알 수 있었다.

선인장 종류가 특히 풍부했다. 다른 종은 잘 모르겠지만, 보통 애리조나주와 멕시코 사막에 서식하는 선인장과 만월단선Opuntia avescens도 있었다. 이 선인장이 어떻게 정글처럼 습한 외도에서 살아남을 수 있는지 도저히 이해가 안 됐다. 알로에 사포나리아Aloe saponaria 또한 외도에 적합하지 않았다. 안내문에 따르면 알로에 사포나리아는 "남아프리카공화국 이스턴케이프주, 짐바브웨, 보츠나와의 건조한 지역에 널리 분포한다." 하지만 알로에는 아주 싱싱해 보였다. 누군가 싱싱한 녹색 잎을 매일 정성 들여 가꾸는지도 모른다.

잡초는 거의 없었다. 이렇게 큰 식물원을 깔끔하게 관리하려면 정원사 부대를 고용하거나 제초제를 트럭으로 들이부어야 할 것 같았다. 일주일만 잡초를 안 뽑고 버려두면 라마섬에 내 손바닥만 한 정원도 정글처럼 무성해진다. 외도의 친환경 정책을 의심하는 건 아니지만 잡초 없는 식물원을 유지하는 비결이 도대체 뭘까?

나는 비에 흠뻑 젖은 채 사방팔방을 누볐다. 매표소에 우산을 두고 오는 바람에 비닐 우비를 사서 입었지만 팔을 끼우자마자 찢어졌다.

이창호·최호숙 부부는 식물뿐 아니라 식물원을 장식하는 예술품에도 공을 들였다. 개인적인 의견이지만 대부분 촌스러웠다. 머리카락을 뒤로 틀어 올리고 몸에 천을 칭칭 감은 채 엉덩이를 내밀고 과일 바구니를 높게 든 여자 석고상이 모퉁이마다 서 있었다. 어딘가 엉성한 고전 장식품이 현대적으로 꾸민 섬과 어울리지 않는다고 생각했다. 잔디밭을 지나는데 벌거벗은 아기 두 명이 얼굴을 맞대고 껴안은 동상이 눈에 들어왔다. 작품명은 '동심'이었다. 아직 자의식이 생기기 전 순수한 시절을 표현했다고 하는데, 짓궂다 못해 영악한 표정이 순수함과는 거리가 멀어 보였다. 꿈에 나올까 무서웠다.

잠시 젖은 몸을 말리기 위해 카페에 들어갔다. 카페는 나와 같은 여객선을 타고 들어온 손님으로 북적였다. 고상한 다과회에서 사용할 것 같은 잔에 커피가 담겨 나왔다. 보기에는 좋았지만 커피 맛은 거의 안 났다. 서울 생활 초반, 커피가 갈색 물에 불과하던 때가 떠올랐다. 비 내리는 서울 시내 한복판 카페에서 밍밍한 커피를 마시다가 영화《서편제》를 보러 간 젊은 시절의 내가 스쳐 지나갔다.

나는 카페에서 나와 똑같이 밍밍한 커피를 마시고 있는 스리랑카인과 대화를 나눴다. 의류 공장에서 일하는 부부는 하루 휴가를 받아 사장과 함께 외도보타니아에 나들이를 왔다고 했다. 대규모 계약이라도 성사해낸 듯 굉장히 신나 보였다. 그게 아니라면 암울한 의류 공장에서 잠시나마 벗어날 수 있어 무척 행복한 것 같았다. 어쨌든 스리랑카인 부부는 궂은 날씨에도 전혀 아쉬운 기색이 없었다.

"우리 고향에 내리는 비에 비하면 이 정도는 비도 아니에요." 한 스리랑카인이 웃으며 이야기했다. 맞는 말이다.

스리랑카인 부부는 사장과 야단스럽게 장난을 치다가 사진을 찍으며 놀았다. 부하 직원을 위해 선뜻 계산서를 집어 든 사장은 옆집 아저씨처럼 푸근한 인상이었다. 나는 자그마한 잔에 담긴 갈색 물을 한입에 털어 넣고 모처럼 휴일을 즐기는 스리랑카인을 뒤로한 채 교회를 찾아 떠났다. 오솔길을 따라 걷다 작은 언덕을 올라 돌로 쌓은 아치문을 지났다. 마침내 교회가 나타났다. 탁 트인 바다를 내려다보는 교회는 무신론자조차 신앙심을 가질 만큼 아름다웠다. 나무 십자가가 걸린 예배당 안에는 누구든 편하게 앉아 기도할 수 있도록 수수한 쿠션이 준비돼 있었다. 화려한 정원, 요란한 카페와 대조적으로 단정한 내부 장식이 인상 깊었다.

아마 이창호·최호석 부부가 신실한 기독교인이었거나 교회에 다니지 않았더라도 기독교 성향을 지녔던 것 같다. 식물원은 성경에 묘사된 에덴동산처럼 꾸며져 있었다. 어쩌면 부부가 외도를 사들여 행복이 가득한 낙원으로 탈바꿈한 이유가 신앙을 실천하기 위해서였는지도 모른다.

안타깝게도 이창호는 정성껏 가꾼 예술품, 식물, 석고상을 충분히 즐기지 못하고 몇 년 전 삶을 마감했다. 서울에서 온 교사 부부는 사랑과 노력으로 외도를 평범한 한국섬과는 전혀 다른 모습으로 꾸몄지만 이제 직원을 제외하면 이 섬에는 누구도 머물지 않는다. 외도에는 사람이 부족하다. 외도는 풍부한 표정을 지녔지만 눈길을 주는 사람이라고는 잠시 다녀가는 관광객뿐, 외도를 집이라고 부를 만한 이는 한 명도 없다. 교회에서 문득 보금자리가 아닌 장소에는 영혼이 깃들지 않는다는 생각이 들었다. 미묘하게 어색한 조각상만이 비바람이 몰아치는 섬을 지켰다.

반면 다음 목적지이자 이번 오디세이의 마지막 목적지는 그 어느 장소보다 영혼이 풍부했다. 가끔은 지나치게 풍부해 감당할 수 없을 정도였다.

제23장

울릉도, 독도: 깊은 동해 바다로

나는 포항여객선터미널 출발 대기실의 하얗게 칠해진 벽과 잔뜩 들뜬 할머니·할아버지 사이에 끼어 납작해지고 있었다. 이렇게 줄을 서서 기다린 지 벌써 한 시간이 다 됐다. 줄을 섰다고 이야기하긴 했지만 정확히는 끼어 있다는 표현이 더 맞을 것 같다. 울릉도와 독도는 한국에서 무척 인기 있는 섬으로, 만개한 가을을 느끼기 위해 포항여객선터미널을 찾은 수많은 승객은 곧 시작될 여행에 흥분을 감추지 못했다.

 출발 예정 시간을 몇 분 앞두고 마침내 승선이 시작됐다. 문이 열리자 대기실을 가득 채운 승객이 앞 다투어 배에 올랐다. 나는 인파에 휩쓸려 갈색 코트와 중절모, 작고 동그란 안경을 쓴 우아한 신사와 거의 껴안다시피 마주보게 됐다. 남자는 1940년대에서 시간 여행을 온 사람처럼 보였다. 우리는 가볍게 눈인사를 나눴다. 과거에서 온 듯한 신비한 남자에게 말 한 마디 걸 틈도 없이 다시 인파에 떠밀려 개찰구로 향했다. 직원은 재빨리 표와 여권을 검사하고 제트 전투기처럼 날렵한 쌍동선 썬플라워호에 나를 밀어 넣었다.

으리으리한 썬플라워호에 비하면 10년 전 울릉도에 방문할 때 탄 여객선은 녹슨 양동이나 마찬가지였다. 지금은 폐선이 됐겠지만 그때까지만 해도 포항과 울릉도를 오가던 낡은 배는 여객선보다 화물선에 가까웠다. 거대한 고철이 힘겹게 바다를 건너는 동안 승객은 탁 트인 갑판을 거닐거나, 바닥에 매트를 깔고 누워서 쉬거나, 수다를 떨거나, 뱃멀미 때문에 고생하는 사람에게 비닐봉지를 나눠주며 육지에서는 쉽게 느낄 수 없는 독특한 전우애를 다졌다.

  반면 티끌 하나 없이 매끈한 썬플라워호는 쾌적한 선실과 최신 안전 장비를 완벽히 갖추고 있었다. 썬플라워호를 타면 3시간 10분 만에 울릉도에 도착한다. 10년 전까지만 해도 거의 6시간을 뱃멀미에 시달려야 했다. 그뿐 아니라 썬플라워호는 거친 파도에도 거의 흔들림이 없었다. 이 정도 평온함이라면 알코올 의존증에 걸려 손떨림을 호소하는 신경외과 의사라도 두개골을 열고 뇌를 수술할 수도 있을 것 같았다.

  울릉도는 면적이 70제곱킬로미터를 겨우 넘고, 인구가 채 1만 명도 안 되는 작은 섬이다. 나는 두 가지 이유에서 울릉도를 다시 찾았다. 첫째, 야생화가 흐드러지게 핀 벌판과 오래된 숲을 다시 방문하고 싶었다. 10년 전 울릉도에 왔을 때 폭풍우가 몰아치는 바람에 며칠 동안 여객선 운항이 중단됐다. 어쩔 수 없이 발이 묶였지만 그래서인지 여행이 더 특별했다. 또, 울릉도에서 동남쪽으로 약 90킬로미터 떨어진 독도를 방문하고 싶었다. 내가 처음 울릉도에 왔을 때는 독도를 둘러싼 정치적 논쟁 때문에 입장이 제한됐다. 이에 관해서는 뒤에 다시 자세하게 이야기하겠다. 민간인이 독도에 가려면 울릉도에서 여객선을 타야 한다. 다른 방법은 없다.

  울릉도와 독도는 내 코리안 오디세이의 마지막 목적지였다. 사실 한반도 동해안에 섬은 울릉도와 독도뿐이다. 한국 지도를 유심히 살펴보면 섬이 빽빽하게 그려진 남해안, 서해안과 달리 동해안이 텅 비었다는 사실을 눈치

챌 수 있을 것이다. 비교적 수심이 얕은 서해에는 수백에 달하는 크고 작은 섬과 바위가 자리할 뿐 아니라 드넓은 갯벌이 펼쳐져 있다. 반면 수심이 깊은 섬이 거의 없는 동해는 동아시아에서 인구가 적은 바다로 손꼽힌다. 온갖 섬과 육지를 잇는 서해의 바쁜 바닷길을 떠올리니 동해를 가르는 썬플라워호가 드넓은 우주를 홀로 떠도는 외로운 우주선처럼 느껴졌다.

한반도 북동쪽 황폐한 북한 해안을 지나 북쪽으로 더 높이 올라가면 러시아 연방의 외로운 전초 기지 블라디보스토크가 나온다. 여기에서 북쪽으로 더 나아가면 러시아 본토와 사할린섬을 가로지르는 좁다란 타타르해협에 다다른다. 한반도 북동쪽으로는 사할린섬과 일본 북부 홋카이도를 나누는 라페루즈해협이 등장한다. 라페루즈해협을 지나 더 넓은 바다로 나아가면 오호츠크해와 황폐한 아름다움을 지닌 캄차카반도를 만날 수 있다.

나는 포항에서 울릉도행 여객선을 탔다. 천해의 자연환경을 자랑하는 한국의 대표 관광지는 아니지만 특별히 중공업에 관심이 있는 사람에게 포항은 무척 흥미로운 도시일 것이다. 한국 산업을 떠받치는 철강의 상당 부분은 포항에 본사를 둔 제철 기업 포스코에서 생산된다. 포스코는 한국 경제와 함께 성장했다. 1960년대, 자본도 자원도 없는 상황에서 50명도 안 되는 직원이 바닥부터 쌓아 올린 소규모 제철 회사는 오늘날 세계적인 대기업으로 거듭났다. 강력한 투지 없이는 이루어낼 수 없는 쾌거였다.

하지만 배가 포항항을 출발할 때 나는 세계적인 제철 기업에 관한 생각을 조금도 떠올릴 수 없었다. 바다는 보석을 뿌린 듯 반짝거렸고 하늘은 푸른 물감을 풀어놓은 듯 눈부시게 푸르렀다.

10년 전, 낡은 동력선인 녹슨양동이호를 타고 울릉도에 갈 때와는 비교조차 안 될 정도로 평온하고 쾌적했다. 녹슨양동이호가 평화로운 포항 앞바다를 벗어나 울렁이는 동해에 진입하자마자 승객 대부분이 손바닥으로 입을 틀어막고 바닥을 기어 다니기 시작했다. 그리고 얼마 안 돼 화장실로 앞

다투어 뛰어갔다. 섬사람의 피가 흐르는 영국인 입장에서 당시 함께 배에 오른 승객은 나약한 육지인처럼 보였다. 파도가 거칠기는 했지만 남극으로 향하는 길목에 자리한 드레이크해협에 몰아치는 무시무시한 폭풍우에 비할 만한 강풍은 아니었다. 하지만 울릉도 중심가 도동에 도착하자마자 남쪽에서 시커먼 구름이 몰려오기 시작하더니 이윽고 배가 뜨기 불가능할 정도로 기상 상황이 악화됐다. 나는 여객선 운항이 재개될 때까지 행복하게 울릉도에 갇혀 있었다.

첫 울릉도 여행은 즉흥적으로 이루어졌다. 경상남도 해인사에서 우연히 만난 미국인과 대화를 하다가 울릉도에 가야겠다고 생각했다. 키가 크고 털이 부숭부숭한 미국인은 한국의 산과 사랑에 빠져 전국을 돌아다니며 등산을 하고 있었다. 미국인은 울릉도에 가면 자연 그대로의 산을 오를 수 있으니 기회가 된다면 꼭 한번 가보라고 추천했다. 나는 11세기 목판에 새긴 불교 경전을 보유한 해인사에서 며칠을 보내고 산에서 내려와 버스를 타고 포항으로 가서 울릉도행 여객선에 몸을 실었다. 날씨는 확인하지 않았다.

3일 밤낮으로 폭풍우가 몰아쳤다. 조용한 항구도시 도동을 집어삼킬 듯 넘실대던 파도가 아직도 눈에 선하다. 빗줄기가 어찌나 거세던지 내가 머물던 숙소 벽을 흠뻑 적셨다. 객실 천장이 임신한 암퇘지 배처럼 불룩하게 부풀었다. 나는 화들짝 놀라 사장에게 사태를 알렸다.

이러다 밤중에 천장이 무너질지도 모른다고 이야기했다. 관리인은 괜한 호들갑 떨지 말라고 고개를 저었다.

날씨가 개고 비에 젖은 산과 절벽이 아침 햇살에 반짝였지만 여객선은 운항을 재개하지 않았다. 아직 파도가 높아 위험하기 때문이었다. 자칫 잘못하면 배가 전복될 수도 있었다. 나는 배가 뜨길 기다리며 털이 수북한 미국인이 알려준 울릉도의 산을 올랐다.

처음 오른 산에서 울릉도에 근무하는 소방관을 만나 1킬로미터 남짓

길을 함께했다. 지금도 그리 훌륭하지는 않지만 그때 내 한국어 실력은 더욱 형편없었기에 소방관이 하는 말을 거의 이해하지 못했다. 하지만 포항 출신이고 일 년에 몇 달을 가족과 떨어져 울릉도 소방서에서 근무한다는 내용은 알아들었다. 우리는 가파른 경사를 올라 얼음장처럼 차가운 개울가에 앉아 잠시 쉬었다. 소방관은 망설임 없이 옷을 벗고 물에 들어가더니 양반다리를 하고 앉았다. 몇 분 뒤 밖으로 나와 몸을 말리면서 나에게 물에 들어가 보라고 권했다.

"건강에 좋아요." 소방관이 재차 권유했다.

나는 물에 몸을 담갔다가 5초 뒤 새된 비명을 지르며 뛰쳐나왔다. 소방관의 사타구니는 나와 다른 재질로 구성된 것이 틀림없었다. 소방관은 나에게 다시 한번 물에 들어가 눈을 감고 마음을 비운 다음 현실을 차단하라고 조언했다. 나는 소방관의 지시에 따라 눈을 감고 마음을 비웠다. 그리고 정확히 5초 뒤에 다시 뛰쳐나왔다.

나는 울릉도에 머무는 동안 밤마다 어둑어둑한 도동 선술집에 가서 푸짐한 음식과 시원한 맥주를 즐겼다. 나처럼 울릉도에 갇혀 나가지 못한 관광객들과 함께하는 저녁은 무척 즐거웠다. 고환에 동상이 걸릴 뻔한 사건을 제외하면 내가 울릉도에서 후회하는 행동은 엿 시식뿐이다. 엿은 호박이나 쌀, 고구마로 만든 끈적끈적한 사탕이다. 나는 호박으로 만든 엿을 먹어 봤는데 입에 넣자마자 커다란 덩어리가 이에 붙었다. 어떻게 해도 이에 붙은 엿이 떨어질 것 같지 않았다. 나는 볼펜 뚜껑으로 이빨을 쑤셔 겨우 엿을 떼어내는 데 성공했지만 충치 치료를 하면서 씌운 금박의 일부가 함께 떨어져 나왔다. 울릉도에는 치과가 없었다. 바람이 부는 방향을 잘 맞춰 입을 벌리고 있으면 이 사이로 휘파람 소리가 났다.

현재로 돌아와, 썬플라워호가 울릉도에 도착했다. 도동은 과거와 딴판이었다. 택시와 버스가 도로를 가득 메웠다. 어딜 가나 자동차와 사람이 가득했다. 여객선터미널을 빠져나오자 숙소와 여행 상품을 홍보하는 할머니 무리가 몰려들었다. 족히 100명은 더 될 것 같은 할머니가 순식간에 나를 둘러싸더니 팔을 붙잡고 숙소와 식당 정보를 새긴 명함을 얼굴에 들이밀었다. 정신이 하나도 없었다. 내가 처음 울릉도를 방문했을 때 오늘은 배가 뜨나 매일 아침 비바람을 뚫고 출석 도장을 찍던 작은 매표소는 깔끔하고 으리으리한 현대식 여객터미널로 바뀌어 있었다.

나는 고개를 숙이고 할머니 부대 속으로 몸을 숨겼다. 다행히 상처 하나 없이 숙소가 늘어선 거리로 빠져나왔다. 10년 전, 빗물에 천장이 부풀었던 숙소를 찾았다. 언제 무너질지 모르는 천장 때문에 손님이 더 이상 찾아오지 않았는지 건물은 그대로였지만 이제는 카페로 사용되고 있었다.

할머니 부대를 뚫고 나와 숙소를 잡고 짐을 내려둔 후 독도에 가는 여객선 표를 구하러 관광 안내소로 터벅터벅 걸어갔다. 온라인이나 육지에서도 표를 사려면 살 수 있지만 이것저것 절차가 번거로우니 울릉도 항구에서 직접 구매하라는 조언을 따르기로 했다. 독도행 여객선은 도동항이 아니라 저동항에서 출발한다. 표를 예약하려면 도동에서 버스를 타고 곶 반대편에 있는 저동으로 가야 된다기에 그렇게 했다. 하지만 내가 저동항에 도착했을 때는 매표소가 닫혀 있었다. 한 시간쯤 지나 직원이 나타났지만 표는 예약할 수 없었다. 독도로 들어가는 여객선 표는 출발 당일에만 구매할 수 있었다.

등산을 하기에는 시간이 너무 늦었다. 게다가 가게는 하나둘 문을 닫기 시작했다. 나는 탐험을 포기하고 도동의 어둑어둑한 술집으로 갔다. 엿을 먹어 보라는 권유는 전부 거절했다.

다음 날 아침, 도동 뒤에 있는 산을 올랐다. 지난번 울릉도에 왔을 때 소방관을 만났던 숲에 다시 한번 가보고 싶었다. 30분쯤 헤맸을까, 그때 걸었던 등산로가 사라졌다는 사실을 깨달았다. 근처가 완전히 재개발돼 있었다. 건물이 새로 올라가고 도동 외곽으로 순환도로가 깔리면서 숲 면적이 줄어들었다.
　마을을 가로지르는 길에 절을 알리는 표지판을 마주쳤다. 나는 숲속에 있는 고즈넉한 한국의 절을 아주 좋아한다. 한두 시간쯤 머물며 인류에게 주어진 끝없는 고통에 대해 사색하기에는 절만한 장소가 없다.
　오르막과 내리막을 지나 미끄러운 진흙길과 거친 자갈밭을 건너 절로 향했다. "마치 우리네 인생 같군." 괜히 철학자가 된 척 혼잣말을 읊었다. 다른 곳도 아니고 절에 가는 길이니 사색을 하고 싶었다. 나는 퀴퀴한 냄새가 풍기는 법당에 신발을 벗고 들어가 발가락이 느껴지지 않을 때까지 양반다리를 하고 앉았다. 뒤에는 커다란 징이 걸려 있었다. 도저히 유혹을 참을 수 없어 가볍게 징을 건드려 봤다. 깊게 떨리는 아름다운 소리가 법당에 울려 퍼졌다. 어딘가에서 물소리가 들렸다. 얼음처럼 차가운 자갈을 적시며 세차게 흐르는 계곡이 떠올랐다. 알고 보니 승려가 바깥에서 설거지를 하고 있었다. 나는 절을 나서며 세속에 대한 집착과 소유의 허무함을 생각했다. 경적을 울려 대는 버스와 목청 높여 소리를 지르는 할머니가 이전만큼 거슬리지 않았다.
　다음 행선지는 옛 울릉군수 관사 내부에 있는 박물관이었다. 박물관은 1962년 10월 박정희 전 대통령의 하룻밤 방문을 다룬 전시를 주요하게 다루고 있었다. 1962년은 박정희 전 대통령이 군사 쿠데타를 일으킨 다음 해이자 대한민국 대통령이라는 직위를 차지하기 직전 해였다. 나라를 이끄는 실질적 지도자가 굳이 머나먼 동해 외딴섬을 방문한 건 울릉도가 대단한 전략적 가치를 지녔기 때문이다. 박 전 대통령은 울릉도 발전을 약속했지만 사회 기반 시설 강화는 한반도 개발 계획의 우선순위에 들지 못했다. 울릉도 외곽을 따라 이어진 순환도로는 완공까지 거의 40년이 걸렸다. 원래 계획대로라면 순환도로는 1980년에 완공됐어야 한다.
　옆 전시관에는 독도 폭격사건과 관련된 이야기가 전시돼 있었다. 제2차 세계대전 이후 일본 기지에 주둔하던 미 공군 부대가 1948년과 1952년 독도에 무차별 폭격을 감행했다. 박물관에 게시된 정보에 따르면 두 번째 폭격에는 사상자가 발생하지 않았지만 첫 번째 폭격으로 '다수의 한국 어부'가 부상을 입거나 사망했다.

전시 관람을 마치고 그날 내 여행의 마지막 목적지인 독도박물관으로 향했다. 한국과 일본은 독도를 두고 첨예한 대립을 벌이고 있는데, 이미 예상했겠지만 독도박물관은 한국의 독도 소유권을 강력히 옹호한다.

박물관에 전시된 자료는 독도가 한국에 속한다는 주장을 설득력 있게 뒷받침한다. 하지만 일본 또한 같은 주장을 펼치고 있다. 일본은 "다케시마(독도)는 역사적으로나 국제법적으로나 논쟁의 여지없이 명백한 일본의 영토에 해당한다."며 울릉도 독도박물관에 게시된 한국의 공식 입장과 거의 동일한 입장문을 발표했다.

제3자에게 독도를 둘러싼 영토 분쟁은 하찮아 보일지도 모른다. 앞으로 여행을 하면서 다시 한번 소개하겠지만 독도는 동도와 서도 두 개의 바위섬과 거친 파도에 날카롭게 깎인 돌덩이들로 이루어진 작은 섬에 불과하다. 면적이 0.19제곱킬로미터밖에 안 된다면 독도가 얼마나 작은지 예상이 될 것이다. 하지만 독도를 사이에 둔 한국과 일본의 영토 분쟁에는 주권, 국가안보, 가스 매장량, 어업권 등 다양한 요소가 복합적으로 작용했다.

둘 중 어느 편의 주장이 더욱 적법한지 따지기는 쉽지 않다. 한국은 수백 년 전부터 이어져 내려오는 역사적 자료를 증거로 제시한다. 반면 일본은 20세기 초반 일본이 한반도를 합병하기 전까지 독도는 주인 없는 땅이었다는 주장을 펼친다. 안타깝게도 제2차 세계대전이 끝나고 체결된 여러 조약 중 어디에서도 독도와 관련된 내용을 찾을 수 없다. 아직까지 독도는 거친 바다 한 가운데 주인이 불분명한 채 외로이 남겨져 있다.

한국 사람은 절대로 독도를 양보할 생각이 없다. 몇 년 전, 홍콩에서 아내와 독도에 관해 이야기하는데 갑자기 5살 딸 보리가 불쑥 끼어들어 큰 소리로 노래를 부르기 시작했다. "독도 우리 땅! 독도 우리 땅!" 홍콩의 한국인 학교에서는 아이들에게 독도를 둘러싼 분쟁과 소유권 다툼을 가르치고 있었다. 아이들은 덧셈을 공부하고 글씨 쓰기를 연습하고 시리얼 상자로 가면 만들기 활동을 끝내고 나면 현대 동아시아 지정학적 문제와 외교 정책을 논의했다.

아이들은 만화책을 통해 독도 이야기를 접했다. 만화의 주인공은 행복초등학교에 다니는 12살 어린이 국기, 다래, 한돌이다. 세 어린이는 '어린이 독도지킴이' 자격으로 독도를 여행한다. 만화는 독도와 관련된 자연사와 지질학, 한국의 주권, 일본의 '잘못된' 영유권 주장을 다루는 등 상당히 유익한 내용을 담고 있었다. 독도를 방문한 국기, 다래, 한돌은 일본에 분노를 표출한다. 마지막 장에서 한 어린이는 이렇게 외친다. "일본! 억지 그만 부려! 독도는 우리 땅이야!" 아이들은 독도가 한국 땅이라는 사실을 세계에 알리고 일본 어린이에게 진실을 밝힌 후 독도지킴이로 성장한다.

우리는 이 급진적 정치 성향을 지닌 만화를 보리의 책꽂이 한가운데, 『메이지가 쿠키를 만들어요』와 『갈색 곰아, 갈색 곰아, 뭐 하니?』 사이에 떡하니 꽂아 뒀다.

박물관이 소장한 전시품은 썬플라워호가 울릉도로 향하는 동안 내부에서 상영한 독도 홍보 영상과 분위기가 비슷했다. 영상 속 독도는 거친 바다 한복판에서 외로이 일본에 저항하는 전초기지처럼 그려진다. 한국 국민이라면 누구나 이 감성적인 영상을 보고 마음이 움직였을 것이다. 영상에는 짙푸른 하늘, 단단한 화강암, 거친 바다, 이글거리는 일몰을 배경으로 독도에 두 발을 딛고 서서 굳건하게 태극기를 흔드는 한국 국민의 모습이 담겨 있었다. 목소리가 벨벳처럼 부드러운 성우가 독도라는 단어를 입 밖에 낼 때마다 감정이 요동쳤다. 텔레비전 광고를 녹음한 경험이 풍부한 성우가 틀림없다. 사실 성우의 목소리는 독도 홍보 영상보다 커피 광고에 훨씬 잘 어울렸다.

"기분 좋은 아침의 시작은 부드럽고 향긋한 독도 한 잔과 함께!"

사실 독도를 둘러싼 정치 분쟁은 최근 들어 심화됐다. 한국이 아무리 소리 높여 독도 영유권을 주장해도, 일본이 아무리 맹렬하게 한국의 주장에 반박해도 독도를 둘러싼 논쟁은 오랫동안 수면 아래에 머물렀다. 독도 문제가 불거지기 시작한 건 한국과 일본 내부의 정치 사정 때문이었다. 양국 정치인은 자신의 지지율을 높이기 위해 독도/다케시마 영유권을 주장했다.

한국이 독도 영유권 사수에 이렇게까지 열심인 이유를 이해하려면 먼저 역사적 배경을 살펴봐야 한다. 한국은 일본에 침략당하고 결국에는 식민지로 합병되는 수치를 경험했다. 면적이 1제곱킬로미터도 안 되는 작은 바위섬이지만 또다시 일본에 땅을 빼앗기는 치욕을 당하고 싶지는 않을 것이다.

내 의견을 솔직히 밝히자면, 나는 양국이 고집을 내려놓고 타협점을 찾아 조류와 해양 생물을 위한 생태 지구로 독도를 탈바꿈해야 한다고 생각한다. 안타깝게도 그런 미래는 절대로 오지 않을 것이다.

하지만 전시관에 걸린 사진을 감상하고 있자니 나까지 욕심이 났다. 해질 무렵 붉게 물든 하늘을 배경으로 오도카니 바다를 지키는 아름다운 독도를 조금만 더 지켜보다가는 내가 "독도는 우리 땅"을 외치게 될 것 같았다.

독도를 놓고 벌어진 주권 다툼 때문에 머리가 아프던 찰나 험프리 렌지Humphrey Leynse의 영화가 상영됐다. 렌지가 1966년부터 몇 년 동안 울릉도에 거주하며 촬영한 영화는 훌륭한 기분 전환이 됐다. 박물관 내부 작은 상영관에서 《저 먼 외로운 섬Out There a Lone Island》이 반복해서 재생됐다. 나는 영화에 완전히 매료됐다. 영화는 울릉도민의 삶을 다뤘는데, 그중에는 태어나서 한 번도 카메라를 본 적이 없는 사람도 있었다. 《저 먼 외로운 섬》은 50여 년 전 울릉도 풍경을 고스란히 담았다. 화면에 울릉도민의 일상, 죽음, 로맨스, 심지어 소를 구출하는 장면까지 섬 생활 이모저모가 흘러나왔다. 약 반 세기 전 울릉도에 살던 남녀는 고된 섬 생활에도 늘 상대방을 먼저 생각하며 서로를 의지했다.

1921년 베이징에서 태어난 미국인 영화 제작자 험프리 렌지는 이 영화를 촬영하기 위해 기자로 근무하던 아내 주디스Judith, 어린 아들과 함께 울릉도에 2년 동안 머물렀다. 단순히 한국의 섬 생활을 담고 싶었다면 접근이 쉬운 다른 섬도 많았을 텐데 렌지는 굳이 동해 한복판 외진 울릉도를 선택했다. 나는 울릉도의 매력을 일찍이 알아본 미국인 영화 제작자에게 흥미를 느껴 여행이 끝나고 홍콩으로 돌아와 렌지가 제작한 다른 영화를 찾아봤다.

1977년 56세의 젊은 나이로 사망한 험프리 렌지는 울릉도민의 삶을 영화로 만들기 전 미국공보원에서 영화과장으로 복무했지만 공보원 소속으로 제작한 작품은 미국이 추구하는 이상을 홍보하는 데 대단히 도움이 되지는 않았다. 실제로 렌지가 촬영한 영화 《섬 의사Island Doctor》는 미국의 위대함이 아닌 현대 의학이 빈곤 완화에 미치는 영향을 그리고 있다.

《섬 의사》는 알버트 슈바이처Albert Schweitzer, 간디Gandhi, 몰로카이의 다미안Damien 신부에 영감을 받아 아내와 함께 울릉도로 이주해 첫 병원을 개업한 한국 의사의 한 해를 담았다. 의사는 성심성의껏 나환자를 돌보고 결핵을 앓는 어린 소녀를 치료했지만 예로부터 전해져 내려온 민간요법을 고집하는 나이 든 섬 주민들은 울릉도에 신식 치료법을 도입한 의사를 못마땅하게 여긴다. 한 어부는 이방인이 울릉도 사정에 간섭한다는 얼토당토않은 이유로 의사에게 주먹을 날린다. 심지어 이 어부는 술에 취해 인사불성이 돼 싸움에 휘말렸다가 의사에게 도움을 받아 몇 번이나 몸을 보전했다. 의사 덕분에 외딴 울릉도에서 깨끗한 물을 마시고 엑스레이 진료를 받을 수 있다는 사실에 전혀 감사함을 느끼지 못하는 것 같다. 배은망덕한 인간 같으니라고!

영화의 마지막 장면에서 의사는 1년 동안 울릉도에서 이룬 성과를 돌아보고 앞으로의 발전 방향을 이야기한다. 타인을 위해 일할 때는 겸손과 인내가 필요하다는 간디의 명언을 낭송하며 영화는 막을 내린다.

시간이 아깝지 않은 영화였다. 1960년대 울릉도의 일상을 엿볼 수 있었다는 점이 특히 좋았다. 조금 우울해지긴 했지만 오로지 사명감 하나만으로 외딴섬에 터를 잡은 의사의 삶과 남을 돕기는커녕 도울 생각조차 않는 나의 삶을 비교하고 반성할 수 있다는 점도 마음에 들었다.

나는 숙소로 돌아와 험프리 렌지와 그의 작품에 대해 성찰했다. 하지만 자정쯤 밖에서 나는 소란스러운 소리에 감상이 산산이 깨졌다. 아줌마 무리가 길거리에서 세상이 떠나가라 소리를 질러 대고 있었다. 비틀대며 식당을 나온 아줌마들은 숙소 문을 열고 우르르 몰려 들어왔다. 혹시나 했더니 역시나 나와 같은 층에 묵고 있었다. 아줌마들은 밤늦게까지 노래를 하고 술을 부르며 소란을 피웠다. 술병이 부딪히는 소리가 내 방까지 들렸다. 어떻게든 소음을 차단해 보려고 몇 년은 묵은 듯한 방귀 냄새 나는 베개를 머리 위에 뒤집어썼지만 효과가 없었다.

나는 다음 날 아침 일찍 일어나 말끔히 목욕재계를 하고 언덕 너머 마을로 이동해 독도행 여객선에 올랐다. 솔직히 나는 무척 들떠 있었다. 워낙 오랜 세월 접근이 불가능하기도 했고, 지난 24시간 동안 엄청나게 다양한 자료를 접한 후라서 그런지 독도 여행이 순례처럼 느껴졌다.

코리안 오디세이가 드디어 마지막에 접어들었다는 벅찬 감정도 한몫했다. 독도는 한국의 해안을 따라 떠난 항해의 마지막 목적지였다. 늦겨울에 여정을 시작해 따뜻한 봄과 무더운 여름, 선선한 가을을 지나 다시 추위가 돌아온 계절에 나는 의심의 여지없이 한국에서 가장 상징적인 섬으로 향했다. 독도는 확고하고, 자부심 넘치고, 반항적인 현대 한국 사회의 정체성을 반영한다. 독도에는 한국이 지금껏 힘겹게 지켜온 모든 가치가 담겨 있다. 그 어느 때보다 들뜬 마음으로 떠난 독도 여행이 나의 기대에 미치지 못해서 아쉬울 따름이다.

일단 표를 구하는 것부터 쉽지 않았다. 나는 일찍이 매표소 앞에 줄을 서서 30분 동안 필사적으로 자리를 사수했다. 금방이라도 난투극이 벌어질 것 같았다. 날씨가 거칠어져서 오늘이 지나면 당분간은 독도에 들어가지 못 할 것이라는 소문이 돌았다. 실제로 거센 바람과 높은 파도 때문에 울릉도에서 독도로 가는 여객선 네 대 중 한 대가 취소된다고 한다. 이미 예약이 끝났다는 소문도 돌았다. 마음이 급해진 관광객 몇 명이 지저분한 속임수로 내 자리를 차지하려고 했다. 아줌마 한 명은 원래 자신이 매표소에 가장 먼저 도착했는데 아침을 먹느라 잠시 자리를 비웠으니 비켜달라고 요구했다. 나는 꼼짝 않고 서 있었다. 다른 관광객 한 명은 같이 온 친구가 표를 꼭 구해야 한다며 괜찮다면 앞에 서도 되겠냐고 물었다. 나는 아예 발뒤꿈치를 땅에 파묻었다. 마침내 끈기가 결실을 맺었다. 나는 티켓을 구매해 엘도라도호에 승선했다.

    엘도라도호에 시동이 걸리고 천천히 항구에서 멀어지자 승객의 흥분이 고조되기 시작했다. 승객은 재빨리 테이블에 자리를 잡고 앉아 떠들썩하게 파티를 열었다. 울릉도에서 챙겨 온 음식을 꺼내 먹으면서 간간이 딸아이가 부르던 독도 노래를 목청 높여 불렀다. 여객선 내부 장식이 파티 분위기를 더했다. 서해를 오가던 구식 여객선과 달리 엘도라도호는 어두운 벽면, 반짝이는 은색 손잡이, 푹신하고 고급스러운 의자로 꾸며져 있었다. 바다 위를 떠다니는 카지노 같았다. 독도가 점차 가까워졌다. 우리는 하염없이 독도를 바라보며 상륙이 허가되길 간절히 기도했다. 정박은 선장의 판단에 달려 있었다. 파도가 높아 정박이 힘들면 먼발치에서 독도를 바라보고 다시 울릉도로 돌아가야 한다. 하지만 그날 바다의 신은 내 편이었다. 엘도라도호가 독도에 닻을 내렸다. 나는 거의 40분 동안 독도에 머무를 수 있었다. 한 시간도 안 되는 짧은 시간이라 생각할 수도 있지만 이마저도 운이 좋아서 가능했다.

    모든 승객이 독도에 내리자마자 웅성대며 사진을 찍었다. 바위 사이 소용돌이치는 물웅덩이, 하늘, 바다, 높게 치솟은 바위, 험준한 능선을 카메라에 담느라 다들 정신이 없었다. 이윽고 나와 함께 엘도라도호를 타고 독도에 들어온 한국 사람들은 태극기를 흔들며 "독도 우리 땅!"을 소리 높여 외쳤다.

독도는 커다란 바위섬 두 개와 날카로운 바위 90여 개로 이루어져 있다. 동도와 서도 주변에 흩뿌려진 바위는 무척 위험해 보였다. 불운하게 독도 주변으로 떠내려간 배는 어떻게든 난관을 헤쳐 나오려고 애를 쓸 것이다.

19세기 중반, 프랑스 포경선 리앙크루호가 독도 바위에 부딪혀 난파당하면서 독도의 존재가 세계에 알려졌다. 아직까지 일부 국제 지도는 프랑스 포경선의 이름을 따서 독도를 리앙크루 암초라고 표기하고 있다.

정확한 이유는 알 수 없지만 나와 함께 엘도라도호를 타고 섬에 들어온 승객 몇 명이 독도 여기저기를 살펴보는 내 모습을 사진으로 찍었다. 기분이 썩 유쾌하지는 않았다. 지금까지 여행을 하면서 마주친 한국 사람 대부분이 나에게 큰 관심을 보이지 않았다. 이제는 외국인을 신기하게 바라보는 사람이 드물었다. 아마 나를 보며 민족적 자긍심을 느끼는 것 같았다. 한국 사람에게 거의 성지와 같은 땅을 방문한 외국인 관광객은 독도 영유권 주장에 신빙성을 더해줬을 것이다.

나는 가파른 절벽 기슭에 서 있는 젊은 군인 한 명에게 말을 붙여 봤다. 군인은 유치원생만 한 총을 들고 있었다. 군인에게 독도에 주둔하는 군인이 몇 명이나 되는지 질문했다. 군인은 나에게 눈길조차 주지 않았다. 다시 물어봤지만 이번에도 무시당했다. 한 번 더 물어볼까 했지만 이내 마음을 바꿨다. 군인이 수상하게 꿈틀대는 것 같았기 때문이다. 외로운 섬에 갇혀 청춘을 보내는 젊은 군인이 성가신 관광객을 총으로 쏴 버리고 싶은 충동을 가까스로 억누르고 있는지도 모른다는 생각이 들었다.

동료 승객의 맹목적 애국심이 불편해지기 시작했다. 섬에 머무는 시간이 길어질수록 "독도는 우리 땅!"을 외치는 소리가 높아졌다. 남자 몇 명은 불끈 쥔 주먹을 허공에 흔들고 있었다. 자신감과 자긍심이 커질수록 기분 좋은 유쾌함은 사라지고 공격성 짙은 열정이 그 자리를 대신했다.

출항 시간이 다가왔다. 나는 가장 먼저 배에 타서 선실에 자리를 잡고 앉았다. 그제야 사람들이 내 사진을 찍던 이유를 눈치챘다. 누군가 내 배낭에 태극기를 꽂아 뒀다. 나도 모르는 사이에 독도 홍보 대사 역할을 하고 있었던 것이다.

세 시간 뒤, 나는 도동에 돌아왔다. 오디세이의 마지막 목적지인 독도까지 무사히 다녀왔지만 어쩐지 만족스럽지 않았다. 기대가 너무 컸나 보다. 민족주의 색채를 짙게 띠는 독도 홍보물은 거의 경건한 수준이라 섬의 상징성과 영유권에 엄청난 관심이 없는 사람이라면 생각보다 평범한 바위섬을 방문하고 실망할 수밖에 없다. 한국 사람에게 독도 방문은 국민에게 주어진 신성한 권리처럼 느껴질 것이다. 하지만 나는 한국 사람이 아니니 그런 감정을 느낄 수 없었다. 울릉도와 독도는 내 코리안 오디세이의 마지막 항구였다. 거친 바람과 사나운 파도가 텅 빈 동해를 휩쓸었다.

그날 저녁, 목욕탕을 찾아 나섰다. 실오라기 하나 걸치지 않고 뜨거운 욕조에 동성과 함께 몸을 담가 보지 않은 사람은 한국 문화를 제대로 체험했다고 할 수 없다. 나는 이번 오디세이에서 단 한 번도 목욕탕에 들르지 않았다. 너무 바빴다. 하지만 "오늘 밤만큼은 뜨끈한 물에 들어가서 몸을 풀어야겠어." 혼잣말을 중얼거렸다. 지난번 울릉도에 왔을 때에도 동네 사우나에서 저녁을 보냈다. 작은 언덕 꼭대기에 자리를 잡은 목욕탕 욕조에 몸을 담그고 괴물 같은 파도가 항구에 부딪히는 장면을 행복하게 감상했다.

그때 방문했던 목욕탕이 아직 그 자리에 그대로 있었다. 돈을 내고 습기가 가득한 목욕탕 안으로 들어가 간단하게 샤워를 한 뒤 끓기 직전의 열탕에 들어갔다. 텅 빈 욕조에 천천히 몸을 담그고 가만히 눈을 감았다. 여행 계획, 시간표, 비용, 각오를 모두 흘려보냈다. 벌겋게 익은 다리에서 피부가 벗겨지기 직전에 뜨거운 물에서 나와 냉탕으로 넘어갔다. 얼음장같이 차가운 물에 신경계와 내장이 쪼그라드는 것 같았다. 손가락이나 발가락이 하나쯤 떨어져 나간다고 해도 놀랍지 않을 고통이었다. 하지만 그만한 보람이 있었다. 열탕과 냉탕을 번갈아가며 몸을 담그다 보면 언젠가 평형을 찾는다. 더 이상 살갗이 벗겨질 듯한 더위도, 사지가 마비될 듯한 추위도 느껴지지 않는다. 뜨거움과 차가움이 균형을 맞추고 불과 얼음 사이 따뜻한 고요함을 찾는다. 목욕탕이 한국을 나타내는 완벽한 은유가 아니라면 나를 멍청이라고 욕해도 좋다. 찌는 듯한 여름이 지나면 매서운 겨울이 오고, 매콤하게 삭힌 채소를 냉장고에 신선하게 보관한다. 평일이면 미친 듯이 바쁘게 일하다가 주말이 되면 산에서 산림욕을 즐긴다. 누구보다 관습과 전통을 중요하게 여기면서 기술의 최첨단을 달린다. 한국 사람은 그 사이 어딘가에서 평형을 찾으며 살아가고 있다.

    나는 자리에서 일어나 냉탕 너머를 바라보며 숨을 깊게 들이마셨다.

    자, 다시 한 번 간다.

에필로그: 겨울

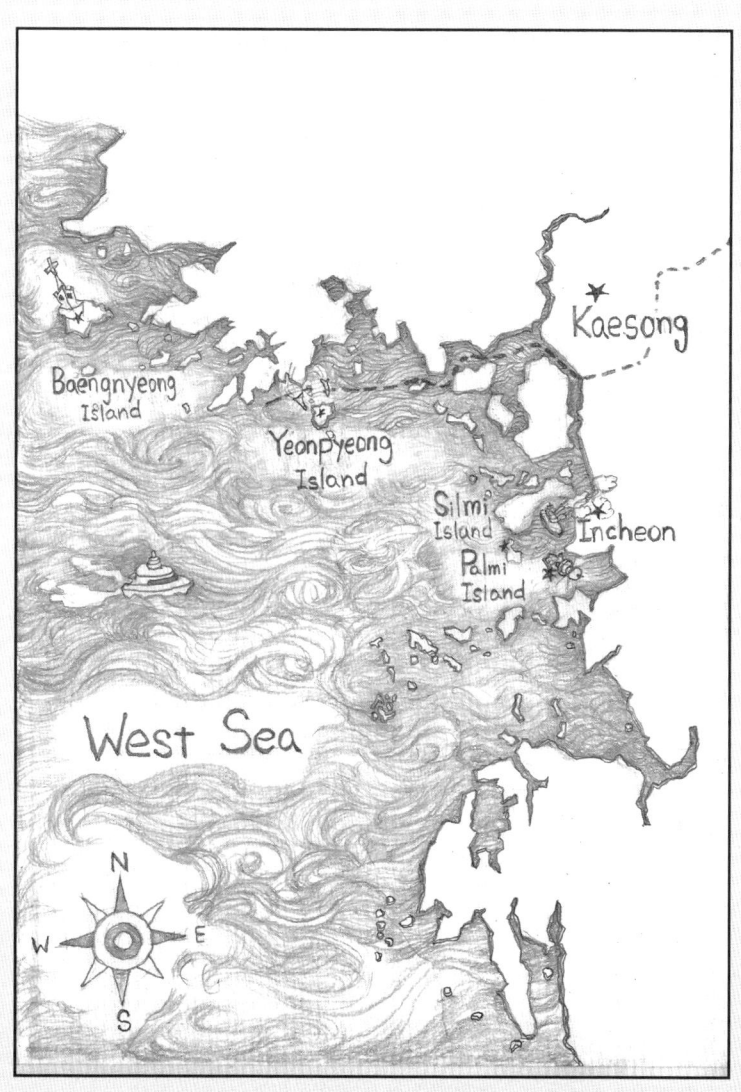

제24장

실미도: 가깝고도 먼 사이

우리는 밧줄을 친 둑길을 허겁지겁 뛰었다. 갯벌에 물이 차기 전에 서둘러 이곳에서 벗어나야 한다. 이번 기회를 놓치면 다음 썰물 때까지 실미도에 꼼짝없이 갇힐 수밖에 없다.

물이 차오르기 시작했다. 영하 10도의 추위에 매서운 바닷바람을 맞으면서 물 한 병 없이 칭얼대는 딸아이를 달래 가며 인천으로 무사히 건너갈 확률은 0에 수렴했다. 암담했다.

딸 보리는 반쯤 갯벌을 건넜다. 바로 뒤에 아내 아진이 뒤따랐다. 나는 한참 뒤처져 있었다. 북극 탐험에나 어울릴 것 같은 두꺼운 겨울옷 때문인지, 거대한 몸집과 형편없는 체력 때문인지 나는 좀처럼 속도를 내지 못하고 고군분투했다. 하지만 저만치 앞서 나가는 딸과 아내를 보고 있으니 여기서 내가 무사히 빠져나가지 못하더라도 사랑하는 가족만큼은 나를 뗏목 삼아 육지에 도달하겠구나 하는 생각에 마음이 조금 편해졌다.

나는 화성의 흙먼지를 뚫고 기지로 향하는 우주인처럼 우아하게, 하지만 재빠르게 차오르는 바닷물을 바라보며 떨어지지 않는 발걸음을 재촉했다.

보리와 아진은 마침내 한반도의 거친 물살을 따라 떠난 오디세이의 마지막 단계에 합류하는 데 동의했다. 그렇게 우리 가족은 함께 실미도로 떠났다. 나로서는 상당한 성과였다. 지금까지 보리는 오디세이에 꾸준히 회의적인 반응을 보였다. 나는 다음 목적지로 이동할 때마다 매번 딸에게 항해가 얼마나 멋진지, 섬이 얼마나 아름다웠는지, 연결편을 놓쳐서 얼마나 고생했는지, 어떤 흥미로운 사건 사고가 일어났는지, 섬이 지닌 역사와 문화가 얼마나 멋진지, 파도가 얼마나 높은지 입이 닳도록 이야기했지만 딸은 한결같이 시큰둥했다.

보리는 번번이 초대를 거절했다. 도저히 이해가 안 된다. 나는 보리를 데리고 대륙을 건너다니며 크리켓 경기를 관람하고, 적도의 그늘진 마을에 위치한 미술관과 박물관을 둘러보고, 건조한 동남아시아 평원에 세워진 사원 유적지를 탐험하고, 미얀마 북부 아주 오래된 무덤을 찾아다녔다. 다들 알겠지만 이만하면 아이들이 좋아할 만한 활동은 다 한 것 같다.

하지만 11살짜리 딸은 고맙지만 집에 있고 싶다며 나중에 여행이 끝나면 집에서 만나자고 말을 돌렸다.

"와, 정말 멋지다. 다음에 같이 가자, 아빠."

하지만 12월 25일 보리가 마음을 바꿨다. 너무 거절만 하기에는 미안했는지, 거룩한 탄생에 친절함이 샘솟았는지, 이도 저도 아니면 자칫 잘못하다간 크리스마스 선물을 못 받을 것이라고 생각했는지는 모르겠다.

원래 계획대로라면 독도가 내 오디세이의 대미를 장식해야 했다. 하지만 뭔가 부족하다는 생각을 떨칠 수 없었다. 나는 거의 모든 여정을 혼자 소화해 왔지만 딱 하루라도 좋으니 아진, 보리와 함께 섬을 여행하고 싶었다. 감동적인 연설을 들려주고, 축배를 들고, 눈물을 글썽이는 시간이 필요했다. 지리적으로 따지면 동해 깊은 바다에 자리한 울릉도와 독도는 마지막 목적지가 맞다. 하지만 나는 끓어오르는 애국심을 숨기지 않고 태극기를 휘두르며 연신 "독도는 우리 땅!"을 외치는 한국 사람들 사이에서 내 오디세이를 마무리하고 싶지 않았다. 한국 국적을 지닌 사람이나 대한민국 관광청의 비위를 맞추려는 여행 작가, 일본의 신경을 거스르려는 사람에게는 이보다 좋은 마무리가 없을 것이다. 하지만 나는 희망과 낙관을 품은 채 세속에서 벗어나 바다를 떠돌며 감상의 역풍에 휘둘리지 않고, 내가 경험한 서사를 의미 있게 풀어나가고 싶었다. 목적을 달성하려면 반드시 낭만적인 항해로 여행을 끝맺어야 한다.

독도 여행이 끝난 후 겨울 크리스마스 시즌에 기회가 찾아왔다. 우리는 파주 처가에 머물고 있었다. 장인·장모 모두 몸이 안 좋았기에 건강을 위해 충분히 쉬어 줘야 했다. 그런 연유로 나는 크리스마스이브에 아내와 아이를 불러 앉히고 좋은 소식을 전했다. 목동이 양 떼를 지키는 가운데 세상을 구원할 왕이 태어났다는 소식은 아니었다. 내가 전할 소식에 종교적인 색채는 조금도 없었다. 나는 크리스마스 나들이 계획을 알렸다.

"우리는 내일 실미도에 갈 거야." 내가 선언했다.

책을 읽던 보리가 나를 올려봤다. 날카로운 눈빛에 숨이 멎을 것 같았다.

"배 오래 타야 돼?" 딸아이는 의심스러운 눈초리로 나를 바라봤다.

"5분도 안 걸려." 사탕발림처럼 들렸겠지만 사실이었다. 파도가 높으면 10분까지도 걸릴 수 있겠지만 보통은 5분이면 실미도에 도착한다.

다들 실미도 여행에 동의했다. 흐린 크리스마스 아침, 우리는 차를 몰고 파주를 벗어났다. 앞에서도 이야기했지만 처가는 북한 국경과 인접한 곳에 자리하고 있다. 지도를 보면 북한과 파주가 얼마나 가까운지 그제야 실감이 난다. 머리로는 알고 있지만 지도를 보지 않으면 바로 앞이 북한이라는 사실이 쉽사리 믿기지 않는다. 북한과 남한의 격차는 엄청나다. 우리가 파주 쇼핑몰에서 물건을 사고 레스토랑에서 온갖 산해진미를 즐길 때 철조망 너머의 북한 사람은 궁핍에 시달린다.

　　아내의 외할머니인 조금옥 할머니는 국경 바로 너머 개성에서 태어났다. 아마 장모의 사촌들은 여전히 개성에 터를 잡고 살고 있을 것이다. 안타깝게도 장모가 사촌들과 함께 크리스마스를 맞이할 확률은 희박하다. 어머니의 고향이 지척이지만 비무장지대를 가로질러 개성으로 갈 수는 없다. 한국전쟁 당시 결핵으로 사망한 조금옥 할머니는 적극적으로 정치 활동에 가담했다. 할머니는 1930년대 중반 서울에서 일본의 식민 지배에 반대해 독립운동을 펼치다가 훗날 남편이 되는 강주식 할아버지를 만났다. 할아버지는 독립운동에 연루돼 서울 북서쪽 서대문형무소에 투옥됐고, 미래 아내가 될 조금옥 할머니는 투옥 기간 동안 하루도 빠지지 않고 형무소에 음식을 실어 날랐다. 조금옥 할머니가 지극정성으로 돌본 덕분에 강추식 할아버지는 살아서 형무소를 나올 수 있었다. 과거 서대문형무소가 있던 자리에는 서대문형무소역사관이 들어섰다. 역사관은 일제강점기 독립운동가가 겪은 고문과 처형 방식을 상세히 전시하고 있다. 서울을 방문하고 있거나 방문할 계획이 있는 사람이라면 서대문형무소역사관에 꼭 한번 들러보길 추천한다.

　　우리는 한강하구 서쪽 둑을 따라 남쪽으로 내려갔다. 도로를 따라 늘어선 가로수 가지가 잿빛 하늘에 흔들렸다. 두꺼운 구름 사이로 누눅한 해가 걸려 있었다. 한강 반대쪽으로는 인천공항이 생기기 전 대한민국을 대표하던 국제공항이 있는 김포가 펼쳐진다. 서쪽으로 더 나아가면 풍부한 역사를 간직한 강화도가 나온다. 나는 이번 코리안 오디세이를 계획하면서 여객선을 타지 않으면 출입이 불가능한 섬만 목적지로 삼는다는 엄격한 기준을 적용했다. 다리를 통해 육지와 연결된 강화도는 기준에 부합하지 않았다. 한 챕터를 채우고도 남을 만큼 흥미로운 이야깃거리를 풀어놓지 못한다니, 마음이 아팠다. 문득 내 오디세이가 아직 끝나지 않았을지도 모른다는 생각이 들었다. 아직 가 봐야 하는 섬이 3,000개 넘게 남았는데 오디세이가 영원히 끝나긴 할까? 벗어날 수 없는 항해에 발을 들여놓은 건 아닐까? 아직 가야 할 곳이 너무 많았다.

우리는 서울 외곽에 진입하기 전 서쪽으로 방향을 틀어 인천 북부 교외를 지나 팔미도 유람선에서 가이드가 소개해 준 다리를 건너, 간척으로 만들어진 섬인 영종도로 넘어갔다. 인천국제공항이 있는 영종도는 한국에서 방문객이 가장 많은 섬이다. 제주도에게는 안 됐지만 이게 현실이다.

우리는 인천공항을 지나 잠진나루 선착장으로 가서 차를 싣고 무의도로 들어가는 여객선이 출항하길 기다렸다. 여객선 운항 시간은 조수 상황에 따라 달라진다. 육지와 무의도 사이 바다는 수심이 얕아 밀물 때에만 항해가 가능하기 때문이다. 물이 빠지면 여객선은 기진맥진한 바다짐승처럼 갯벌에 처박혀 있다.

밀물을 기다리는 동안 우리는 바위투성이 해안을 산책했다. 12월 말 영하의 추위에서 할 만한 활동이 아니었다. 차가운 겨울바람이 눈알을 얼리는 것 같았다. 아진과 보리는 폐가 찢어질 듯한 추위를 참으며 골동품 상점을 운영하는 수집가를 방불케 하는 열정으로 바위 사이에 고인 물웅덩이에서 조개껍데기를 주웠다. 그때, 헐렁한 외투를 걸친 젊은 여자 세 명이 비틀대며 아진과 보리 근처를 지나쳤다. 심지어 한 명은 맨발이었고 한 명은 하이힐을 신고 있었다.

보리는 나에게 다가오더니 소리를 들어 보라며 내 귀에 조개껍데기를 들이밀었다. 교과서에서 배운 아일랜드 시인 제임스 스티븐스James Stephens의 시가 떠올랐다. 화자는 귀에 조개껍데기를 대고 이렇게 말한다. "그리고 종소리처럼 곧장/낮고 또렷하게/슬픈 머나먼 바다의 속삭임이 느릿하게 들렸다." 나는 보리에게 바다 소리가 들린다고 말해 줬다. 보리는 조개껍데기를 휴대전화처럼 귀에 가져다 댄 채 되돌아갔다.

이른 오후가 되자 여객선을 띄울 수 있을 만큼 물이 찼다. 무의도까지 항해는 미리 이야기했던 대로 채 10분이 걸리지 않았다. 지금까지 내가 한국에서 경험해 본 항해 중 가장 짧았다. 하지만 시간이 적게 걸린다고 항해의 재미가 줄어들지는 않는다. 보리와 나는 여객선에 차를 싣자마자 뛰듯이 갑판으로 올라갔다. 갈매기 떼가 선미를 맴돌며 승객의 대화를 엿듣고 있었다.

나는 여객선 주변을 맴도는 갈매기 떼에 심드렁해진 지 오래다. 헤아릴 수 없이 많은 갈매기가 배를 따라 빙빙 도는 장면은 이미 여러 번 봤다. 하지만 이제 막 십 대에 들어선 딸과 함께 있으니 성가신 갈매기 떼를 구경하는 것조차 즐거웠다. 보리는 날아다니는 바다의 청소부에게 먹이를 주고 이름을 붙여 가며 사진을 찍었다. 여객선을 탈 때마다 보던 익숙한 풍경에 보리는 활기를 불어넣었다.

여객선은 곧 무의도에 도착했다. 우리는 텅 빈 겨울 캠핑장을 지나 좁은 도로를 따라 실미도 산책로를 향해 차를 몰았다. 도로 곳곳에 붙은 표지판만으로는 길을 찾을 수 없어 구글 맵을 꺼내 들었지만 우리는 여전히 길을 찾을 수 없었다. 결국 차를 세우고 현지인에게 길을 물었다. 그래도 길을 찾을 수 없었다. 이렇게 작은 섬에서 이렇게까지 길을 잃기도 쉽지 않을 것이다.

산 하나를 더 넘어 숲을 헤치고 모래투성이 주차장에 진입했다. 마침내 실미도로 이어지는 진흙투성이 길이 나타났다. 눈앞에 오디세이의 대미를 장식할 마지막 목적지가 펼쳐져 있었다. 더 이상의 번복은 없다. 바로 이곳이다.

나는 어떻게든 마지막을 기념하고 싶은 마음에 차를 세우고 물때를 확인한 후 장화를 신으며 목을 가다듬었다. 멋들어진 연설을 펼치기에 딱 좋은 타이밍이었다. 지금껏 나의 여정이 어떤 의미를 지니는지, 아내와 딸이 오디세이의 마지막을 함께 해 줘서 얼마나 기쁜지 거창하게 몇 마디 하려던 찰나, 아진이 실수로 자동차 경고음을 울렸다. 귀가 찢어질 것 같은 날카로운 소음이 울려 퍼졌다. 북한 국경을 코앞에 두고 경고음을 울리다니, 잠깐이지만 북한군이 공습경보로 오인하고 우리에게 미사일을 발사하면 어떡하나 하는 생각에 잠깐 눈앞이 깜깜해졌다.

아진이 후다닥 차로 돌아가서 경고음을 껐지만 더 이상 연설을 이어나갈 분위기가 아니었다. 우리는 조심스럽게 진흙투성이 계단을 밟고 해변으로 내려가 미끄러운 모랫길을 건너 실미도를 향해 걸음을 옮겼다.

실미도에는 악명 높은 뒷이야기가 있다. 남한은 접근이 어려워 외부인의 발길이 쉽사리 닿지 않는 실미도에서 북한을 상대로 흉계를 꾸몄다. 이 일화는 남한 군사 정부의 폐단을 적나라하게 보여준다.

1968년 4월, 남한인 30여 명이 은밀한 군사 훈련을 위해 실미도를 찾는다. 그들의 목적은 북한에 잠입해 북한 최고 권력자 김일성을 암살하는 것이었다. 생환 확률은 희박했다.

나는 실미도 작전에 투입된 부대원이 사형 선고를 받은 흉악범 및 유죄 판결을 받은 전과자로, 감언이설에 넘어가 작전에 합류했다는 글을 읽었다. 얼핏 보기에는 1967년 개봉한 영화 《더티 더즌The Dirty Dozen》의 한국 버전 같지만 실상은 딴판이었다. 《더티 더즌》에서 미 육군은 제2차 세계대전 승리를 위해 교도소에 복역 중인 흉악범을 석방해 훈련시킨 후 비밀 임무에 투입한다. 하지만 실미도에서 고된 훈련을 받은 남한 사람은 대부분 민간인이었다. 그들은 체격과 외모가 특수 부대원에 적합하다는 이유로 선발됐다. 실제로 부대원 중 한 명은 실미도에 들어가기 전 나이트클럽 문지기로 근무했다고 한다.

작전은 철저히 기밀에 부쳐져야 했다. 이 세상 어느 정부도 적국 지도자를 암살하기 위해 인간 병기를 기른다는 사실을 알리고 싶지 않을 것이다. 실미도는 완벽한 작전 기지였다. 북한 국경에 인접한 데다 서울과 멀리 떨어진 벽지에 있어 감시망을 벗어나 은밀하게 강도 높은 훈련을 실시할 수 있었다. 누구도 작전에 관해 알아서는 안 됐다. 혹시라도 의문을 제기하는 사람이 있으면 방아쇠를 당기면 문제가 쉽게 해결되었다.

실미도에 은밀하게 모인 남한 특수 부대원에게는 구체적인 임무가 주어졌다. 실미도 부대가 생기기 몇 달 전인 1968년 1월 17일, 북한 특수공작원 출신 무장 공비 30여 명이 남한에 침투했다. 간첩, 생존은 물론 온갖 신묘한 기술을 완벽하게 체득한 무장 공비는 남한 대통령을 사살하라는 임무를 하달 받았다.

북한 무장 공비는 국경을 넘자마자 예상치 못한 문제를 맞닥뜨린다. 본격적인 임무 수행에 나서기 전, 서울 북쪽 야산에서 야영을 준비하다 땔감을 찾아 산에 오른 네 형제에게 발각됐다. 무장 공비는 즉시 네 형제를 죽이는 대신 공산주의가 얼마나 멋진지, 반면 자본주의는 얼마나 사악한지 일장 연설을 늘어놨다. 사상 교육을 마친 북한 특수공작원은 어떤 상황에도 그들의 존재를 발설하지 말라고 엄중히 경고한 후 형제들을 풀어줬다.

저런!

네 형제가 적국 군인의 말을 순순히 들었을까? 천만의 말씀이다. 그들은 곧장 경찰서로 달려가 무장 공비를 신고했다. 곧 대대적인 수사가 시작됐다. 나무꾼 형제가 "공산주의는 위대하다!"라는 구닥다리 사상 교육에 감화되지 않았다는 사실을 뒤늦게 깨달은 무장 공비는 "내 그럴 줄 알았지"라는 말을 꽤 주고받았을 것이다.

북한 특수부대원은 아랑곳 않았다. 이제 와서 북한에 돌아가 봤자 혹독한 수용소에서 남은 세월을 보내느니 임무를 계속하는 편이 낫다. 공비들은 산을 넘어 남한 수도로 향했다. 그들은 남한 군복으로 갈아입고 서울 시내에 입성해 삼엄한 경비를 뚫고 목표 지점에 다가갔다. 남한 대통령 관저인 청와대까지 남은 거리는 100미터 남짓이었다.

표적을 눈앞에 둔 북한 공작원은 임무 완수가 머지않았다는 기대에 부풀었다. 하지만 최규식 경찰서장이 개입하면서 상황이 반전됐다. 청와대 근처 순찰을 책임지던 최규식 서장은 변장한 북한 무장 공비를 보고 수상함을 감지했다. 걸음걸이 때문이었을까? 아니면 그럴듯하게 차려입었지만 실제 남한 군복과 미묘한 차이를 감지한 걸까? 오늘날에는 체격만 봐도 남한 사람과 북한 사람을 얼추 구별할 수 있지만 1960년대까지만 해도 양국 국민의 평균 신장과 체중에 큰 차이가 없었다. 하지만 최규식 서장은 위험을 직감했다. 서장이 총을 뽑아 들고 박정희 전 대통령을 암살하러 온 무장 공비에 맞서면서 총격전이 벌어졌다. 이 사건으로 최규식 서장과 북한 공비 몇 명, 버스를 타고 사고 현장을 지나던 시민을 포함한 민간인 수십 명이 사상을 입었다.

청와대 습격 사건 이후 며칠은 그야말로 혼란이었다. 남한 정부는 병력을 동원해 공산주의 잔당을 추적했다. 북한 무장 공비 대부분은 스스로 목숨을 끊거나 산으로 달아났다가 발각당해 사살됐다. 목숨을 건진 북한 공작원은 둘뿐이었다. 한 명은 비무장지대를 지나 북한으로 넘어갔지만 아마 무사하지는 못했을 것이다. 또 다른 공작원 김신조는 생포됐지만 모두의 예상을 뒤집고 심문 후 풀려났다. 꽤 쏠쏠한 정보를 팔아넘긴 모양이다.

김신조는 남한 국민 자격을 얻어 결혼해 슬하에 두 자녀를 뒀다. 김신조는 아버지가 남한 대통령 암살을 시도한 무장 공비라는 이유로 아이들이 괴롭힘을 당하자 신앙에 귀의해 이후 목사가 됐다.

나는 실미도로 이어지는 둑길을 걸으며 지나간 역사를 떠올렸다. 아진과 보리는 이미 실미도에 도착해 스카프와 겉옷을 겹겹이 껴입은 채 끝이 구부러진 작은 곡괭이를 휘두르는 중년 여성과 대화를 나누고 있었다. 중년 여성은 굴 채집 전문가였다. 검고 뾰족한 바위에 곡괭이를 휘두를 때마다 굴이 떨어져 나왔다.

모든 생물이 그렇지만, 굴의 생애 주기는 유독 경이롭다. 굴의 번식 과정은 이렇게 시작된다. 세 살 쯤 된 어른 굴이 어느 날 아침 일어나 바닷물 온도나 염도 등 환경 요인을 살펴본 후 이상이 없다 싶으면 "좋아, 오늘 내 생식소를 개방해야겠다."고 결정한다.

굴은 환경적 요인이나 나이에 따라 성별이 변화하기에 굴은 정자와 난자를 모두 분비할 수 있다. 생식소가 개방되면 정자와 난자가 만나면서 수정이 이루어진다. 즉, 한 굴에서 나온 정자와 난자가 섞일 수도 있다는 의미다. 근친상간의 결과로 외모가 이상하게 변형된 아기 굴이 태어나는지는 아직 밝혀지지 않았다. 해양 생물학자가 대단히 관심을 보이는 주제도 아닌 듯하다. 어쨌든 굴의 수정 방식은 이 연체동물이 얼마나 진보적인 존재인지 잘 보여준다. 오늘날 인간 사회에서는 성별을 단순히 남성과 여성 두 가지로 구분할 수 없다며 성별을 넘나드는 삶의 방식을 존중해야 된다는 주장이 심심찮게 들려와 첨예한 논쟁을 유발한다. 우리가 뒤쳐졌는지 굴과 같은 해양생물은 이미 성별에 연연하지 않는 삶을 즐기고 있다.

굴의 성별이야 뭐가 됐든 굴 채집 현장 옆에 가만히 서 있으면 누군가 굴 껍질을 벌려서 알맹이를 발라준다.

나는 그날 이미 다른 굴 채집 전문가를 마주쳤다. 무의도에서 여객선을 기다리는 동안 부두 옆 해변에서 검은 바위를 돌아다니며 굴을 캐는 여성과 이야기를 나눴다. 우리는 여성이 단번에 굴 껍질을 따내고 알맹이를 꺼내는 장면을 유심히 지켜봤다. 아무래도 관심이 지나쳤던 것 같다. 굴을 채집하던 여성은 정 많은 한국인답게 갓 딴 굴 하나를 내 얼굴에 들이밀었다.

"잡숴 봐!" 여성이 내 코 밑에다 대고 징그러운 살덩어리를 흔들며 권유했다. 곡괭이 끝에 달랑거리는 굴을 받아먹다가 얼굴이 베이는 걸 먼저 걱정해야 할지, 살아있는 굴이 내 식도를 따라 내려가는 걸 먼저 걱정해야 할지 가늠이 안 됐다. 갑자기 어디서 용기가 났는지, 아니면 예의를 지키느라 멍청하게 거절을 못 한 건지 모르겠지만 어쨌든 나는 입을 벌리고 굴을 받아먹었다. 사실 무척 맛있었다. 굴을 씹을 때마다 깊고 진한 바다 냄새가 코를 간질였다. 심해의 무기물과 고대의 소금이 한데 어우러졌다. 반짝이는 건조한 공기 속에 톡 쏘는 바다 향이 짙어졌다. 거센 물살에 흔들리는 해초와 산호 사이로 헤엄치는 인어가 눈앞에 보였다. 하지만 이내 속이 메슥거리기 시작했다.

"살아있는 굴이야?" 나는 아진을 바라보며 물었다.

"지금쯤이면 죽었을 걸." 아진이 대답했다.

나는 실미도 바위 틈새 물웅덩이를 돌아다니는 아진과 보리를 두고 혼자 갯벌에 깊은 발자국을 남기며 해안을 따라 걸었다. 너무 멀리까지 갈 생각은 없었다. 자칫 잘못하면 실미도에 발이 묶일지도 모른다.

작은 언덕을 오르다가 뜻밖의 광경을 목격했다. 한 가족이 바위틈에서 매서운 바람과 밀려오는 조수를 견디며 주먹밥과 굴을 안주 삼아 소주를 마시며 소풍을 즐기고 있었다. 한국 사람은 식도락에 진심이다. 아진과 나는 블로그를 구경하다가 서해 섬에 캠핑을 가서 갓 잡은 해산물로 까르보나라를 만들어 먹었다는 글을 본 적이 있다. 한국 사람은 어떻게 생각하는지 모르겠지만 개인적으로 해변 텐트에서 만들어 먹기에는 다소 고급스러운 요리가 아닌가 하는 생각이 들었다.

북한 주석 암살을 목표로 실미도에 갇힌 남한 특수 부대원에게 주어지는 음식은 형편없었다. 가엾은 부대원은 외진 섬에 고립된 채 고통스러운 나날을 보냈다. 그렇게 시간이 흐르고 김일성 암살에 대한 열정을 잃은 남한 정부는 작전을 취소한다.

이제 남은 문제는 한 가지였다. 암살을 목표로 양성한 특수 부대원은 어떻게 처리할 것인가? 그들을 풀어 줬다간 남한 정부가 김일성 암살을 계획했다는 사실을 들킬 지도 모른다. 정부는 부대원을 그대로 실미도에 가둬 두기로 했다. 하지만 그렇게 간단히 해결될 사안이 아니었다. 1971년 8월 23일, 고조되던 갈등이 마침내 폭발했다. 작전이 취소되고 언제 처형당할까 두려움에 떨던 부대원 몇 명은 실미도를 감시하던 군인을 죽이고 육지로 나와 민간 버스를 탈취해 서울로 갔다. 그들이 무슨 생각으로 일을 벌였는지는 밝혀지지 않았다. 버스는 청와대 근처에 멈춰 섰고, 그곳에서 부대원 대부분은 총살당하거나 수류탄을 터뜨려 자폭했다.

나는 가만히 섬을 바라봤다. 남한 사람이 어떤 고통을 견뎌 왔는지 상상하기 어려웠다. 실미도 작전에 투입됐다가 결국에는 비극적으로 생을 마감한 부대원의 이야기는 한반도 분단이 낳은 수많은 일화 중 하나일 뿐이다.

해변을 따라 걷는데 나를 부르는 목소리가 들렸다. 돌아섰다. 딸이 어느새 바로 뒤까지 따라와 있었다.

"장갑은 어쨌어?" 내가 물었다. 아마 차에 두고 내린 것 같다. 나는 빨갛게 얼어 보이는 딸의 손을 내 얼굴에다 가져다 대고 녹이려 했다. 하지만 보리의 손이 내 얼굴보다 따뜻했다. 아이들이 가진 에너지는 정말 놀랍다. 보리는 불이 붙은 석탄처럼 빛났다.

"이것 좀 봐." 보리는 꼭 쥐고 있던 주먹을 펼쳤다. 손바닥에 보기 드물게 예쁜 조개껍데기가 올라가 있었다. 반질반질한 조개껍데기는 기념품 가게에서 손질을 마친 뒤 판매하는 상품 같았다. 나는 표면에 난 갈색 무늬를 손가락으로 훑었다. 이렇게 얇은 조개껍데기가 파도의 무게를 고스란히 견뎌냈다는 사실이 새삼 신기했다. 아이의 주머니는 조개껍데기로 불룩 솟아 있었다.

아이들은 해변에 흩어진 조개껍데기나 돌멩이만으로 몇 시간이고 재밌게 놀 수 있다. 돌이켜보면 나는 이번 여행에서 단 한 번도 조개껍데기나 돌멩이를 줍거나 관심을 가져 본 적이 없다. 나는 여행을 할 때 섬의 조개껍데기나 돌멩이의 특성을 고려하지 않는 사람이라는 사실을 깨달았다. 늘 여객선을 타고, 아침 식사 전에 저녁까지 일정을 빽빽이 계획하고, 사진을 수도 없이 찍고, 매일 몇 페이지씩 글을 쓰고, 여객선 티켓을 뒤적거리고, 책을 읽으며 무언가에 몰두했다.

시간을 확인했다. 이제 돌아가야 할 시간이라고, 보리에게 알려 줬다. 보리는 바위 위로 기어 올라가 바다를 내다봤다. 내 오디세이의 마지막을 딸과 공유할 수 있어서 얼마나 좋은지 말로 다 설명할 수 없었다.

　　이런저런 사건이 많았지만 정말 멋진 여행이었다. 이순신 장군, 윤선도 시인, 판소리, 심청전, 한국전쟁, 임진왜란을 비롯한 전쟁들, 북한과의 관계, 일제강점기, 섬마을 노예 사건, 김대중 전 대통령 등 다채로운 소재가 지난 몇 달을 풍성하게 채웠다. 내 뇌가 그토록 많은 정보를 담을 수 있다는 사실을 이번에 처음 알았다. 처음으로 동아시아에 진출한 서양 선교사의 삶은 아무리 공부해도 질리지 않아 스스로의 괴짜다운 면모를 다시 한 번 확실히 확인했다. 서해안 북쪽 섬에서는 바다 건너 지척에 보이는 북한을 훔쳐보며 짜릿함을 느꼈다. 반짝이는 바다 한가운데 흔들리는 파도 사이로 불쑥 고개를 내민 섬을 찾아 떠나는 낭만적인 항해는 늘 새로웠다.

　　1990년대 초반 처음 서울에 왔을 때 한국은 엄청난 변화를 겪고 있었다. 한국 기업, 기술, 브랜드, 축구 선수, 영화감독이 세계적인 명성을 얻었다. 한국은 내가 감히 상상하지 못한 엄청난 경제 규모와 영향력을 가지게 됐다. 이제는 홍콩 라마섬 우리 집 근처 작은 슈퍼에서 손쉽게 소주를 구할 수 있다. 전 세계 어디를 가도 한국의 흔적이 발견된다.

　　하지만 한국의 섬에서는 이야기가 달라진다. 나는 한국의 섬을 떠돌며 영어가 서툰 주민들의 느긋한 삶과 좀처럼 적응하기 힘든 아줌마·아저씨 문화, 들쭉날쭉한 생활 패턴, 관심을 끄는 새롭고 흥미로운 요소를 흠뻑 즐겼다. 여객선에서 하나뿐인 외국인 승객이 되는 경험도 즐거웠다. 머나먼 남서쪽에서 울퉁불퉁한 절벽을 지나 거친 바다를 건너 더욱 더 머나먼 남서쪽 섬으로 가면 생활력 강한 섬사람, 노련한 선원, 도전정신 넘치는 현지 관광객을 만날 수 있다. 서양인은 거의 없었다.

　　탐험을 즐기느라 한국의 섬에 닥친 위기를 망각하지는 않았다. 인구 감소 현상은 모든 섬에서 관찰되는 문제였지만 서해안과 남해안에 위치한 섬이 특히 심각했다. 2019년 한국의 출산율은 0.98 이하로 떨어졌다. 출산율이 계속해서 이 정도로 낮은 수준을 유지한다면 앞으로 한국의 인구가 얼마나 감소할 지는 누구도 장담할 수 없다. 하지만 한국이 빠르게 고령 사회로 진입하고 있다는 것은 분명하다. 노동 가능한 젊은 인구의 감소는 한국의 미래에 어두운 그림자를 드리우고 있다.

한국의 많은 섬이 인구 문제로 골머리를 앓고 있음은 당연하다. 섬을 떠나는 사람이 섬에 새로 들어오는 사람보다 훨씬 많고, 섬에서 태어나는 아기보다 사망하는 노인이 훨씬 많다. 2011년 고대도에는 약 100가구, 240명가량이 살고 있었다. 하지만 7년 뒤인 2018년, 내가 방문했을 때 고대도 인구는 60명 안팎에 그쳤다. 하얗게 거품이 이는 바다 가운데 고고히 떠 있는 매력적인 관매도 또한 사정이 크게 다르지 않다. 1973년에는 약 2,000명이 300가구를 이루고 살았으며 4명 중 1명이 아직 중학교 입학조차 하지 않은 어린아이였다. 현재는 어떨까? 학교는 폐교했고 150가구, 250여 명이 섬에 남았다. 한편 내가 남해를 여행할 때 거문도초등학교에는 선생님 3명이 채 20명이 안 되는 아이들을 가르치고 있었다. 다음에 다시 거문도를 방문할 때까지 학교가 남아 있을 것인지 알 수 없다.

모든 사람이 떠나고 나면 이 아름다운 섬들은 어떻게 되는 걸까? 누군가 다시 섬에 들어와서 터를 잡고 살아갈까? 그렇다면 누가, 언제, 왜 그런 결정을 내리게 될까? 외도처럼 볼거리는 가득하지만 거주자는 없는 생태 해양 공원이나 식물원으로 꾸며질까? 아니면 다시 야생의 상태로 돌아갈까? 중국으로부터 나라를 보호하기 위해 서해안 전체를 군사 지역으로 지정할까? 수많은 생물의 터전인 갯벌은 누가 지킬 것인가?

나는 '섬 말살'에 반대하는 입장이지만 고속도로와 대교로 섬과 육지를 연결하지 않는 이상 많은 일부 섬이 불모지가 될 것이라는 사실은 인정한다. 물론 가거도처럼 4시간 가까이 여객선을 타고 서쪽으로 들어가야 하는 머나먼 섬은 대교 건설 프로젝트 후보에 이름을 올리지 못할 것이다. 하지만 고대도 같은 섬은 충분히 가능성이 있다. 실제로 고대도 바로 동쪽에 자리한 원산도는 다리를 통해 육지와 연결돼 있으며 2021년 말에는 머드축제의 고장 대천까지 이어지는 해저터널이 개통될 예정이다. 이제 관광객은 쾌적한 자가용에서 한 발자국도 나오지 않고 원산도를 지나 북쪽 안면도까지 갈 수 있다. 하지만 바로 옆, 인구가 50명 남짓한 고대도는 고립된 채 더욱 쇠퇴하고 외로워질 것이다.

이제 내 오디세이는 마무리에 접어들었다. 나는 비에 젖은 차가운 실미도의 짤짤한 바닷바람에 지난 여행의 기억을 흘려보냈다. 나와 보리는 바위에 부딪혀 부서지는 파도를 가만히 응시했다. 결말까지 완벽했다. 아니, 거의 완벽할 뻔했다. 보리가 뭐라고 말했지만 바람에 목소리가 흐려져 들리지 않았다.

"뭐라고?" 내가 소리쳤다.

바람과 파도 소리에 파묻혀 먼 곳에서 웅얼대는 소리만 들렸다.

"안 들려!"

보리는 서해안 공기를 절반은 들이마신 것처럼 우렁차게 외쳤다.

"쉬 마렵다고!"

강풍이 부는 영하의 날씨에 겹겹이 옷을 껴입은 상황에서 아빠가 할 수 있는 해 줄 수 있는 건 하나뿐이었다. 나는 보리한테 바닷가에 쉬를 하라고 했다.

우리는 배 시간을 맞추기 위해 허겁지겁 갯벌을 건너 차를 몰고 항구로 돌아갔다. 여객선을 타서는 갑판에 올라 주위를 맴도는 갈매기 떼를 구경했다. 하얀 얼굴에 검은 깃털이 세련된 갈매기 한 마리가 눈을 반짝이며 가까이 다가왔다. 녀석은 한참을 머물더니 먹이가 없다는 사실을 깨달았는지 날개를 접고 끼룩대며 창백한 겨울 빛 사이로 멀어졌다.

이 책에 소개하지 않은 섬까지 합하면 나는 총 30군데의 섬을 방문했다.

내가 이번 코리안 오디세이에서 탄 여객선만 60척이 넘는다. '1년 동안 한국에서 가장 많은 섬을 방문한 사람'을 찾는 대회가 열리면 틀림없이 내가 우승 후보에 오를 것이다. 하지만 이제 여객선 티켓은 스크랩북에 붙이고 지도는 접어둔 채 집으로 돌아갈 시간이었다.

어쩌면 아직 마지막 항해가 남았는지도 모른다. 파주로 돌아가는 길, 운전을 하다가 문득 내가 몇 달 전 산둥반도 옌타이에서 한국까지 향설란호를 타고 왔다는 사실이 떠올랐다. 지저분한 선실, 자물쇠가 굳게 걸린 매점, 저녁을 팔지 않던 식당, 진동하던 컵라면 냄새, 토끼 모양 초콜릿, 늦은 밤의 갑판 산책 등 잠시 잊었던 추억이 밀려오며 향설란호가 무척 그리워졌다. 만 미터 상공, 서늘하게 온도가 유지되는 기내에서 담요를 덮고 와인을 곁들여 저녁을 먹으며 내 선구적인 오디세이를 마칠 수는 없었다.

나는 고개를 돌려 뒷좌석에 앉은 딸에게 물었다.

"내일 중국까지 배 타고 갈까?"

앙칼진 눈매가 대답을 대신했다.

감사의 말

뛰어난 예술이 모두 그렇듯 글쓰기에는 엄청난 고통과 노력이 뒤따른다. 책을 쓰는 동안 나의 건강을 책임진 척추 지압사와 정형외과 의사, 마사지사에게 감사의 말을 전한다. 출간까지 캄포출판사Camphor Press의 역할이 컸다. 즐거운 작업이 될 수 있도록 도와준 존 로스John Ross, 마크 스와포드Mark Swofford, 마이크 캐닝스Michael Cannings에게 고마운 마음을 전한다.

다시 한 번 놀라운 재능을 보여준 뛰어난 삽화가 정아영에게 감사한다. 두 번째 작업을 성공리에 마쳤으니 앞으로 세 번째, 네 번째도 함께하길 바란다.

다방면으로 도와준 여러 한국인에게도 감사 인사를 올린다. 아픈 외국인 손님을 성심성의껏 돌봐준 목포의 호텔 몬다비 직원에게 특히 고맙다. 침대 시트를 땀으로 흠뻑 적셔 놓았으니 그저 미안한 마음뿐이다. 한국 여객선에서 일하는 수많은 선원이 없었다면 이 책 또한 탄생하지 못했을 것이다. 그들의 든든함에 박수를 보낸다.

마지막으로 딸 보리에게 사과하고 싶다. 보리의 대학 등록금을 위해 그간 부은 적금을 여행 경비로 사용했다. 보리야, 나이가 들어 언젠가는 나를 이해해주길 바란다.

부록

한국어 로마자 표기에 관해

나는 매큔-라이샤워 표기McCune-Reischauer Romanization 대신 국립국어원의 '국어의 로마자 표기법'(2000)을 참고해 한국어를 영문으로 변환했다. 한국에서 로마자 표기는 우정을 끝낼 수 있을 만큼 민감한 주제로 다뤄진다. 나는 국어의 로마자 표기법이 사용하기 쉽고 매큔–라이샤워 표기가 이집트 상형문자와 비슷하다는 말 이외에는 어떤 논쟁도 이어나가고 싶지 않다. 한국인 외의 독자가 한결 편하게 단어를 읽을 수 있도록 일부 한국어 단어를 구분해서 표기했다. 한국어를 배운 적 없는 사람이 비빔냉면이라는 단어를 읽으려다간 틀니가 빠질 것이다. 아무래도 외국인에게는 비빔냉면보다 비빔–냉면이 소화가 쉬울 듯하다. 마찬가지로 목욕탕 대신 목–욕–탕이라 표기했다. 한 단어가 분리되는 현상을 도저히 못 견디겠다는 보수주의자라면 이 책을 읽기 전 신경안정제를 처방받길 추천한다.[11]

---

11 저자 마이클 깁은 『코리안 오디세이』의 영어권 독자를 위해 한국어 단어의 설명을 덧붙였다. 저자는 사전적 해설 대신 자신의 경험과 문화적 이해를 활용했고, 저자의 설명에는 한국에 대한 애정이 듬뿍 담겨있다. —편집자

용어 사전

- 아저씨: 한국에서 중년 남자를 일컫는 말
- 아줌마: 한국에서 중년 여자를 일컫는 말
- 바둑: 미친 듯이 복잡한 보드게임
- 백–반: 국, 밥, 반찬으로 구성된 한 상 차림
- 비빔–냉면: 차갑고 매운 국수 요리
- 보신–탕: 개고기 수프
- 대금: 대나무로 만든 관악기
- 다시마: 한국에서 육수를 내는 데 사용하는 해초의 일종
- "독도 우리 땅!": '독도는 우리 영토'라는 뜻으로 독도를 두고 소유권 분쟁이 일어날 때 흔히 들을 수 있다. (정확히 이야기하자면 '독도는 우리 땅'이라고 발음한다.)
- –도: '섬'을 의미하는 접미사. 예를 들어 제주도의 '도'는 섬이라는 뜻을 지닌다.
- –동: 도시 지역에 설정되는 행정구역. 주로 가까운 이웃 동네를 가리킨다.
- 동 : '동'은 동쪽을, '학'은 학문을 뜻한다. 동학운동은 19세기 후반에 일어난 저항 운동이다.
- 갈비–탕: 갈비를 넣고 끓인 국. '탕'은 수프라는 의미를 지닌다.
- 감자–탕: 감자를 넣고 끓인 국으로 오해할 수 있지만 여기에서 '감자'는 돼지고기 부위를 뜻한다.
- 가야금: 현악기의 일종
- 거북선: 거북이를 본떠 만든 배
- 김밥: 완벽한 영양분을 갖춘 간식. 마른 해초 위에 밥, 계란, 햄, 무, 김치, 당근 등 갖은 재료를 넣고 돌돌 말아 한 입 크기로 잘라 만든다.
- 김치: 절인 채소 요리
- 국수: 밀가루 면
- 해녀: 제주도의 여성 다이버
- 한: 구슬픔, 상실, 부당함의 감정을 나타내는 단어
- 한복: 한국의 전통 복색
- 한옥: 한국의 전통 가옥
- 홍–어: 삭혀 나오는 가오리 회. 톡 쏘는 냄새가 난다.

- 장마: 여름에 비가 내리는 시기
- 잡채: 감자 전분으로 만든 투명한 면에 돼지고기, 각종 채소, 계란을 곁들인 요리
- 짬뽕: 빨갛고 매콤한 중국식 한국 요리
- 막걸리: 쌀로 빚은 술
- 민박: 저렴한 숙소. 건물 전체를 빌려줄 때도 있고 게스트하우스처럼 운영되기도 한다.
- 목-욕-탕: 공중 목욕 시설
- 냉탕: 목-욕-탕에 차가운 물을 받아 놓은 욕조
- 노래방: 노래를 부르는 방
- 온돌: 바닥 난방
- 판소리: 한국 전통 노래와 음악. 한국의 '블루스'로 알려져 있다.
- 낭인: 일본 봉건시대의 떠돌이 무사
- 삼-겹-살: 돼지고기 뱃살 구이. 손님이 가득한 시끄러운 식당에서 차가운 맥주와 함께 먹으면 가장 맛있다.
- 시조: 한국 전통 시 형식
- 식당: 레스토랑
- 소주: 투명한 술. 약한 보드카와 비슷하다. 마신 다음 날 속이 깔끔하다.
- 순대: 당면과 피를 넣어서 만든 소시지
- 트로트: 과거에 크게 인기를 끌었던 팝 음악으로 가끔씩 유행이 돌아온다. 일본의 엔카와 비슷하다.
- 우동: 두꺼운 밀가루 면 요리
- 양반: 조선 시대의 지배 계급
- 여보세요?: 전화를 걸거나 받을 때 하는 인사말로 드물지만 상대의 관심을 끌 때에도 사용된다.
- 엿: 호박, 쌀, 고구마로 만든 찐득한 과자
- 요: 바닥에 까는 두꺼운 이불
- 열탕: 끓을 것처럼 뜨거운 물을 받아 놓은 욕조

옮긴이 김한슬기

성균관대학교 글로벌경제학과를 졸업하고 바른번역에서 전문 번역가로 활동하고 있다. 주요 역서로는 『벌, 우리의 친절한 이웃』(2022), 『삶의 마지막까지, 눈이 부시게』(2021), 『후츠파』(2020), 『나폴레온 힐의 인생 수업』(2020), 『조이 오브 워크』(2020), 『뉴욕타임스 부고 모음집』(2019) 등이 있다.

코리안 오디세이: 거친 바다를 건너 한국의 섬을 여행하다
A Korean Odyssey: Island Hopping in Choppy Waters

1판 1쇄 발행 2023년 4월 1일

지은이 마이클 깁
옮긴이 김한슬기
그린이 정아영

ISBN 979-11-978605-9-1 (03910)

Copyright 2020 by Michael Gibb All rights reserved. This Korean edition was published by Goggas in 2023 with exclusive rights.

이 책의 한국어판 저작권은 저작권자와 독점 계약한 호하스에 있습니다. 저작권법에 의해 보호받는 저작물이므로 무단 전재 및 복제를 금합니다.

펴낸이 박소연
편집 박소연
디자인 VUE

펴낸 곳 호하스
등록 2020년 5월 13일 제 385-2020-000024호
주소 (14055) 경기도 안양시 동안구 시민대로327번길 11-41, 9층
홈페이지 www.goggasworld.com
전자우편 contact@goggasworld.com

* 출판사 호하스는 '객'으로 논픽션을 펴냅니다.
*이 책의 내용 전부 혹은 일부를 재사용하려면 반드시 저작권자와 출판사 호하스의 동의를 받아야 합니다.
*책값은 뒤표지에 표시되어 있습니다.